Althaus · Zwischen Monarchie und Republik

Weihnachten 1977

Horst Althaus

ZWISCHEN MONARCHIE UND REPUBLIK

Schnitzler
Hofmannsthal
Kafka
Musil

1976

Fink Verlag München

ISBN 3-7705-1359-2

© 1976 Wilhelm Fink Verlag, München
Satz und Druck: Brönner & Daentler, Eichstätt
Buchbindearbeiten: Endres, München

INHALT

VORWORT

Die hier vorgelegten Beiträge zur österreichischen Literatur befassen sich mit vier Schriftstellern, die ihrer Herkunft nach einem der Politik zum Opfer gefallenen alten europäischen Großstaat angehört haben. Wenn Jakob Burckhardt im Blick auf die Rolle der Schweiz während des 14. und 15. Jahrhunderts den föderativen helvetischen Bundesstaat zu seiner Zeit einen Pensionär der Geschichte genannt hat, dann muß man von der österreichisch-ungarischen Monarchie sagen, daß die Geschichte mit ihr härter verfahren ist. Sie hat den Staat nicht in Pension geschickt, sie hat ihn nicht degradiert, sondern durch Auflösung aus der Gesellschaft der politischen Rollenträger erbarmungslos ausgestoßen. Der Staat zerfiel nach seinem Ende in Bestandteile, die den Nachteil hatten, von Zufall und Willkür geboren zu sein und noch nicht einmal organisch funktionsfähig, geschweige entwickelbar waren. Indessen ist das Ausscheiden aus der Geschichte durch Vorankündigungen hindurch und den Krieg, der dem Staat ein Ende bereitet, von Stimmen begleitet gewesen, die in den Bildenden Künsten und der Musik, der Literatur, der Wissenschaft und der Philosophie seltsam aufklingen. Es sind Stimmen einer Euphorie des Sterbens, aber auch andere, ohne Trost und Hoffnung, darunter. Wie privat und von allem Staatlichen und Politischen losgelöst sie immer erscheinen und auch sein wollen, so haben sie sich doch nie von der Zeiteigentümlichkeit der großen Wende gelöst: gleichgültig, ob sie der ihr vorausgehenden oder ihr nachfolgenden Periode angehören. Denn die Geschichte ist nach dem Zerfall des Donaureichs weitergegangen. Das Ende des ersten Weltkriegs entließ mit Ausnahme Jugoslawiens, Rumäniens und des besonderen Falls Ungarn die aus der Monarchie herausgelösten Staatsgebiete in die Formen der westlichen parlamentarischen Republik. Das sollte sich bei der Lage der Dinge als ein völliges Mißlingen, als ein Scheitern an allen Ecken und Enden herausstellen. Über die formalen Prozeduren ist man nirgendwo ernsthaft hinausgekommen, auch nicht — wie das zu behaupten heute die Mode ist — in der Tschechoslowakei. Hier waren unter den Verhältnissen des vergleichsweise noch am weitesten entwickelten Nationalitätenstaats die Folgen sogar die schlimmsten. Tiefer als die neuen Verstaatungen reichen alte wirtschaftliche Alimentationsformen, die die verbliebenen und zum Teil beachtlichen Reste des Feudalismus zwar schon weiter in der Auflösung, aber doch auch noch mächtig am Werk zeigen. Diese an der Latifundie orientierte Menschen- und Bodenbewirtschaftung, die das „Mittelalter" aus der „Antike" übernommen, sie hier und da abgewandelt und umgestaltet hatte, in den Arbeitsvorgängen und den dazu benötigten Werkzeugen ziemlich unversehrt hielt, bei aller Jovialität, Ungeregeltheit und Rücksichtslosigkeit eine gemütliche Seite kannte und die Bedarfsdeckung der Kalkulation voranstellte, war von den organischen Betriebsformen her noch weitgehend intakt geblieben. Im Gegensatz zu den zentralistischen Monarchien wie England und Frankreich hat sich die Habsburger Krone die großseigneurialen Eigenwirtschaften nie ganz gefügig gemacht, sondern sie als Kleinmonarchien neben sich und um sich herum hingenommen, in ihnen wohl eine zentrifugal wirkende, aber doch sichere Stütze gesehen, was sie waren. Der freilich schon in der Endphase des Habsburgerreichs weit fortgeschrittene Übergang von feudalen Renten in industriell und über den Zins erwirtschaftete Einkünfte, ihre Vermischung und das wachsende Übergewicht urbaner Geldtechniken, Gewinne über Commerz und maschinelle und halbmaschinelle Anfertigung bei gleichzeitiger Denunzierung, mit der das feudale Deputat sie jederzeit bedenken kann: dieser Wandel in wechselnde Konstellationen, verschiedene Grade der Anpassung hinein, als Herüberziehen landseigneurialen Wirtschaftens in bürgerliche Produktion wie umgekehrt, ist der alles andere zu untergeordnetem Dasein verweisende, dem hier in seinen Widerspiegelungen beigewohnt wird. Ohne ihn ist an ein Verständnis der literarischen Zeugnisse, um die es hier geht, ernsthaft nicht zu denken. Von ihm führen Fortsetzungen, Sublimierungen in vom Gefühl beherrschte Schichten, wird das „Sentimentalische" tief ausgeleuchtet, durch ihn stellen sich die verschiedensten gesellschaftlichen Ästhetiken selber dar.

Das monarchische Österreich hat Klassenkämpfe wohlgemerkt nach dem Muster westeuropäischer parlamentarischer Staaten nicht gekannt. Es konnte sie nicht kennen, weil es kein dem Westen zugehöriger parlamentarisch organisierter Staat war, sondern sich nach dem Abtreten Metternichs in der Staatspraxis bis zu seinem Ende zwischen monarchischem Absolutismus und Konstitution hin und her bewegte. Erst wo sich in der Republik aus den völkerschaftlichen Klammern herausgelöste Massen, so in Wien, ausbilden, kommen Übergänge zustande und die Dinge in rascheren Fluß. Für Altösterreich gelten ungleich kompliziertere, von den Nationalitätenfragen durchsetzte Verhältnisse. Eine der französischen Bourgeoisie und den englischen middle classes vergleichbare Klasse existiert hier nicht oder nur als konturlose, von der Ökonomie der Gründerjahre hervorgebrachte Schicht: „Ringstraßenbourgeoisie" in den Stilformen von Makarts schwellenden Frauenleibern und Großbouquets um 1875, der in Gold und Rot gefaßten Salons à la Wertheimstein und Ladenburg, der an florentinischen Villen entzündeten Träume von Loris-Hofmannsthal in den frühen neunziger Jahren, dem Genuß mehr gewogen als von „catilinarischen Energien" (Max Weber) angetrieben. Dem mittleren und kleineren Bürgertum mit seinem glatten Übergang zum „Volk" und den phäakischen Neigungen war nach der niedergeschlagenen Revolution von 1848 jeder überzeugende emanzipatorische Wille abhanden gekommen, es selbst tritt eher als hedonistisch interessierter Rumpf ohne starke Steuerungsfunktionen auf und hat die Klassengegensätze in nationale, völkische, sprachliche, religiös-konfessionelle Gegensätze umgewandelt, sie gebunden und in ihren Formen und Wirkungen umgeleitet. Das gilt es zu bedenken, wo die Literatur zum Gegenstand der Untersuchung gemacht wird, einer Literatur, in der durchweg soziale Figuren zwischen Aristokratie in ihrer internen Staffelung und bürgerlicher Privat- und Abhängigkeit in Residenz und Provinz nachgezogen werden und die das aus den Agrarlandschaften in die Städte abwandernde Proletariat aus ihrer Interessenlage weitgehend ausschließt. In Österreich ist die Aristokratie keine einheitliche Klasse gewesen, sie reicht vom Magnatentum in Böhmen und Mähren, Ungarn, österreichisch Polen zum Kleinadel mit beschränkterem Grundbesitz vor allem in den Gebirgsländern, stellt insbesondere da, wo die wirtschaftliche Notwendigkeit es erfordert, bedeutende Kontingente im Staatsdienst, in Militär und Beamtenschaft, gelangt jedoch während der Regierungszeit Franz Josefs auch in Industrie, Finanz und Handel. Sie vereinigt großagrarisches Wirtschaften mit den Eigenschaften der leisure class, der Bürokratie und der neuen Industriegesinnung, tritt aber, weil sie vor allem im Hochadel dem Landleben, der Jagd und dem Sport zugetan ist, gegen Ende der Monarchie beim Aufkommen schwieriger Wirtschaftsprobleme sowie politischer und parlamentarischer Fragen einen großen Teil ihres Einflusses, zumal in den höheren Rängen — mit Ausnahme der Außenpolitik und der Diplomatie — an das Bürgertum ab. Dieses Bürgertum ist ebensowenig als Einheit zu fassen, sondern weist darüber hinaus viel stärkere landschaftliche Verschiedenheiten auf. In Wien ist die Amalgamierung von finanziellem und industriellem Bürgertum mit dem Adel am weitesten fortgeschritten und Hofmannsthal ihr sichtbarster Zeuge. Hier herrschen zugleich schärfere Kontraste von in Kontor und Amtsstube bewährter Bürgertugend mit dem ausgemachtesten Schlendrian, hier legt es seine völkerschaftlichen Merkmale am schnellsten ab, nimmt es zu den noch verbliebenen neue an und widmet sich mit Vorliebe sorglosem Lebensgenuß. Behauptenwollen prinzipieller Standpunkte als seine charakteristische Seite wird sich der „Wiener" — im Gegensatz zu den Bewohnern der Alpenländer und der Sudeten — nicht gerne nachsagen lassen.

Das Sorglose, schwül Luxuriöse, Operettenselige, worin sich die Gesellschaft in der Schlußphase der Donaumonarchie bewegt, hatte freilich einen von Erschütterungen bebenden Boden unter sich. Den völkerschaftlichen Ansprüchen gegenüber konnte die alte Administration noch schlecht und recht standhalten. Im Stil einer hochentwickelten Bürokratie, die sie war, hatte sie als Mittel zur Behauptung sogar ihre eigene Unzulänglichkeit erfolgreich angewandt und war nicht zusammengebrochen. Als der Staat sein Ende erlebt, werden auch diese Staumauern weggeschwemmt. Verlorener Krieg, Staatsauflösung, Zusammenfallen der Institutionen, soziale Unruhe, Austragung innerstaatlicher Gegensätze auf schmaler gewordenem Boden! Das waren die Zeichen der neuen Zeit, die trotz aller ihr entgegengerichteten Versuche die Unumkehrbarkeit der Geschichte demonstrieren werden. Erhalt der Monarchie, Deutsch-Österreich, Anschluß, Räterepublik, Demokratie, Sozialismus und schließlich katholischer Gottesstaat: so lauten die verschiedenen Angebote, die den Trümmerstücken des Reststaats gemacht werden, mit denen um das noch Bestehende gestritten wird. Auf lange Sicht gesehen am Umstürzendsten war der Umstand, daß die in der Monarchie trotz ihrer Führer schwache und eben oft nur geduldete Arbeiterklasse sich aus einer sie mehr als alle anderen lähmenden Verklammerung herauslösen kann. Sie hat alle Ursache dazu gehabt, den Staatszerfall als Anfang und Teilerscheinung der Demokratie zu sehen. An der alten Kulturwelt hatte sie keinen Anteil, für sie konnte die Kulturwelt nur in der Demokratie und auf den Trümmern der alten feudalen und mit dem Kapitalismus schon arrangierten Weltordnung bestehen, wie sie hier zu Grunde gegangen war. Wenn sie die Früchte, die ihr jetzt blühen, nicht einbringen kann, dann lag das an äußeren Umständen ebenso wie an der Verfassung ihrer Führer. Nun wirkte es sich gegen sie aus, daß das Bürgertum der Monarchie keine emanzipatorische Klasse gewesen war, in ihrem Kern vielmehr durch und durch citoyenlos. An Zahl und Mittel trotz steigender Wählerschaft unzureichend, an Vorsicht stark, an Entschlußkraft schwach, ist die österreichische Sozialdemokratie von einem ihr überlegenen Gegner, der bei aller Zersplitterung von den Resten feudaler Alimentation und dem bürgerlichen Eigentum gestützt wurde, um ihre revolutionären Ziele gebracht worden, vorausgesetzt, daß sie je ernsthaft welche gehabt hat. Schon die Entwicklung in den frühen zwanziger Jahren geht bald darüber hinweg, schlägt eine andere Richtung ein, folgt dem Weg der Traditionierung und der Restaurierung: Blick zurück in eine überwältigende Vergangenheit, Verkehr in den stilistischen Übereinkünften der Monarchie — unter dem Mantel der Republik: das große „Als Ob", das die Gegenwart unter den Vorzeichen der Vergangenheit behandelt und beides träumerisch miteinander verschmelzen läßt. So sahen die Klippen aus, denen nach 1918 jede schreibende Existenz in Österreich irgendwie begegnet, die sie so oder so umfahren, umschiffen oder überspringen mußte, an denen sie noch viel leichter zu Fall kommen konnte. Sie waren in den Anfängen einer Zeit ausgelegt, die trotz Periodisierung in Erste Republik, katholische Halb-Diktatur, Großdeutsche Ära auch während der Zweiten Republik noch unabgeschlossen und zur Zukunft hin ganz offen ist.

Die hier abgedruckten Beiträge behandeln vier Schriftsteller, deren Werke von der Schlußphase der zerfallenden österreichisch-ungarischen Monarchie in sehr unterschiedlicher Weise gekennzeichnet sind, deren Perspektiven sie voneinander entfernen, die als Naturen so wenig Übereinstimmung zeigen wie ihr Schreiben und die von ihnen gewählten Formen, durch ihren Altersunterschied in ganz verschiedenen Etappen des Reichsverfalls zuerst auftreten und ihn auf jeweils eigentümliche Weise überdauern. Daß Schnitzler und Hofmannsthal der Altersunterschied der zwölf Jahre von 1862 bis 1874, Hofmannsthal und Kafka der von 1874 bis 1883 trennt, zwischen Schnitzler und Kafka einundzwanzig Jahre liegen, daß sie die Zerstörung der Monarchie in genau umgekehrter Reihenfolge ihres Alters — Kafka um sechs, Hofmannsthal um elf, Schnitzler um dreizehn Jahre — überleben, ist dabei ebenso von Bedeutung wie die Tatsache, daß Kafka den Übergang von den Verhältnissen der Tschechoslowakischen Republik als einem der Nachfolgestaaten verfolgt, Schnitzler und Hofmannsthal in der Republik Österreich auf dem deutschen Teilgebiet des alten Großreichs seine Zeugen werden, während der 1880 geborene Musil als einziger die ganze Erste Republik bis zu ihrem Ende erlebt und durch die vom „Anschluß" veränderten politischen Verhältnisse in die Emigration getrieben wird. Aber von größerem Belang bleibt in unserm Zusammenhang, wie der hier vor sich gehende gesellschaftliche Stoffwechsel, der immer sowohl Ursache als auch Folge ist, soziale und Denkfiguren schafft und mit ihnen Eingang in die Arbeitsvorgänge des Schreibens findet, es zu Vorbildungen kommen läßt, die in der Einzigartigkeit der künstlerischen Produktion zur Geltung gelangen. Das vorherrschende Interesse wendet sich hier dem Umstand zu, daß die jeweilige gesellschaftliche Organisation in ihrem Wandel Werken der Literatur Abhängigkeiten bereitet, die sie weder in Sprache noch Form abstreifen können. Das gilt für literarische Werke jeder Epoche, jeder Gattung, unter allen denkbaren historischen Verhältnissen und verlangt ein stets vom Gegenstand her entwickeltes und neu zu überdenkendes Fragen.

Die hier folgenden Darstellungen sind aus zwanzigjähriger Beschäftigung mit den Gegenständen unter Benutzung der älteren Literatur und der Einsicht in die laufenden Veröffentlichungen hervorgegangen. Von einem bibliographischen Register, das auch die schwer zu übersehende Zahl von Titeln aus dem Bereich der politischen Geschichte, der Wirtschaft und nicht zuletzt der Memoirenliteratur enthalten müßte, wurde Abstand genommen, weil sein Umfang über den hier gesetzten Rahmen hinausgehen würde und, gewissenhaft ausgeführt, nur noch in Separatdrucken erfolgen kann, die für die hier behandelten Autoren bereits vorliegen und ständige Ergänzung für sich beanspruchen können.

VORAUSSETZUNGEN

Auf dem Boden des habsburgischen Österreich hatte sich nach der Schlacht am Weißen Berge im Jahre 1620 ein in europäischen Zusammenhängen gesehen einmaliger Vorgang abgespielt: Der Feudalismus, der schon mit dem Ende des 13. Jahrhunderts in der klassischen Form sein Ende erlebte und da, wo er weiter besteht, sich auf dem Rückzug befindet, in England und Frankreich von den zentralisierenden Monarchien zerschlagen wird, in Deutschland und Italien einen über Jahrhunderte sich erstreckenden Absterbeprozeß mit Phasen vorübergehender Rekonvaleszenz erfährt, in Rußland bei einer despotisch-halbdespotischen Monarchie durch das Fehlen seigneur-vasallischer Regelungen nie vollständig funktioniert hatte, tritt unter dem Schutz des Kaisertums in ein Stadium der Neuerstarkung, das bis zum Zerfall des Habsburgerreichs andauert und es in den Nachfolgestaaten in abgeschwächter Form sogar noch um einige Jahre überleben kann. Mit dem Sieg über die protestantische Union unter dem Winterkönig Friedrich V. beginnt die Habsburger Krone mit der Rekatholisierung der alten hussitischen Landschaft, nachdem sie dem protestantischen tschechischen Adel den Schmerz über seine Enteignung einfach dadurch ersparte, daß sie ihn köpfte. In seine Besitzungen ziehen der Monarchie ergebene katholische Familien ein, deren Herkunft aus den österreichischen Stammlanden, Italien, Deutschland, Kroatien, Spanien, den Niederlanden für die Treue gegenüber der Krone bürgte und vorderhand tiefere Einlassungen mit den böhmischen Sonderinteressen unmöglich machte. Böhmen, altes Kernland des Protestantismus mit seinem die Reformation vorbereitenden und schon vorwegnehmenden Sektierertum fällt der Gegenreformation anheim; dem Volk, dem man mit seinen protestantischen Herren zugleich die Orientierung genommen hatte, setzt man mit den neuen Familien einen künstlichen Kopf auf den Leib, ohne daß organische Verbindungsstränge nachwachsen und ein eigentlicher Blutkreislauf des seltsamen Körpers zustandekommen kann. Diese meist landfremde Schicht des großen Latifundienbesitzes, vom Kaisertum eingesetzt und belehnt, in den eigenwirtschaftlichen Unternehmungen kaum ernsthaft behindert und ihm darum besonders verpflichtet, aber auch wiederum unabhängig, um in Dienste treten zu müssen, bildet im Verband mit einigen deutschen Familien, den bei der Wiedereroberung Ungarns zu Landbesitz gekommenen Magnaten und dem mit der Teilung Polens hinzustoßenden polnischen Hochadel die eigentliche Oberklasse, an Ausmaßen der Lände-

12

reien und in der Technik der Menschenbewirtschaftung, die die Dialektik im Verkehr zwischen Monarchietreue und Eigeninteresse unendlich verfeinert, allen andern überlegen. Geblütliche Fixiertheit des eingesessenen Kleinadels oder der über Militär und Beamtentum in die Adelsmatrikel gelangten Grafen und Barone reicht in der Regel nicht aus, die Barrieren zu den großen Seigneurs zu übersteigen, die wie die Schwarzenbergs, Liechtensteins, Czernins, Esterházys eigenen Dynastien monarchischen Zuschnitts voranstehen. In England waren die Familien der hohen Feudalität, sofern sie sich in den Rosenkriegen nicht selbst ausgerottet hatten, von den Tudors niedergerungen und gezähmt worden, in Frankreich im Fall der Aufsässigkeit unter das Beil Richelieus gekommen. Das Habsburgische Reich führt die schon im Mittelalter angelegte zentrifugale Form kranzartig um die Monarchie sich gruppierender Satelliten weiter, denen es in Zeiten der Reichsschwäche gelingt, nicht nur das breite Volk vom Monarchen weiter fern zu halten als das in zentralistischen Monarchien möglich ist, sondern durch ihre großen Eigenwirtschaften wie mit einem Gürtel auch die Monarchie vom Volke abzuschnüren. Diese Zentrifugalität des habsburgischen Reichs dringt tief in die Lebensvorgänge und weiter in die ganze Kulturentwicklung der europäischen Mitte ein, sie erhält in den nichthabsburgischen Teilen Deutschlands die Unabhängigkeit der Reichsfürsten, denen es zeitweise in ihrem Belieben steht, mit der Spitze der Lehnspyramide zusammenzugehen oder gegen sie aufzutreten. Als sich in Maria-Theresianischer Zeit die feudalen Dynastien der Erblande mehr und mehr höfisieren, lassen sie sich am Hofe in eigenen Residenzen nieder, verkehren sie unter Umständen als Mäzene großen Stils, denen es ihre Vermögen gestatten, mit einer Suite von Trabanten in Erscheinung zu treten, die Künstler eingeschlossen, die sie mit Aufträgen versehen, denen sie Werke mit Takt und Feinsinn abbitten oder über ein System von Abhängigkeiten kalt abzwingen. Quelle ihrer Macht sind für diese zentrifugalen Landlords ihre aus dem Boden herausgewirtschafteten Erträge, die sie — auch da, wo sie sie suchen — auf Staatsdienste nicht angewiesen sein lassen. Feudale Übereinkünfte beruhen in der Praxis gewöhnlich auf dem Vertausch des Privatrechts mit dem Staatsrecht, dem Verwischen der Grenzen und der faktischen Unmöglichkeit, diesen Vertausch zu annullieren: sofern sich diese Regelungen aus einem konsolidierten System ergeben. Sie bauen bei aller Verbrieftheit auf gewohnheitsmäßiges Herkommen. Dabei schlagen die Gewichte in intakten Verhältnissen der Feudalität von oben nach unten durch. Das heißt hier: die der Reichsspitze am nächsten stehenden Magnaten setzen eine Nachahmungsmaschinerie in Bewegung, lassen seigneur-vasallische Verkehrsformen bis in die banalsten

Alltagsvorgänge der Unterklassen eindringen, verschaffen auch in ihnen ihren Herrschaftsmanieren unbestritten Geltung.

Bei solchem Übergewicht der Feudalität stehen die geblüts- und rentenlosen Mittelklassen der Städte, vom eigenwirtschaftlichen Bauerntum ganz zu schweigen, hoffnungslos im Schatten, treten sie zu großen Teilen selbst als adelsfromme Klienteln auf. Das sind bis weit ins 19. Jahrhundert hinein die auf dem Gesamtterrain des Habsburgerreichs vorherrschenden Verhältnisse, wo die Abweichung von der Regel, wenn es sie gibt, eine nur ganz geringe ist. Von ihnen ist auch die schwache Ausbildung eines bürgerlichen Bewußtseins gekennzeichnet, die mit den „Orientalia" und dem „Biedermeier" vorwiegend Spuren im Interieur hinterläßt, aber sich noch in der Hinwendung zur intimen Privatheit von den ästhetischen Vorlagen kaum ernsthaft wegbewegt. Der Habsburgische Staat verwischt durch seinen Vielvölkercharakter eher diese Strukturen, als daß er sie aufhellt. In den slawischen Besiedlungsteilen hebt sich das Kleinbürgertum oft kaum vom Kleinbauerntum ab, während die deutschen Volksteile größere Unterschiede aufzeigen, je nachdem, ob es sich um die Sudeten, die Alpenländer oder Wien handelt. Abgesehen von Wien und den Industriegebieten Böhmens bleibt die Monarchie in der Bourgeoisiebildung zurück und läßt sie es zu einem über das Spontane und Episodische hinausgehenden Bewußtsein der Mittelklasse, die in Frankreich im weiteren Verlauf des Jahrhunderts eine Umschichtung erzwingt, nicht kommen. Eine Verschiebung erfolgt noch am ehesten in den Beamtenkadern, wo sich das bürgerliche Element bis in die höchsten Verwaltungsstellen vorschiebt, sich dabei gegenüber gewissen seigneurialen Unbesorgtheiten empfiehlt und weit mehr als in Deutschland im Offizierskorps berücksichtigt wird.

Die sozialen Verhalte sind tief in die höchsten Kulturleistungen eingedrungen. Die „Wiener Klassik", die aus der Reichshauptstadt ein nur mit dem antiken Athen vergleichbares Zentrum der Künste macht, ist ganz von aus dem Bürgertum hervorgehenden Künstlern getragen, die wie Haydn als Untertan der Esterházys, Mozart als zeitweise im Dienste des Salzburger Fürstbischofs stehender, Beethoven als vom großen böhmischen und ungarischen Latifundienbesitz materiell mitausgestatteter Komponist in feudale Rahmenverhältnisse hineingestellt sind. In der Literatur tritt Grillparzer den Beweis an, wie aus den österreichischen Bedingungen heraus die Verbürgerlichung der klassischen Tragödie nicht gelingen kann, wie das von ihm wie von kaum einem seiner Zeitgenossen so tief wahrgenommene Fortschreiten der Zeit sich bei dem Ungleichgewicht zu Gunsten der Feudalität dramatisch nur bewältigen läßt durch die Historisierung des Dramas. Im Gegensatz zu Stifter, der im „Witiko" ahnungslos und mit milder und schöner Sprache nicht nur die Verherrlichung des Feudalismus, sondern dessen reaktionärster Tendenzen besorgt, hat Grillparzer nie vergessen, auch nicht, als es nach der Jahrhundertmitte in Österreich zum schlechten Ton gehörte, ein Josefinist zu sein, daß die Macht der Krone immer auch auf der Grausamkeit beruht, mit der sie als Verbündete der Kirche zu Usurpatoren erklärte Kräfte beseitigt hat. Als altfränkisch gewordenes Überbleibsel der Aufklärung weiß Grillparzer, daß das auch im 19. Jahrhundert noch barock-heitere Österreich als Maria-Theresianische Hinterlassenschaft nur möglich war durch die Verwaltungsreform Josefs II. und die Säkularisierung der Kirchengüter. Ohne die Pedanterie der österreichischen Amtsstube wäre die Krise schon früher über den Staat hereingebrochen und wäre er ihr widerstandsloser ausgeliefert gewesen. Das zu privater Genußfreude außerordentlich fähige Bürgertum der Hauptstadt hat durchaus Züge des Liebenswürdigen neben der zum Kochen bereiten Volksseele, wie sie der Grillparzer des „Armen Spielmann" erkennen muß, ist aber nach 1848 — womit man es noch nicht einmal treffen kann — politisch völlig rückgratlos. Praterfreuden, Walzer, Backhendl können es vereinen, Pensionsfähigkeit vom Postboten bis zur erstrebten Amtscharge mit Schreibtisch sind im Grunde die beneidenswertesten Ziele: wobei es nur ihm von oben eingepflanzte Neigungen wiedergibt. Dabei ist es an den Bauleistungen im Zuge der Stadtrenovierung und der Ringstraßenanlage mit ihren neuen Zinshäusern, der Weltausstellung von 1873, der Kolonisierung des Balkan durch Kapitalgesellschaften der Monarchie, der Entwicklung Wiens zum Banken- und Börsenplatz für den europäischen Südosten maßgeblich beteiligt. Aber die politischen Früchte kann es zu einer Zeit, wo unter dem Fürsten Karl Auersperg ein „Bürgerministerium" gebildet wird, nur in einem beschränkten Maße ernten. In Wahrheit ist angesichts solcher Verhältnisse und solcher Veranlagung der Mittelklassen mit deren immer stärker werdenden völkischen Aufsplitterung in der Hauptstadt, dazu jederzeit vom feudalen Antikapitalismus gegen geblütslose Zinsrotüre leicht sozial und ästhetisch zu dequalifizieren, ihre Zukunft wenig aussichtsreich. In den genialen Geistesblitzen von Nestroys Vorstadtpossen hatte schon die Resignation des in den Aufständen von 48 gezüchtigten „Wieners" gezuckt, der hinfort die Lust an der Revolution verloren hat und sich mit phäakischen Genüssen, der Operette und dem Heurigen, entschädigt. Mit der fortschreitenden Industriekapitalisierung insbesondere in Böhmen kann dagegen der Großgrundbesitz sich in den Besitz industriell erwirtschafteter Bodenrenten bringen; er geht eine Symbiose der Agrarproduktion mit industrieller ein, die sein vom hauptstädtischen Liberalismus aufgeweichtes Torytum auf dem Lande wieder stabilisiert. Wenn der Staat im zweiten Drittel des Jahrhunderts von immer heftiger werdenden völkerschaftlichen und Sprachenkämpfe heimgesucht wird, die ihn bis zu seinem Ende nicht mehr verlassen, ja das Ende mitherbeiführen helfen, sind die Tories davon unmittelbar am wenigsten betroffen: sie können als deutsche, böhmische und ungarische Magnaten von der Besitzbasis der Latifundie mit ihrer eigenen Interessenlage zwischen völkerschaftlichen Ansprüchen und denen der Reichsmonarchie zum Vorteil der eigenen rochieren. Zum Charakter der sich in der Monarchie abspielenden Sprachenkämpfe gehört es, daß sie, wie alle Sprachenkämpfe, von der Vernunftseite her unlösbar sind, daß sie auf dem flachen Lande — wie Otto Bauer zeigte — in eine dem Großgrundbesitz vorgelagerte Zone fallen, wo sie zum Mittel der Latifundie werden, völkerschaftliche Forderungen durch den Hinweis auf jeweils heraufziehende Gefahren gegenseitig zu neutralisieren. Aber auch die Krone kann, wenigstens in einem begrenzten Zeitraum, mit den völkerschaftlichen Auseinandersetzungen, die dem Ausgleich mit Ungarn von 1867 vorausgingen und ihm insbesondere durch die daraus sich ergebenden Konsequenzen für die Tschechen folgen werden, bei beständigem Positionswechsel das Resumee ihrer Notwendigkeit vor aller Augen demonstrieren.

Die Sprachenfrage als Teil der Völkerschaftsfragen war nach außen hin nur der sichtbarste Ausdruck der die Monarchie bewegenden inneren Probleme. Hier schlagen die Erkrankungen des Reichs wie an der schwächsten Stelle eines körperlichen Organismus durch. In Wirklichkeit ziehen sich hier Klassenfragen als Fragen verschiedener Zivilisationshöhe zusammen, werden bei den Deutschen wie den Ungarn, den Slawen, den Juden schon fallweise Kennzeichen der Rasse ins Spiel gebracht und ideologisch aufbereitet. Aber die Kompliziertheit im quomodo der Nationalitätenprobleme je nach den geographischen Zonen, dem Grad agrarischer oder industrieller Entwicklung, den etwa vorliegenden städtischen Verhältnissen, dem Anteil der verschiedenen Völkerschaften, ihrem Charakter, ihrer Klassenzugehörigkeit oder dem Zufall, läßt es zu generalisierenden Maximen nicht kommen. Die Deutschen sind bis zum Ende das als solches allerseits anerkannte tragende oder jedenfalls hingenommene Staatsvolk der Monarchie gewesen und waren durch die Sprache, ihr Übergewicht in der Verwaltung und die höchste Ausbildung der Mittelklasse dazu ausgestattet. An der Kette der kaiserlichen Satelliten sind sie nur durch einige Familien des Großgrundbesitzes beteiligt; den „eisernen Ring" der Konservativen, die alte Stütze Taaffes im Parlament, bilden die durch das Zensuswahlrecht unbesorgten böhmischen und polnischen Großagrarier, denen der Sinn wenig nach den Verfassungsgesetzen steht, wie sie die „Vereinigte

Deutsche Linke" mit ihrem Anhang beim ärmeren Adel, beim bürgerlichen Großgrundbesitz und den Handelskammern in zähen Kämpfen langsam durchgesetzt hatte. Seit dem Eintritt dieser Partei in die Regierung als notwendig gewordene Folge von Königgrätz gelingt es dem Liberalismus, sich als nicht mehr zu übersehende und sogar in der Metropole tonangebende, weit über den Kreis ihrer engeren Anhänger wirkende Richtung zu etablieren. Hier kommen die wirtschaftlich schneller expandierenden, monetär stärker ausgebildeten Kräfte zum Tragen, die sich vor allem in der „Presse", seit 1864 in der „Neuen Freien Presse", ein oft schonungsloses, gegen die hohe Feudalität kurzfristig jedoch ohne wirksamen Erfolg anschreibendes Organ schaffen. Zu den Mitarbeitern gehört der Londoner Karl Marx, gehören aber auch Journalisten des Feuilleton wie Hanslick, Speidel und Wittmann, die am Anfang des Pamphletentums von Karl Kraus stehen, es gewissermaßen vorbereiten. Es werden hier in dem jetzt mit weltstädtischem Anspruch auftretenden Wien durch den Liberalismus literarische Kanalisierungen geschaffen, deren Inhalte sich schon wieder von ihm entfernen oder sogar seine Beseitigung zum Ziel haben. Das Ende der eigentlichen liberalen Ära ist aber schon um die Mitte der 90er Jahre da, als mit dem Aufstieg der Christlich-Sozialen unter Lueger das katholische Kleinbürgertum seine durch den Liberalismus geschaffenen Ansprüche anmeldet. Fabriksystem, Geld- und Kreditwirtschaft, die Ausbildung des Verkehrswesens hinterlassen ihre Spuren in den Grundherrschaften, bei den Bauern und den Handwerkern. Der Gedanke der Konkurrenz, der zur wirtschaftlichen Blüte getrieben und der Hauptstadt ihre Glanzzeit beschert hatte, hatte auch die Wucherspinne in Bewegung gesetzt und den Grundbesitz mit ihrem Netz umgarnt, aus dem es, wenn es ganz ausgelegt war, kein Herauskommen mehr gab, traf aber ebenso die Handwerker der Vorstädte, denen mit der von der Maschine angefertigten Billigware ein weiterer Feind ersteht. Es kommt jetzt zum Besitzwechsel auf dem Lande, indem die von Industrie- oder Zinserträgen geschaffenen Neuen Reichen in zuvor ruinierte und oft zusammengelegte Landgüter einziehen. Opfer des Liberalismus finden sich unter dem Adel ebenso wie unter der Bauernschaft und den vormaschinellen Warenerzeugern. Der in den märkischen Verhältnissen von Fontanes „Stechlin" eher diskret angedeutete und noch im Vorfeld steckenbleibende Übergang des Schlosses in die Hand des Geldverleihs, überhaupt der Wechsel des seigneurialen Grundeigentums in den Besitz der vom Liberalismus hochgetragenen Unternehmer, kehrt als Thema in der Prosa Ferdinand von Saars auf verschiedenste Weise wieder, am eindrucksvollsten in der Erzählung „Schloß Kostenitz". Am Schluß des Werks zieht der Verfasser ein beziehungsreiches Resumee: einer

„der bedeutendsten Industriellen des Landes" erwirbt nach dem Tode der alten Besitzer das Anwesen. Zunächst erfolgen im Park umgestaltende Eingriffe: Eremitagen, kleine Tempel, Brücken und Ruhebänke werden überflüssig, für den Weltschmerz im Stile Lenaus, dem sich hinzugeben zur Lebensform der Schloßherrin gehört hatte, sind die Zeiten schlecht geworden. Schließlich wird der alte „Kasten" abgerissen und ein Haus im Schweizerstil errichtet; elektrisches Licht beleuchtet die Avenuen, von einer Terrasse kann man auf einen „Lawn Tennis-Platz" niederschauen, wo die Schloßgäste in Schuhen ohne Absatz sich dem Spiel widmen oder über die neueste Mode, Börsenkurse, Sozialismus, die letzten Hervorbringungen der naturalistischen Schule reden. Veränderungen der wirtschaftlichen Produktionsformen — das sieht Saar ganz deutlich — lassen das „Lied der Dichter" ebenso anders werden wie die „Schicksale", die sie gestalten. Dabei können die im Gebrauch liberaler Zinstechniken erfahrenen Schichten tief und ästhetisch wenig verführerisch in vorkapitalistische Erwerbsweisen des Handwerks eindringen, wenn sie deren Existenzgrundlagen zerstören und Hoffnungslosigkeit und Erbitterung auf der Seite der Betroffenen zurücklassen. Die fortschreitende Bedrohung des Kleinerwerbs hilft die politische Schule der Christlich-Sozialen mitbegründen, setzt insbesondere Instinkte eines katholisch getönten, beim niederen Klerus hier und da noch kräftig geförderten Antisemitismus frei. Hier zeigt sich, wie wenig fest dieses Makartscher Üppigkeit den Weg bereitende Großbürgertum gegründet war, wie es weder seine ökonomische Entwickeltheit politisch ummünzen noch den Aufstieg Luegers verhindern kann. Mit Lueger tritt ein in der Geschichte Österreichs bislang unbekannter Typus des Politikers auf die Bühne, ein Mann, der als erster ein Gefühl für die neue Masse der Großstadt hat, der sie dirigieren und seine Ernennung zum Bürgermeister von Wien gegen die Widerstände aller, einschließlich des Kaisers, durchsetzen kann. Das letzte Jahrzehnt des Jahrhunderts, das mit Schnitzlers „Anatol", den lyrischen Dramen Hofmannsthals, Leopold Andrians „Garten der Erkenntnis", Rilkes ersten reifen Versen, aber auch Freuds Anfängen der Traumdeutung, noch von der Ära des Freisinns gezeichnet war, verabschiedet sich mit zerrinnenden Hoffnungen. Als Karl Kraus im Jahre 1899 die erste Nummer der „Fackel" erscheinen läßt, wird schon am Tonfall des Herausgebers deutlich, daß hinfort in anderer Sprache verkehrt wird.

Die literarischen Früchte von Bewegungen wie dem „Jungen Wien" und dem „Jungen Österreich", mit den sich die „Moderne" meldet, waren Folgen der Veränderung, die über den Staat hinweggegangen war und den Willen zu neuen Formen und insbesondere zum Anschluß an europäische

Stilbewegungen weckte. Mit ihnen löst sich die Literatur dezidiert von der alten agrarischen Umwelt, zu der die auf dem Deputat beruhende böhmisch-mährische Schloßwirtschaft der Ebner und Saars gehört, sie läßt alles hinter sich, was noch zur „Provinz" zählt und will der neuen Rolle Wiens als einer durch die kapitalistische Gründerzeit veränderten Großstadt gerecht werden. So sehen wir die „Jung-Wiener", allen voran Hermann Bahr, überall Verbindung suchen: mit den Symbolisten in Frankreich und Belgien, den Naturalisten in Deutschland, ihre Stile und Sprachgepflogenheiten in eigene Werke aufnehmend und dafür werbend. Bahr ist als Wortführer der Gruppe das Spektrum von allem und jedem: als Student und Sprecher der österreichischen Burschenschaften war er von Bismarck empfangen worden und hatte ihm deren Huldigung dargebracht, er stand ursprünglich auf der Seite der Alldeutschen, „entdeckt" dann den Marxismus, tritt mit Friedrich Engels in Briefwechsel, setzt sich für Gerhart Hauptmann ein, sucht in dem immer stärker sichtbar werdenden Vakuum des „deutschen" Österreich eine eigenständige österreichische Literatur zu begründen, wird Matador der spätliberalen Ära, überdauert ihr Ende bis zum Zusammenbruch der Monarchie, macht später die republikanischen Wendungen mit und beschließt seine Tage als erklärter Katholik mit bayrischer Lederhose. Aber auch der junge Hofmannsthal, den er ans Licht bringt, ist nicht nur ein junger Dichter, sondern ebenso ein Mann des Feuilleton, dem kein Gegenstand entfernt genug ist, um sich ihm nicht anzuverwandeln. Die Gabe zur Empfänglichkeit für Auseinanderliegendes, das den Hauch des „Erlesenen" glaubhaft machen kann, die Freude am Zitat, die Lust zu rezensieren, zu urteilen, vorhandene Formen neu zu bearbeiten, sie wie ein Goldgeschmeide mit feinem Hammer zu beklopfen, sind am Ende der liberalen Epoche noch einmal gefördert worden, kündigen aber schon den Mangel an, ohne fremden Stoff nicht mehr auskommen zu können. Was sich bei aller stilisierten Schlichtheit spektakulär aufspielt, zeigt gegenüber dem traditionalistischen Strang, der von Grillparzer zur Ebner reicht, ein Schwächerwerden im Umgang mit der großen Form. Als die Ebner im Jahre 1916 ihre „Erinnerungen an Grillparzer" veröffentlicht, wird unabhängig von der Verlagerung des dramatischen auf das epische Schreiben hier ein Lehrer-Schüler-Verhältnis offengelegt, über das inzwischen die Zeit und mit ihr Richtungen verschiedenster literarischer Stile hinweggegangen sind. Die vom Liberalismus emporgehobenen Talente, in deren Singen und Sagen viel vom Wiener Ringstraßenklassizismus eingegangen war, haben sich nach den großzügigen Gebärden ihrer Anfänge bald zaudernder und nachdenklicher bewegt. Es breitet sich unter dem Eindruck großer sozialer Veränderungen das Gefühl aus, dem Ende eines Zeitabschnitts entgegenzugehen. Aber der liberalen Ära war auch das Ende des Metternichschen Systems, der Regierung Schwarzenberg und später Taaffe mit dem Supremat der Tories vorausgegangen. Der industrielle und finanzielle Liberalismus hatte nicht nur die Menschenbewirtschaftung gegenüber der Latifundie monetär entwickelter gemacht, die Entlohnung über das Deputat schon hier und da veraltertümlicht, er hatte selbst durch Fabrikanten und Kreditgeber seine Saugnäpfe tief in den großen ländlichen Grundbesitz hinabgelassen. Jener großstädtische Glanz, der in das Wien des fin de siècle einzieht und auch über die Literatur geworfen wird, wäre ohne die dem Agrarland abgewirtschafteten Kapitalrenten der Bankiers, die Dividenden der Eisenbahngesellschaften, die steigenden Gewinne aus den Bergwerken und Fabriken des böhmischen Reviers nicht denkbar, so wenig wie die Eleganz einiger der „jungen Herren" des Café Griensteidl. Im Rückblick wird der junge Hofmannsthal noch mehr als in der unmittelbaren Gegenwart zum genau treffenden Idol. Als sich dann gegen Ende des Jahrhunderts eine unendlich aparte und immer größer werdende Trauer dieser empfindlichen Gemüter bemächtigt, da dringt in die Klage schon das Gefühl ein, selbst am Alter d e r Klasse teilzuhaben, auf deren Schwächung der Schlösser und Parks sich zueigen machende, im Zeitalter des Liberalismus zustande gekommene Reichtum beruhte. Und noch mehr: man ist an Reife und Erfahrung in „Gewesenem" der alten Klasse noch um Jahrtausende überlegen durch — wie Beer-Hofmann im „Schlaflied für Mirjam" von 1897 singt — das „Blut unsrer Väter, voll Unruh und Stolz. In uns sind alle". Kein Zweifel: man suggeriert sich in liedhaften, erzählten und für Traumtheater gedachten Elogen die Teilhabe an einer Vergangenheit, die die mit der liberalen Konkurrenz erwirtschafteten Großvermögen gerade dabei sind, zu annulieren.

Es ist kaum zu bestreiten, daß die aus dem „Jungen Wien" hervorgehende Literatur mit allen ihren Illusionen als Zeittypisches an Nachleben vielem andern dieser Jahre den Rang abläuft. Aber die eigene Gegenwart beginnt schon bald, ihr wenig günstig zu sein, nicht zuletzt darum, weil sie die Gegenwart mit ihren neuaufdrängenden Fragen mißachtet, indem sie ins Private ausweicht. Die Stunde gehört Ideen, die aus der fortschreitenden Zerrüttung des Donaureichs heraus erzeugt werden und deren Protagonisten die Öffentlichkeit wohl in ihren Bann zu ziehen verstehen. Nach dem Ungarischen Ausgleich, der der transleithanischen Reichshälfte ein politisches Gleichgewicht einräumte, das die Ungarn als zweites Staatsvolk bestätigt, begründet sich, wie vorauszusehen, der Anspruch der Tschechen von selber. Er wird hinfort nicht mehr abzuwehren sein und die Krise immer rascher vorantreiben. Die Konfusion des Vielvölkerstaats wird vollkommen, weil die völkischen Formationen selbst in sich uneins sind, die Tschechen sich in monarchische, nationale und panslawistische Flügel aufspalten, der Panslawismus in Polen durch seinen Gegensatz zu Rußland als der Mutter der Bewegung keine Anhänger hat, der Unterschied der „historischen" Völker (neben den beiden staatstragenden die Tschechen, Polen, Kroaten, Italiener) von den „nichthistorischen" (Ruthenen, Rumänen, Slowaken, Serben, Slowenen) das Reich von der Seite der zentrifugalen völkischen Kräfte her aufreißt. Der Gegensatz der Tschechen zu den auf ungarischem Boden lebenden stammverwandten Slowaken ist ein zivilisatorischer, so daß er praktisch gemeinsame Interessen ausschließt. Die römisch-katholischen Kroaten werden keinen Vergleich mit den orthodoxen Serben zulassen; die einen bedeuten eine starke Stütze der Monarchie, die andern schauen nach Rußland. Herausragend ist die Vorzugsstellung der Ungarn. Gegenüber den Nachbarn kehren die Ungarn am stärksten ihren ethnischen Sondercharakter hervor. Umgeben von Völkern deutscher, slawischer, romanischer Herkunft ist ihr nationales Selbstbewußtsein durch den Hinweis auf die Stefanskrone schwer zu steuern, bringt sich der Charakter der Oberklassen durch eine gentilezza zur Geltung, die in der Monarchie ebenso unübertroffen ist wie ihre Fähigkeit zur Auspressung. Dazu kommt die Sonderrolle der Sprache. Mit der rücksichtslosen Anwendung der Sprache als Regulierungsinstrument gegenüber den Minoritäten bei der Besetzung staatlicher Stellen, in Unterricht und Gerichtswesen, stehen die ungarischen Verhältnisse innerhalb des Gesamtreichs ohne Vergleich da. Natürlich gibt es ein Mittel des Arrangements. Man kann Ungar werden durch die Sprache: ein insbesondere von Deutschen und Juden immer wieder gegangener Weg, woraus sich eine offene oder stillschweigende Entscheidung für die unbesorgten Lebensformen der alles in Händen haltenden Oberklasse ergibt. Denn Madyar bedeutet so viel wie Edelmann. Herrenmäßiger Charme im Verband mit der Aussicht auf Staatsämter übt eine Anziehungskraft aus, gegen die bescheidenes Verharren im Volkstum der Minoritäten wenig ausrichtet. Zweifellos war dieser werbend um sich greifende Lebensstil aus den Alimentationsformen der großen Landeigentümer herausgewachsen. Unverkennbar sind — selbst für das Reichsgebiet der Monarchie — deren retardierende Züge. Der Feudalismus der ungarischen Tiefebene und ihrer Randgebiete von der Slowakei bis nach Rumänien ist über den Entwicklungsstand, wie ihn England etwa während des 13. Jahrhunderts kannte, nicht hinausgekommen, erzeugt hier eine halb-asiatische Schickeria, die durch Verschwendung und Hochmut sich besonders kapriziert und das — abgesehen vielleicht von Ruthenien — schreiendste Elend des Landarbeiterproletariats im ganzen

Donaureich beschert: dies in ziemlicher Eintracht mit der Kirche als der neben den Esterházys größten Landeigentümerin. Die großen Familien sind dabei samt und sonders imperial, fast alle katholisch; in der Gentry ist der Calvinismus verbreitet, der sich durch den Gegensatz zur herrschenden Staatsreligion im Gesamtreich der national-ungarischen Sache empfiehlt und diese Klasse als Widerstandsherd gegen Österreich besonders ausstattet. Natürlich beruht die Macht der Esterházy, Bethlen und Batthyány immer auch auf ihrer engen Bindung an die Krone und die Administration, denen man andrerseits von einer advokatorisch glänzend instruierten ungarischen Diplomatie eine Niederlage nach der andern zufügt. Durch heftig hervorgekehrte Eigeninteressen gegen die Minoritäten, durch die virtuose Anwendung der institutionellen Instrumente des Gesamtreichs bei dessen gleichzeitiger Unterminierung bringt Ungarn immer neuen Zwist in den Staat hinein und wird zu einem seiner größten Zerstörungsfaktoren.

Aber die aus dem Reich herausstrebenden Kräfte sind in der Monarchie ebenso übernational wie die zentralistischen. Aus dem Donaustaat heraus drängen Tschechen und Ungarn, Serben und Italiener nicht mehr als diejenigen Deutschen, die ihren Rückhalt im neuen Bismarckreich suchen und eine wachsende Majorität der slawischen Völkerschaften als Umkehrung in den Kräfteverhältnissen sich ankündigen sehen. Mit der kleindeutschen Lösung hatte Bismarck zugleich alle völkerschaftlichen Querelen Österreichs dem neuen Reich ferngehalten und sich in Österreich als dem Gegner von gestern einen Verbündeten geschaffen, der im Dreibund zusammen mit Rußland das Glacis der konservativen Mächte gegen jeden möglichen Angreifer bilden mußte. Was diese Staaten bei allen Unterschieden miteinander verbindet, ist die unter dem Kaisertum abgesicherte Vorherrschaft des agrarischen Großgrundbesitzes. Die 90er Jahre leiten das langsame Scheitern dieser Politik ein und vergrößern damit die Unruhe unter den Deutschen des Donaureichs. Dabei gehen die Risse am stärksten unmittelbar durch das Bürgertum, von dem Teile die nach 1866 geschaffene Tatsache der Trennung Österreichs vom deutschen Bund als endgültig gegeben hinnehmen, während andere, namentlich unter dem Eindruck der tschechischen Bewegung, den einzigen Ausweg im Anschluß an das Reich sehen. Das sanfte Säuseln des Windes durch die Parkalleen in Hofmannsthals liedhaftem Sprechen hat mit der Wirklichkeit der erbittert ausgetragenen Völkerschaftskämpfe nicht das geringste zu tun: Seine Besingung ist eher Flucht aus der Konfusion des Donaureichs in verdünnte elysische Gefilde, dem sich ein von Haus aus gut gestellter junger Mann überlassen kann. Auf der politischen Bühne haben sich längst robustere Kräfte nach vorn geschoben, als die „Vereinigte Linke" sie vorzuweisen hatte, können die auf den status quo bedachten deutschen Verfassungsparteien um die bürgerliche Mitte die sozialen Bedürfnisse der Großstadt, Luegers politisches Operationsgebiet, nicht mehr ausreichend befriedigen. Die Zeit ist schon dabei, über sie hinwegzugehen. Zwar ist der Einfluß Schönerers als des Führers der „Alldeutschen" gegen Ende des Jahrhunderts schon im Schwinden begriffen — die Kerkerhaft hatte ihn geschwächt, sein grenzenlos radikaler Anspruch die Öffentlichkeit nicht nur erschreckt, sondern auch die eigenen Freunde verprellt — aber seine Ideen selbst behalten eine sublimierte Zugkraft bei. Seine unverblümten Angriffe gelten den Habsburgern und ebenso der römisch-katholischen Kirche als mit dem Reich unheilvoll verschwistertes und es auspressendes Verschwörungsinstitut. Mehr als daß sie Anhänger um sich scharte, spaltete seine „Los-von-Rom-Bewegung" das deutsche Bürgertum auf, konnte aber auch ernstzunehmende Gründe vorweisen, deren Wirkung sich noch in ungeahnter Weise zeigen sollte. Schönerers Antisemitismus unterscheidet sich von dem Luegers auch durch die Schichten, an die er sich wendet — bürgerlichen Grundbesitz und nationale Studenten — und ebenso durch das Etikett der „Rasse", unter dem er auftritt, hilft aber damit Luegers Antisemitismus kleinbürgerlicher Spielart im Sinn des Wiener „Hausmeisters" in der Wirkung mehr als verdoppeln. Mit der Praxis, der Gesinnung der Anhänger nachzuspüren und dem Führerprinzip zu huldigen, sind bei Schönerer Organisationsformen vorgebildet, die aus ihrem vorgeschichtlichen Stadium in der Zukunft heraustreten werden. Eines sah Schönerer klar und stellte ihn in eine Reihe mit Masaryk und den ungarischen Nationalisten: daß dieser Staat, so wie er besteht, durch seine innere Verfassung verwundbar ist und zielbewußte Schläge im Zusammenwirken mit einer von Innen und Außen vorwärtstreibenden Entwicklung ihn zerstören müssen.

Ohne von der großen Öffentlichkeit bemerkt zu werden und auch ohne starken zahlenmäßigen Niederschlag im Parlament spielt sich im letzten Jahrzehnt des Jahrhunderts der Aufstieg der deutschen Sozialdemokratie in Österreich ab. Um die Jahrhundertmitte hatten die Verhältnisse in einem Agrarland wie Österreich den „Arbeiter" oft noch polizeiverdächtig werden lassen. Allzu große Hoffnungen auf die Sozialdemokratie zu setzen, bedeutete dabei eher eine Illusion. Zur Zersplitterung durch nationale Flügel war noch die viel größere durch Radikale und Gemäßigte, Anarchisten, Halbanarchisten und Reformer gekommen, die aus der deutschen Sozialdemokratie ein manövrierunfähiges Gebilde machte. Der Wandel setzt ein, als es auf dem Hainburger Parteitag zur Jahreswende 1888/89 dem Wiener Arzt Victor Adler in Zusammenarbeit mit Karl

Kautsky gelingt, die auseinanderstrebenden Fraktionen unter ein gemeinsames Programm zu stellen. Ihre Stärke, mit der sie alle anderen Parteien theoretisch und unabhängig von ihrer zahlenmäßigen Präsenz im Parlament übertrifft, ist fortan ihre übervölkische Rolle. In den Kämpfen um die Wahlreformen mit dem Abstreifen der zensitären Filter zu Gunsten des feudalen und bürgerlichen Grundbesitzes sowie der Einführung des allgemeinen Wahlrechts gibt die Partei den Ton an und hat sie mit Adler den auch von den Gegnern als solchen anerkannten brillantesten Kopf des Parlaments. Dabei verficht die deutsche Sozialdemokratie in Österreich die von allen andern Parteien vernachlässigte, vom Staat nicht abzuweisende Frage, wie das von der wachsenden Industrie erzeugte neue Proletariat in den Staat integriert werden kann. Die von den Grundherrschaften in den Agrarzonen praktizierte vorwiegend geldlose Alimentation der Landarbeiter reicht unter den Bedingungen der Großstadt und der Stadt nicht mehr aus, als Vorbild zu gelten. An Fähigkeit, Verelendung des Proletariats zu schaffen, kann der neue Industrielle den Großgrundbesitzer leicht übertreffen, dem ja die Tatsache zustatten kommt, daß Österreich-Ungarn ein Land agrarischer Überschüsse ist, Hungersnöte, wie sie in Rußland immer wieder auftreten, hier nicht anzutreffen sind, das flache Land mit seinen organisch aus dem Boden herausgewachsenen Erwerbsformen die Isolation der neuen Großstadt nicht oder nicht in der gleichen Weise kennt. Der Wandel in der inneren Verfassung Österreichs durch eine immer in bescheidenem Rahmen bleibende mechanisierte Industrie schlägt sich in der Novellistik, und zwar der von der Ebner und Saar über Schnitzler zu Wildgans führenden Entwicklung nieder. Die Misere etwa der in die Stadt verschlagenen Arbeiterin ist anders als die der Dienstmagd der Latifundie, die Vereinsamung ist trostloser, das Absterben geht unbemerkter vor sich: so wie es Wildgans in seinen an Schnitzler geschulten Erzählungen mit dem Blick auf die Wiener Verhältnisse in den verschiedenen Versionen und weit über die Mitleidskunst der Ebner hinausgehend erzählt hat. In Ottakring oder Favoriten treten Liebe und Tod in anderer Gestalt auf als in einem mährischen Gesindeareal.

Das sind nur Symptome des Wandels, der nicht ohne weiteres vordergründig, sondern erst von den Folgen in seinem Ausmaß wahrnehmbar wird, als nach dem Zusammenbruch des Donaureichs die Republik von den großen Landbaugebieten und seinen wichtigsten Industriezentren abgeschnitten auf den vorwiegend deutschen Siedlungsraum beschränkt wird. Zusammen mit den andern Nachfolgestaaten kommt die neue Republik in wirtschaftliche und politische Krisen, die an Heftigkeit die in der Monarchie weit übertreffen werden und sie widerstandsloser, als der wegen seiner

Schwäche so gern verhöhnte alte Großstaat je gewesen wäre, im gegebenen Augenblick zusammenbrechen lassen. In der Diagnose des Staats und der bestehenden gesellschaftlichen Organisation war die Partei Adlers allen andern Parteien überlegen gewesen, was allerdings kein Grund sein sollte, sie an die Macht zu bringen. Sie befand sich in dem Dilemma, dem „vierten Stand" Einlaß in einen Staat zu verschaffen, der nicht wie England oder Frankreich eine bürgerliche Revolution hinter sich hatte, der in seinem Vielvölkercharakter eher mit Rußland, in seiner Bodenbesitzstruktur auch mit Rußland und den deutschen Ostprovinzen zu vergleichen war als mit den westlichen Demokratien republikanischen oder monarchischen Zuschnitts. Waren die Demokratien der westlichen Großstaaten erkämpfte Resultate der bürgerlichen Mittelklassen, so fehlen in Österreich-Ungarn die zu diesen Resultaten geführt habenden Klassenkämpfe wie ihre Resultate, weil sich hier eine Bourgeoisie über ihren Embryonalzustand hinaus nicht ausbildet und die sozialen Kämpfe in die Völkerschaftskämpfe eingehen und in ihren Wirkungen „umgebrochen" werden. Gegenüber den Völkern, die sich auf ihre Rasse beriefen wie Schönerers Alldeutsche oder Kramářs panslawische Tschechen, die Ungarn in Pest und Preßburg oder — wie es ihnen Weininger nachdrücklich bestätigt — die Juden, hatten unter den Bedingungen des in der Monarchie erreichten Stadiums der Bourgeoisiebildung und eines zersplitterten polyglotten Proletariats die Klassenkämpfe englischen und französischen Vorbildes keinen festen Boden. Die Gedanken des Grafen Gobineau und Housten Stewart Chamberlains, denen in ihren Ländern die Gefolgschaft versagt blieb, konnten hier zum Samen werden, der später eine blutige Saat aufgehen ließ. Für die Adlersche Sozialdemokratie war bei all ihrer theoretischen Höhenlage und den Geistesblitzen ihrer Führer gegen die Macht der hier vorliegenden Umstände am Ende nichts auszurichten. Sie war eine Reformpartei und als solche zu dem Umstand verurteilt, bei der Inkorporierung des Proletariats in den Staat an dessen alter bekämpfter Misere selbstverantwortlich teilzuhaben, um sie verewigen zu helfen. Sie war nicht die Partei, der beim Zusammenbruch der Monarchie zuzutrauen gewesen wäre, wie in Rußland mit der bürgerlichen Revolution zugleich die proletarische Revolution stattfinden zu lassen.

Erst der Rückblick hat die Tatsache erschlossen, welches Spannungsfeld von Theorien in der Schlußphase der Monarchie entstanden war, deren Energien von der Klammer des Reichs, der Administration, der Religion, der herrschenden Moral am Freiwerden gehindert auf ihr ungestörtes Ausbrechen warten, dann aber wie eine Flut über Europa und die Welt ausströmen. Hier war die „Judenfrage", über die Bruno Bauer und Karl

Marx theoretisch abgehandelt hatten, als eine von der sich langsam ver-
bürgerlichenden Ökonomie her unlösbare Frage zur täglich erneuerten Erfahrung geworden, insbesondere nachdem von Rußland aus in der zweiten Jahrhunderthälfte schubweise große Rückwanderungsbewegungen des
osteuropäischen Judentums in westliche Richtung einsetzen. Josef Roth
hat in seiner Schrift „Juden auf Wanderschaft" diese Vorgänge mit bilder-
reicher Eindrücklichkeit beschrieben. Nicht zuletzt unter den Folgen von
Schönerers und Luegers Antisemitismus, der schon erste organisierte Züge
angenommen hatte und sich an russische Vorbilder anschloß, wird Theodor Herzl vom Stückeschreiber und Journalisten zum Verfasser der Schrift
„Der Judenstaat", die während seiner Pariser Tätigkeit als Korrespondent
der „Neuen Freien Presse" entsteht und 1896 in Wien erscheint. Unbeant-
wortbar unter den hier vorliegenden Verhältnissen sind die einzig Auf-
schluß in Aussicht stellenden Fragen: ist die zionistische Agitation Folge
der fortschreitenden Bedrängnis der Judenschaft oder ist diese fortschreitende Bedrängnis Folge der Zerrüttung, die dem Kleinhandel und Handwerk durch entwickeltere Formen der Anfertigung und des Vertriebs
jüdischer Firmen, grundherrlichen und bäuerlichen Betrieben durch ange-
zogene Zinsschrauben zugefügt werden? Die Fragen lassen sich noch tiefer
in die Vergangenheit zurückverlegen. Sind die Juden im Mittelalter von
Kirche und Reich zum Zinsmonopol verurteilt worden oder ist es ihnen
auch wegen ihrer größeren zinstechnischen Erfahrungen zugestanden worden? Von den in Österreich-Ungarn zugespitzten Zuständen kommt Herzl
zur Erkenntnis von der Aussichtslosigkeit des Juden beim Versuch, sich
durch „Assimilation" dem bestehenden „christlichen Staat" anzuverwandeln. Die Marxsche Einsicht, daß der Jude als „Jude" nicht integriert wird
und selbst nicht integriert, daß da, wo er integriert wird und selbst integriert, er schon etwas von seinem „Jude-Sein" preisgegeben hat und in den
Absterbeprozeß der Religion hineingeraten ist, führt bei Herzl zur Konsequenz der Auswanderung. Unter den historisch konkreten Bedingungen
der Donaumonarchie bedeutet das Vorrücken der Judenschaft fast immer
auch einen Einbruch geldwirtschaftlich ausgebildeter Verkehrsformen in
hochagrarisch gebliebenen Landschaften mit einer bei weiten Teilen der
Bevölkerung gegenüber komplizierten Zinsveranstaltungen sehr verbreiteten Hilflosigkeit. Die Gefahren werden noch dadurch gesteigert, daß
tief im Mittelalter verharrende Gruppen mit den Opiaten der religiösen
Vorurteile in die Neuzeit hineinragen und sich veränderten Erwerbs-
motiven gegenübergestellt sehen. Die weitere Zukunft sollte zeigen — und
darin wenigstens hat sie Herzl, unabhängig von dem Weg, den die zionistische Bewegung einschlagen sollte, recht gegeben — wie von hier aus

unter bestimmten Voraussetzungen mörderische Mechanismen in Tätigkeit gesetzt werden können.

War Herzls Zionismus die eine, von ganz spezifisch österreichischen und noch genauer Wiener Bedingungen im letzten Jahrhundertdrittel getönte und weltweit sich verbreitende Bewegung innerhalb der Judaität, so ist die Psychoanalyse Freuds die andere. Von ihren sozial-ökonomischen Voraussetzungen her ist die Psychoanalyse eine Theorie des Ghettos, hier eines solchen, dessen Mauern abgerissen sind, aber im Bewußtsein weiter aufgerichtet bleiben. Jede „Psychologie" in einem mit Freud „modern" gewordenen Sinn setzt einen hohen Grad der Verbürgerlichung der Lebensverhältnisse voraus. Die Latifundie mit dem Auslauf in eine agrarische Umwelt gibt keinen Boden für eine auf das Innen mit seinen Beschädigungen gerichtete Ausleuchtungstheorie. Erst die fortgeschrittene Ausbildung des bürgerlichen Interieurs und weiter das Abschnüren organischer Lebensabläufe in Quarantänearealen, und seien es die verdünnten des bloßen Bewußtseinsunterschieds, läßt die Fachleute für die sich hier abspielenden Störungen heranreifen. Statt (eines der Behinderung unterworfenen) Tuns ein Bedenken der Gründe, ein weit entwickelter Wille, die Motive, Antriebe und Triebe zu erforschen. Eine frühe Fixierung des psychoanalytischen Programms in Freuds Schrift „Entwurf einer Psychologie" nach den Lehrjahren in Paris erfolgt gleichzeitig mit Herzls Arbeit am „Judenstaat" und zeigt die Parallelität der sich aus den Lebensverhältnissen der Donaumonarchie heraus entwickelnden Ursachen mit freilich verschiedenen Folgerungen. Die Juden gehören in der katholischen Monarchie so viel und so wenig zum Staat wie die Industrie- und Landarbeiter, eher noch weniger. Waren die Arbeiter durch sozialdemokratische Abgeordnete im Parlament vertreten, so waren das die Juden durch in Lemberg und Czernowitz gewählte zionistische Vertreter auch — ein Zeichen, wie weitmaschig das Netz des bürokratisch-repressiven Liberalstaats mit seinen tödlich treffenden Unberechenbarkeiten sein konnte. Die von Herzl wie von Freud genau erkannte, weil sie selbst treffende Malaise, führt bei Herzl zur „Auswanderung" durch organisierten Judenexport, bei Freud zur Störungsbehebung durch Behandeln der Neurosen: mit in beiden Fällen weit über die ursprünglichen Anlässe hinausführenden Folgeerscheinungen. Kein Beseitigen der Bedingungen, sondern Reform wie bei den Austromarxisten Victor Adler, Kautsky, Bauer, Renner kommt auch in der Freudschen Psychoanalyse als leitendes Movens zum Vorschein und führt zur Eignung der Methode, sich durch „Heilen" bestehender Erkrankungen, also Beseitigen der „Folgen" bestehender Systeme dadurch zu empfehlen, daß deren eigener Bestand als „Ursache" nicht in Frage gestellt werden muß. In Österreich wie auch in Deutschland ist die Psychoanalyse zu Lebzeiten Freuds und noch Jahrzehnte später zu keinem akademischen Ansehen gelangt. Ihre Entstehungsgeschichte trägt deutlich Spuren des Staatsverfalls, für die das Späherauge des Diagnostikers geschult ist, die er da wahrnimmt, wohin den Blick zu werfen durch Tabuisierung über die herrschende Moral nicht gestattet wird. Natürlich wurde Freud gerade in Österreich als Gefahr empfunden, als Beschwörer der Verbotszonen, dem mit größter Vorsicht zu begegnen sei und dem die Wiener akademische Karriere zu beschneiden man sich sehr angelegen sein ließ: ohne daß Klagen über mangelnde Großzügigkeit der Universitätsbehörden in seinem Fall gerechtfertigt wären. Der Siegeszug der „Methode" setzt von der angelsächsischen Welt her ein, von wo aus ihre Rückwirkung auf den Kontinent vorangetrieben worden ist. Denn ihre eigentliche „Leistung" kann sie in Verhältnissen hochmaschineller Menschenbewirtschaftung mit den von ihr hervorgerufenen Deformationen erbringen, denen gegenüber die von Freud veröffentlichten Vier Krankengeschichten der mittneunziger Jahre sich noch in agrarischer Beschaulichkeit oder im Milieu des verwienerten Spätbiedermeier ereignen.

Zusammen mit Freuds Ausbildung der Psychoanalyse und Herzls Vorstellung des „Judenstaats" kommt es zum gleichzeitigen Entwurf einer Lehre, die an Macht in ihren Auswirkungen alle beide hinter sich lassen wird: Houston Stewart Chamberlains Buch „Die Grundlagen des XX. Jahrhunderts". Das Buch war in Wien, wo sich der englische Verfasser niedergelassen hatte, geschrieben und 1898 abgeschlossen worden. Es sollte seinen Titel in ungeahnter Weise rechtfertigen, denn der Verfasser rührte hier, ohne es selbst in entsprechender Weise zu wissen, an Vorstellungen — trieb alte weiter, löste neue aus —, die tödliche Folgen ungeheuren Ausmaßes haben sollten. Man kann freilich gegen das Buch einwenden, was man will — und das ist gewiß nicht wenig —, aber es war bei aller Konfusion in der Ausführung, aller Begriffsverwirrung, Willkür in der Auswahl des Materials und in den Schlußfolgerungen ein Beweis dafür, wie angesichts von Theoremen wie bei Freud, Herzl, Victor Adler sich sofort Gegenkräfte mobilisieren, die im Verlauf des neuen Jahrhunderts kurzfristig emotionaler und wirkungsstärker zur Geltung gelangen werden. Chamberlain kam von Darwin her, er war in der Welt Richard Wagners beheimatet, stand ebenso unter dem Einfluß Nietzsches und sah die heraufziehende Welt-Krise als Folge eines verderblichen Durcheinanders, einer Rassenkreuzung, deren Verhängnis sich nur durch Rückzüchtung einer neuen Auslese begegnen lasse. Der Gedanke hatte aus verständlichen Gründen in Österreich mehr als im „Reich" einige Resonanz und zog

u. a. bei den Lesern der „Ostara"-Hefte, die von einem ehemaligen Mönch unter dem Namen Jörg Janz von Liebenfels herausgegeben wurden, eine gewisse Anhängerschaft an. Mit der Frage „Sind Sie blond? Dann sind Sie Kultur-Schöpfer und Kultur-Erhalter? Sind sie blond? Dann drohen Ihnen Gefahren!" wurde der Verkauf der nach der germanischen Frühlingsgöttin bezeichneten Hefte empfohlen. Das war aber nur die Vulgarisierung von Ideen, die sich bis zur Unkenntlichkeit von ihrem Ausgang bei Wagner, dem selbstverständlich erwähnten Nietzsche und selbst den tief unter dessen Niveau liegenden Gedanken Chamberlains entfernt hatten. Immerhin fand sich auch bei Chamberlain eine lokale Wiener Note. Er hatte die Hauptstadt der Habsburgermonarchie als Schmelztiegel der verschiedensten Rassen für sein Buch durch und durch ausgebeutet, wenn er schreibt: „Leichte Begabung, oft auch eigentümliche Schönheit, das, was die Franzosen un charme troublant nennen, ist Bastarden häufig zu eigen; man kann dies heutzutage in Städten, wo, wie in Wien, die verschiedensten Völker sich begegnen, täglich beobachten; zugleich aber kann man auch die eigentümliche Haltlosigkeit, die geringe Widerstandskraft, den Mangel an Charakter, kurz, die moralische Entartung solcher Menschen wahrnehmen" (Grundlagen, München 1909[9], 352). Aus dieser Bestandsaufnahme und ihrer Beurteilung ergab sich für Chamberlain der Ruf nach der großen Bluttransfusion bei der Rückkreuzung zur neuen Auslese. Diese von den Entwicklungstheorien Spencers und Darwins abhängigen Gedankengänge, die die Erhaltung der Arten durch den „Kampf ums Dasein" garantiert sahen, büßten ihre zweifellos seriöse Substanz durch die Vermengung mit einem primitiven Biologismus ein, der sich als „Recht des Stärkeren" sehr vage und schillernd verhält. Es waren natürlich gerade Kreise des auf dem Rückzug befindlichen deutschen Bürgertums in Wien und in den Kronländern, die in solchen Vorstellungen ihre Beunruhigung philosophisch kultiviert wiederfanden und durch den von Chamberlain unentwegt vorgetragenen Hinweis auf die biologische Überlegenheit der Slawen und Juden ihr Bedrohtsein bestätigt sahen. Hier ließ sich die von Joachim C. Fest herausgestellte, für die Schlußphase des Donaureichs unter den deutschen Volksteilen verbreitete Defensivgesinnung sehr genau motivieren. Wenn allerdings Hitler als Leser von Chamberlains „Grundlagen" und der „Ostara"-Hefte unverwischbare Eindrücke bekommen hat, wenn er bis in die letzten Lebenstage starr und unbeweglich an einigen Stereotypen festhält, die sich bis zu dieser Lektüre zurückverfolgen lassen, dann besagt das jedoch nicht, daß seine Praxis von Chamberlain und der Ostara-Welt die Anleitung bekommen hätte.

Die Einsicht in das Ende eines Zeitalters, von Stifter dunkel geahnt, bei

Grillparzer im „Bruderzwist in Habsburg" vernehmlich ausgesprochen, in den 90er Jahren zum Thema elegischer Klage erhoben, in den politischen Versionen Schönerers und Masaryks auf unterschiedliche Weise eingehämmert und in Agitation umgesetzt, wird sich in der Folge immer weiter verdichten und geht in das bei Militär und Beamtenschaft verbreitete „Fortwursteln" als Ausdruck staatstreuer Resignation ein. Es gehört zu einem erlaubten Modegefühl, von der weiteren Zukunft nicht viel Förderliches zu erwarten: Vorstufen, die mit der Verzweiflung Trakls in seinen späten Versen und dem Ende im Militärlazarett von Krakau zum Gipfel der Hoffnungslosigkeit führen. Wenn sein von Drogen aufgeputschtes Gehirn sich schon früh Endzeitvisionen ausmalte, so traf das in der Tat mit der Wirklichkeit in ihrer zusammengezogensten Form zusammen, hatte es in ihr einen festen Grund. Eine mit seinen Instinkten diese Welt der späten Monarchie abschätzende Natur wie Hitler konnte aus der Summe wahrgenommener Symptome auf die Sicherheit ihres Endes schließen. Darum seine Anstrengungen, sich der Militärpflicht in der k.u.k. Armee zu entziehen nach der Einsicht: diesem Staat ist der Untergang in jedem Falle gewiß. Die episch großartigste Darstellung des Niedergangs Österreich-Ungarns kommt später in Musils „Der Mann ohne Eigenschaften" zustande, wo der Wandel in die Republik und weiter das Eingehen der Republik in das sieben Jahre dauernde Großdeutsche Reich, das den Verfasser ins Schweizer Exil treibt, perspektivisch zur Geltung gelangt. Während der mehr als zwei Jahrzehnte in Anspruch nehmenden Niederschrift hat Musil die Umwandlung der Monarchie in einen Kleinstaat zu verarbeiten, der die modernen Krisen eines Industrielandes mitmacht, ohne selbst eines zu sein. Die Verhältnisse haben in Wien ihre residenzlerische Breite verloren, treiben die um ihre alte Macht gebrachten, in ihrem Vermögen wenn nicht ruinierten, so doch in jedem Falle beschränkten Klassen zur Simulation der ihnen längst entrissenen Privilegien. Der Adel verliert in Österreich durch Gesetz seine Prädikate, büßt in der neugeschaffenen Tschechoslowakei fast alle Latifundien mit Ausnahme des Waldbesitzes ein, während andrerseits großseigneuriales Terrain ungarischer Familien in die neue Republik hineinragt. Von den Bodenbesitzverhältnissen her fallen Staat und von feudalen Resten her im Griff gehaltene gesellschaftliche Organisation auseinander: der Tausch privatrechtlicher Regelungen an Stelle des Staatsrechts hat als Element des Verharrens den Wechsel staatlicher Verfassungen überdauert und ist die bodenrechtlich begründete Ursache dafür, daß die feudale Ästhetik als eine aus den Lebensverhältnissen der Latifundie entwickelte in der österreichischen Literatur der Republik nicht nur intakt bleibt, sondern auf das Heftigste beschworen wird. In die

Melancholie toskanischer Villen, wie sie der junge Hofmannsthal liebt, zieht mit seinen Lustspielen aus der Republik das syntaktisch Gespreizte ein, die Kammermusik mit den Falschtönen in der Partitur, dem frömmlichen Lakaien, dem hochstilisierten Fronterlebnis, werden Glockenspielklänge der Konversation angeschlagen, die den Kreis der Zugelassenen auf das Vornehmste begrenzen: angesichts der „wirklichen Verhältnisse" ein Segeln auf toten Kanälen an verfallenden Palästen vorbei. Ein verwandtes Register wird bei Stefan Zweig gezogen, nur ist seine „Welt von Gestern" mit der glänzenden Politur der Bildpostkarte überzogen und vom Kaiserwalzer her mit ihren Wonnen und Tragödien spektakulär aufgearbeitet. Selbst Joseph Roth, aus anderem Holz geschnitzt als Stefan Zweig, ein Schriftsteller von einer bei aller Leichtigkeit des Schreibens seltenen Präzision, kann nach den Frühwerken der 20er Jahre, wo die Republik als Prosaisierung der Lebensformen eines seiner immer wieder behandelten Themen wird, im „Radetzkymarsch" zum großen Lobredner des alten Reichs werden. Und in der Tat: beim Übergang vom europäischen Großstaat zur großstaatlichen Nullität war eine farbenprächtige Szenerie zerschlagen worden, die nur als Traumkulisse wieder aufgebaut werden konnte in epischen Großreichen bei Musil, Herzmanovsky-Orlando, Gütersloh, Doderer weiterlebt.

Musils Darstellung des Zeitwandels, an der Wende des Krisenjahrs 1913/14 festgehalten, wo eine mikroskopisch untersuchte Schneckenbewegung das Sturmfluthafte der Veränderungen verbirgt, die bald über Europa hereinbrechen werden, hat alle von ihm als Zeitkritiker, Nietzscheaner, Mathematiker, Techniker beobachteten Symptome in sich aufgenommen. Der Roman muß vom Rückblick her zum großen Untergangsgemälde werden, das ein naturwissenschaftliches Interesse des Künstlers an den Erkrankungen und fast unsichtbar vor sich gehenden Zerstörungen eines auf seine Hauptstadt zusammengezogenen Reichs verrät. Es ist kein „österreichischer Roman" im Sinne irgendeiner national-österreichischen Literatur, die es nicht geben kann, aber ein Werk, das sich aus der zum Problem gewordenen Existenz der Republik heraus den Wegen und Vorbereitungen zuwendet, die zu ihr hinführen und sie in die Summa des beschriebenen Staatswesens, der Zeit, der Bewegungen und der exemplarischen Schicksale einfügt. Wie Balzac, mit dem Musil vom Temperament des Schreibens her sonst wenig gemeinsam hat, zeigt er eine unbestreitbare Sympathie für die machtausübende Klasse der Monarchie, deren Insignien in ihrer ganzen ökonomischen, gesellschaftlichen, ästhetischen Überlegenheit — etwa in der Gestalt Leinsdorfs — er sich mit letzter Genauigkeit angelegen sein läßt, ohne den geringsten Zweifel an der ex eventu bewiesenen Unwiderstehlichkeit ihres Abstiegs zu haben, der mit dem Ausgang des Kriegs zum tiefen Fall geworden war. Die im Körper der monarchisch organisierten Gesellschaft während ihrer Schlußphase arbeitenden Fermente leisten abtragende Arbeit: die Reflexionen Ulrichs, die dialogische Intelligenz Arnheims, die Technik, der Sport, die Psychoanalyse haben schon die ausspülende Wirkung von Rinnsalen. Das zur Bestandsaufnahme der „Zeit" abgesuchte Feld läßt sich ins Unendliche ausdehnen. In der zum Resignieren verurteilten Spätzeit, wo die Impulse zur Tat bereits abgeschwächt sind, kann der Boden für umwälzende Erkenntnisse günstig sein: etwa die Erkenntnis, daß die Mathematik und ihre Folgen größere Umsturzkraft besitzen als Revolutionen. Insofern bedeutet Musils Roman eine „Widerspiegelung" des tatsächlich nach dem Zusammenbruch erfolgenden revolutionslosen (oder relativ revolutionslosen) Übergangs in die republikanische Nachfolge. Gegen die „naturwissenschaftlich" erweisbare Zwangsläufigkeit, mit der das Ende „Kakaniens" erfolgt ist, gibt es keine Einwände. Die gesellschaftlichen Stoffwechselvorgänge gehen für Musil in die Intellektualität ein, sie schaffen das Klima, in dem das zur Tat Gelähmte eines Ulrich zustande kommt, aber der „Krieg" als einzige Lösungsmöglichkeit, als das von den lange niedergehaltenen Kräften aufgestoßene Ventil, zeigt die bei Musil vorhandene energistische Konzeption seines Schreibens an. Nicht die Personen handeln, es handelt die Zeit selbst; die Zeit, die sich wie eine Kugel in ihren unendlich vielen Achsen dreht. Doderer wird gegen Musil einwenden, er habe den Erzähler in den Essayisten verwandelt, und dagegen seine eigenen Großromane stellen mit ihrem erzähltechnisch komplizierteren Apparat und den Rückblenden vom republikanisch gewordenen Österreich in die monarchische Zeit, womit er von der Seite der erzählten Abläufe und ihren Durchbrechungen kompositionell weit über Musil hinausgeht. Doderers Blickpunkt auf die von ihm beschriebenen Wiener Milieus hat schon einen höheren Verbürgerlichungsgrad erreicht; er läßt in einer von der „Strudlhofstiege" bis zum „Grenzwald" reichenden Entwicklungslinie den Einbau industriekapitalistischer Erwerbsformen in eine noch feudal-agrarische Organisation stattfinden, deren Vertreter selbst — anders als bei Musil — schon außerhalb des sichtbar gewordenen Horizonts auftreten, nicht mehr „auf dem Bilde" sind. Er beendet seine Großromane vom Facit der großdeutschen Periode und einiger Jahre der Zweiten Republik her; er rollt — auch hier wieder anders als Musil — ein beständig abgerissenes Band mit den schweren Erschütterungen während der Republik ab, so dem Brand des Wiener Justizpalastes, wo nach dem Zerfall des Vielvölkerstaats die Völkerschaftskämpfe schon den Übergang in von Doderer parteilos dargestellte Klassenkämpfe zeigen. Statt des blutigen Strafgerichts, das der Kaiser Franz Josef über die ungarischen Aufständischen von 1849 verhängt hatte, läßt am 15. Juli 1927 der christlich-soziale Bundeskanzler Seipel auf Wiener Arbeiter schießen. Bei Doderer nimmt die Erzählprosa schon Züge fortgeschrittener Entpoetisierung der Lebensvorgänge an. Die Festidee Musils — die Monarchie soll sich ihrem Charakter entsprechend durch das 70jährige Regierungsjubiläum des Kaisers Franz Josef mit einem Fest verabschieden — hat bei Doderer keine Entsprechung. Keine seiner Gestalten trägt die Zeichen der „Ausnahmenatur" von Musils Ulrich, es gibt bei ihm im Sinne Flauberts für den Romancier nichts Atemberaubenderes als der Alltag. Doderers „Dämonen" haben schon Bekanntschaft gemacht mit dem Österreich Ignaz Seipels und Otto Bauers, den wechselnden Koalitionen in der Regierung, wo Christlich-Soziale, Sozialdemokraten, Großdeutsche, Liberale zu Nachlaßverwaltern einer Erbschaft geworden sind, deren Hauptmasse die Schulden sind. Auf der Szene des neuen Staats sind noch die Prospekte der Kaiserzeit stehen geblieben, werden alte hierarchische Regelungen in den Beamtenkadern mühsam aufrecht erhalten, doch für die Euphorie von Schnitzlers Vorkriegskavalieren, und seien sie mit noch soviel Traurigkeit angefüllt, besteht nicht der geringste Anlaß. Man muß an die Warnung Hermann Bahrs denken, der Wien das Schicksal Venedigs voraussagte: eine Stadt, in deren leer gewordene Paläste, wenn sie nicht musealer Bestimmung übergeben worden sind, die Kommunalverwaltung oder das Bankgewerbe einziehen. Der Stern der Hasardeure, die auf Rennplätzen ihr Geld, in verbotenen Leidenschaften sich selbst aufs Spiel setzen, ist blasser geworden, denn ihr Manövrierfeld hat sich verkleinert. Es ist ein anderes Kalkulieren, das die neue Zeit verlangt. Man lebt in ihr von den Pensionen, deren Anspruch man sich in der Monarchie erdient hat, von oft zusammengeschmolzenen Erbschaften, erwarteten und unvorhergesehenen, von Transaktionen ehemaliger Auslandsvermögen, oder wird wie René Stangeler, eine der Masken, hinter denen sich Doderer verbirgt, Historiker. Von hier aus bekommen die zahlreichen Staatspensionäre in Doderers Werk ihr weit über eine bloße Statistenrolle hinausgehendes Gewicht. Sie sind die Überlebenden des alten Systems, die als Kuriositäten ins neue hineinragen und — sei es in der privatesten Privatheit — noch Funktionen ausüben. Ist für Hermann Bahr die Monarchie ohne den „Hofrat" nicht zu verstehen und an ihm zu Grunde gegangen, so versieht Doderer den Pensionismus als in der Republik altertümlich schimmernde Erscheinung mit dem Glanz goldener Abendröte. So erlebt ein Zihal seine „Menschwerdung" erst nach der Pensionierung, so verdankt der Leser das Mansukript der „Dämonen" der Chronik des pensionierten

Sektionsrats Geyrenhoff und so ist schließlich die Hauptfigur der „Strudl-hofstiege" der verabschiedete Major Melzer. Das System fließender ar-beitsloser Einkünfte mit der feudalen Rente als der inzwischen entthronten Königin besorgt den schneidenden Zirkel, in dessen Umkreis das für Do-derer in Frage kommende Personal angesiedelt ist, das den Ariadnefaden bedeutet, der sich vom alten zum neuen System hinzieht und Schicksalen die Richtung gibt. Natürlich können auch die Verbindungsstränge weit über den Zirkel hinausgreifen, tief hinein in die urbanen Verdauungs-organe, bis in die Quartiere der Prostitution, in die Kanalanlagen unter der Stadt, in die von Gewalt erfüllte Vergangenheit des „Mittelalters". Berührung mit nicht arrondierbaren Kräften läßt unerwartet Gefahren in den gemächlichen Fluß des Alltags einbrechen, kann den Tanz der „Dä-monen" zustandebringen. Am Vorrang des Privaten gegenüber dem Öf-fentlichen ist dabei festgehalten, aber in das Private mit einem dichten Netz von Beziehungen schiebt sich das Öffentliche hinein, wird es schick-salhaft wie die Strudlhofstiege oder der Brand des Justizpalastes. Der Ent-wicklungsverlauf von der Monarchie zur Republik bedeutet von der Struktur der Überblendungen in Doderers Erzählen her kein hoffnungs-volles Vorwärtsschreiten, sondern eher ein Auf-der-Stelle-Treten.

Worin hätte auch schon der Fortschritt liegen können, wenn an die Spitze statt eines Monarchen ein Prälat getreten war? In den vom alten Groß-reich hinterlassenen Leerräumen schieben sich neue Kräfte vor. Der Kle-rus, der sich aus der Zucht der Krone entlassen fühlt, beginnt ein selbstän-diger werdendes Gewicht zu bekommen. Mit ihrem Anhang in Wien und auf dem Land werden die Christlich-Sozialen zur klassischen Regierungs-partei, bleiben sie bei den Mehrheitsverhältnissen im Parlament dabei jedoch immer auf wechselnde Koalitionspartner angewiesen, die sie sich bei den Großdeutschen, den Sozialdemokraten oder der Heimwehr suchen. Der Zweifel an der Existenzfähigkeit des neuen staatlichen Gebildes geht da-bei durch alle Parteien, die Chance des Überlebens gilt als gering. Für den Anschluß an Deutschland mit Wien als zweiter Hauptstadt hatten nicht nur die Großdeutschen, sondern auch geschlossen die Sozialdemokraten und eine Mehrheit der Christlich-Sozialen votiert. Wenn er nicht zustande kommt, dann waren die Gründe dafür nicht zuletzt das Zögern Berlins, die Unentschlossenheit bei den geführten Verhandlungen, insbesondere aber das Verbot der Siegermächte unter Führung Frankreichs. Unausge-tragene Kämpfe, halbe Lösungen und wirtschaftliches Elend liegen wie ein schwüler Gewitterhimmel über der Republik und helfen mit, das Chaos im Lande vorzubereiten. Mit ihren Flügelkämpfen werden die So-zialdemokraten durch sich selbst unter ihren wirklichen Stimmenwert herabgedrückt. Steuert Karl Renner einen Koalitionskurs, wird Otto Bauer von den Gründen über die in Österreich ausgefallene „Weltrevolution" gequält. In den von Bauer angeführten theoretischen Rückzugsgefechten muß die Sozialdemokratie Schritt für Schritt ihre alten Wahrheiten den „Forderungen des Tages" preisgeben, muß sie sich im Militär Bundesgenossen suchen, die Polizei für sich einnehmen, muß sie die Arbeiter mit den Institutionen eines Staats versöhnen, der später auf sie schießen lassen wird. An den Grenzen, insbesondere in Kärnten und der Steiermark, haben sich Heimwehren gebildet, Privatarmeen, die teilweise noch auf den Stümpfen feudaler Herrschaftsverhältnisse herausgewachsene Beziehungen in der demokratischen Republik, die sie ablehnen, aufrechterhalten. Mit den Übergriffen von jugoslawischen Verbänden können sie sich durch das Schutzbedürfnis der Grenzbevölkerung rechtfertigen. Als die Flammen aus dem Wiener Justizpalast herausschlagen und der republikanische Schutzbund den Aufstand probt, trifft er auf das Aufgebot der Heimwehren, die hier als Hüter der von Seipel personifizierten Ordnung im Bunde mit der Polizei auftreten, deren gewerkschaftlich organisierte Kader die Arbeiter ursprünglich auf ihrer Seite glaubten. Aber der Sieg der Regierung ist ein Cannae für die Republik. Er eröffnet den Schlußakt für das kurze parlamentarische Stadium und wird zum Feuerzeichen für den Staatsputsch, der sich in der Wirtschaftskrise, den Verfassungskämpfen, dem Bankkrach der Credit-Anstalt seine Anlässe sucht und den Staat in den klerikalen Halb-Faschismus Dollfuß' hineintreibt. Der 15. Juli 1927 war der Auftakt für Ereignisse, die am 4. März 1933 zum Zusammenbruch des Parlaments führen, der ersten Stufe auf dem Weg zum parteilos regierten katholischen Ständestaat.

Es ist ein seltsames Bild, zu sehen, wie die Parteien mit Hand anlegen, das Parlament von sich selbst zu säubern. Daß es nicht nur überflüssig, sondern verderblich war, hatten ihm die Heimwehr, die Nationalsozialisten, aber auch Großdeutsche und klerikal Autoritäre unablässig bestätigt. Als Dollfuß seine Anhänger zur sogenannten „Vaterländischen Front" sammelt und zur Parlamentsauflösung schreitet, um seine neue Präsidialverfassung durchzusetzen, findet er die Christlich-Sozialen geschlossen hinter sich. Merkwürdig das Spiel der Sozialdemokratie, die nach hingenommenen Schüssen auf Wiener Arbeiter ernsthaft darum verhandelt, daß man sie als Partei am Leben läßt, wobei Renner sogar bereit ist, sich unter bestimmten Bedingungen am neuen ständestaatlichen Verfassungswerk zu beteiligen: so dehnbar ist sie in ihrer von Tatenlosigkeit bestimmten Praxis geworden. Was sich in Deutschland nach der Machtergreifung durch Hitler abspielt, wo die Sozialdemokraten als größte

Partei widerstandslos aus dem Staat herausgedrängt werden und sich über Nacht in Nichts auflösen, hat in Österreich ihre Parallele mit zeitlicher Vorwegnahme der Anfänge. Die „Parallelaktion" in Musils „Roman ohne Eigenschaften" als Festvorbereitungen für die gleichzeitig stattfindenden kaiserlichen Regierungsjubiläen in Österreich und Deutschland läuft hier unter den veränderten Vorzeichen der beiden Republiken und zwar auf wenig festliche Weise noch einmal ab. Alle Erbötigkeit der Wiener Parteizentrale nützt den Sozialdemokraten wenig, als die Ereignisse über sie und die Regierung hinweggehen, wo Waffenlager im Besitz der sozialistischen Schutzwehr zum Vorwand werden, gegen sie vorzugehen und die Linzer Arbeiter gegen die Weisungen Bauers sich zum Widerstand entschließen. Das ist der Beginn des vier Tage währenden Bürgerkriegs vom Februar 1934, der bei den vorliegenden Kräfteverhältnissen so ausgehen mußte, wie er ausging: mit der Niederlage der Sozialdemokratie. Von Mai 1934 an wird in Österreich ohne Parteien regiert. Die Sozialdemokraten werden verboten und befinden sich dabei in der Gesellschaft der Nationalsozialisten, einer kleinen, unbedeutenden, auch von den Großdeutschen isolierten Partei ohne herausragenden Führer, aber von den Ereignissen in Deutschland in ihrem Selbstbewußtsein gestärkt.

Was sich jetzt im Namen des „österreichischen Patriotismus" abspielt, kennt auf dem europäischen Kontinent nicht seinesgleichen. Mit der von Dollfuß dem Lande gegebenen Verfassung wird noch einmal der ernsthafte Versuch gemacht, in der Gestalt der Republik die *Civitas Dei* Augustins Wirklichkeit werden zu lassen. Gegen die Gefahren von Parlamentarismus, Liberalismus, Marxismus, Nationalsozialismus — so war die damalige Konstellation — wird über Jahrhunderte hinweg der Sprung ins Mittelalter getan und Gott selbst in seine ihm vorenthaltenen Rechte als König wieder eingesetzt. „Im Namen Gottes, des Allmächtigen, von Dem alles Recht ausgeht, erhält das österreichische Volk ... diese Verfassung", kann Dollfuß im Mai 1934 erklären lassen. Mit ein paar Federstrichen war ein seit der josefinistischen Aufklärung nie ganz unterbrochener Entwicklungsgang rückgängig gemacht. In der Tat, das Parlament hatte sich selbst paralysiert, mit dem Liberalismus ließ sich in den Verhältnissen tiefster Verelendung der Massen wenig Staat machen, die Austromarxisten waren von 1927 an auf die Verliererstraße geraten, der Umgang mit den Nationalsozialisten in einem Land, das seine wirtschaftliche Abhängigkeit von Deutschland nie bestritten hatte und sich bald dessen wachsendem Druck ausgesetzt sieht, zwang zur Vorsicht. So ist die Basis schmal, die dem Regime mit der Kirche als seiner keinsfalls sicheren Hauptstütze, einigen Karrierebeamten, dem Herausgeber der „Fackel", bleibt. Eine

Probe seines Charakters legt der „Gottesstaat" denn auch ab, als er durch seinen Bevollmächtigten Wiener Gemeindehäuser in den Arbeiterquartieren beschießen läßt. Der mittelalterlich-ständische Staatsentwurf beruhte auf der Illusion seines im bäuerlichen Österreich beheimateten Verfassers und mußte zwangsläufig an der veränderten Wirklichkeit des Staats zerschellen, der dabei ist, langsam aus dem Mittelalter herauszutreten. Als Dollfuß von Mörderhand fällt, ist er Opfer von Anschauungen geworden, denen seine eigene Vorstellungswelt verhaftet war. Die Ständerepublik nähert sich ihrem Ende, ehe ihr Aufbau richtig begonnen hatte. Sie kündigt schon das Schicksal der Nachfolgestaaten der Monarchie an, widerstandslos zu Aufmarschrampen für das Militärpotential von Großmächten oder Pufferzonen zu werden. Im Rückblick stellt sich die Erste Republik als bloße Episode zwischen Monarchie und großdeutscher Ära dar. Eine Geschichtsdialektik in klassischer Form ist am Werk, wenn das alte monarchische Donaureich, das über Nacht aus der Weltgeschichte abgetreten war, dem seine Feinde keine Träne nachweinten, in der Gestalt seines Verächters Hitler noch einmal eine durch die Welt ziehende Spur hinterläßt. Es scheint, daß ein europäischer Großstaat nach seinem Ende durch Aufteilung in mehr oder weniger nationalstaatliche Gebilde, bei der Willkür und Zufall die Hand im Spiele hatten, auf gebührende Weise sich in Erinnerung zu bringen versteht, indem er die Welt mit jenen Krankheiten bedenkt, an denen er selbst zu Grunde gegangen war. Die Klassenkämpfe der westlichen parlamentarischen Demokratien waren im von Wien aus regierten europäischen Südosten vorherrschend als Rassen- und Völkerschaftskämpfe ausgetragen worden und wurden von ihnen oft bis zur Bedeutungslosigkeit absorbiert. Hier konnten die Ideen von Rasse und Volkstum wie nirgendwo in Europa wegen der Vielfalt der im Gesamtreich anwesenden Volksgruppen und Stämme sich durch die Wirklichkeit bestätigen. Was im Nationalsozialismus in Deutschland ohne gesicherte Theorie zur Anwendung gelangen wird, hat in den schweren völkerschaftlichen Erschütterungen in Böhmen, Ungarn, Rumänien, dem serbokroatischen Balkan Vorstufen alltäglicher Erfahrung durchgemacht, steigert sich freilich in eine Praxis hinein, die ohne Vergleich ist. Daß hier jede wissenschaftliche Theorie verhöhnt wird, tut der vernichtenden Wirkung keinen Abbruch, sondern erhöht sie noch. Wenn die Saat auf deutschem Boden aufgeht und mit der Einverleibung der österreichischen Republik ein Stück klassischen Mutterbodens für das von ihm ausgehende Rassedenken betreten wird, gehört dies zu den Denkwürdigkeiten der Weltgeschichte. Aber die Republik, die für sieben Jahre ein Teil des Großdeutschen Reichs sein wird, war mit ihren eigenen Waffen geschlagen worden. Sie war am

Ende so wenig parlamentarisch organisiert wie ihr Eroberer und als Diktatur en miniature nicht durch den Willen als vielmehr die fehlenden Mittel daran gehindert, sich im Innern durch Gewalt zu behaupten.

Am 11. März 1938 ziehen deutsche Truppen in Österreich ein. Damit ist das Ende der Republik gekommen. Die geringen Hoffnungen, die man in sie gesetzt hatte, haben sich bestätigt. Was sich daran anschließt, nämlich daß der ins deutsche Reich aufgehende Staat in Wirren hineingezogen wird, die über seine Verhältnisse gehen, bricht mit allen in seiner Geschichte geltenden Konventionen. Die Hinterlassenschaft sind Zerstörungen und Völkerverschiebungen in Europa und in der Welt, die die französische Revolution und ihre gewaltigen unmittelbaren Folgen als vergleichsweise harmlose Vorgänge erscheinen lassen.

ARTHUR SCHNITZLER –
EROS IN DER VERWIENERUNG I

Der Reigen als Refrain

Arthur Schnitzler ist in Erscheinung und Wesen seines Werkes nur vom Hintergrund seines wienerischen Österreichertums zu verstehen. Von den nach Innen gerichteten Belastungen einer in der Nachfolge von Klassik und Idealismus stehenden Tradition ist er frei geblieben; es fehlt ihm, der durch seine Ironie davor bewahrt wurde, alles Titanische und Sendungsbewußte. Dafür führt er mit der Sicherheit eines beherrschten, der Zucht unterworfenen Spielers an den Abgründen vorbei. Er kennt die Klippen, meidet die Gefahren, in die alles Bohren in die Tiefe leicht hineinführen kann. Aber die Abgründe sind darum nicht weniger drohend. Er besitzt gewissermaßen die Diskretion, Gefährliches mit Takt zu verheimlichen oder dann, wenn es nicht zu verheimlichen ist, mit äußerstem Kaltsinn abzutun. Aber in seiner eingefrorenen Courtoisie und Vordergründigkeit vernehmen wir ein schmelzendes Adagio voller Todesahnung. Schnitzler weiß von dem blütenhaften Aufgehen jungen Lebens und vom Verwelken mitten in der Pracht, von sterbender Reife, vom Abfallen und Zertretenwerden, eh' man's gedacht. Darin liegt seine Anbetung der Schönheit. Schönheit erhält ihren höchsten Glanz erst durch das Wissen um ihre Vergänglichkeit. Dieses *memento mori* des fin de siècle wird bei ihm gewendet in eine Bejahung der Welt. Schönheit und Jugend sind wie Augenblicke, die von der Zeit gemahnt, von einem unablässig vorwärtsrückenden Uhrzeiger bedrängt werden, das Flüchtige, schnell Dahingleitende zu ergreifen. Jener Sinn für die Ökonomie im Gebrauch der Zeit zeigt sich bei Schnitzler als einem Meister der dramatischen Kleinkunst darin, wie er die „tempi" als unsichtbare Mitspieler einordnet und sie im Dehnen und Verkürzen in ihre eigentliche dramatische Funktion einweist. Am Ende des zweiten Aktes der „Liebelei" wird beim Abschied Fritzens von Christine in die „Zeit" eine plötzlich gesteigerte Entscheidungsgewalt projiziert: Große Verwandlungen können sich in Sekunden vollziehen: Glück ist wie eine Melodie und nur im Vorüberschweben vernehmbar. Es ist wie sie an den Takt gebunden. Glück bedarf der Bewegung, und Bewegung führt notwendig einmal zu einem Ende. Weil Glück nur im Zustand der Bewegung möglich ist, wird für Fritz Lobheimer die Möglichkeit eines Glücks erst im Augenblick des letzten Abschieds von Christine klar.

Solches Empfinden einer ständig schwebenden, nicht greifbaren, aus der Hand fließenden Zeit mißt dem Episodischen einen höheren Wert bei, weil in einer Epoche bürgerlicher Wohlbehütetheit die kleinen Geschehnisse einen ungleich tieferen Erlebnisgehalt in sich bergen und, da das große Geschehen fehlt, eigentlich bloß in ihnen etwas von den dunkel geahnten Gefährdungen herandringt. Mit seinem „Anatol" hat Schnitzler den nichtigen Anlässen gehuldigt, und wenn die ersten Exemplare nur in einem kleinen Kreis zirkulierten, wenn so manches darin wertlos, fahl und blaß war, so kommt ihm für das Fühlen und Wünschen im letzten Dezennium des Jahrhunderts eine vieles andere, Kunstvollere und Abgemessenere weit überragende Bedeutung zu. Hofmannsthal, dem in seinen Anfängen von Schnitzler der eigene Weg gewiesen wurde, weil er Zugang zu ihm besaß durch die Gabe, Tragik in „Spiel" aufzulösen, bezeugt dies im Prolog zum „Anatol":

> Leben gibt es nah und fern,
> Was ich zeige, seht ihr gern,
> Nicht die Schwere vieler Erden,
> Nur die spielenden Gebärden.

Kann das, was sich da an Not und Gebrochenheit in die Brust hineinfrißt, nicht herausgerissen, kann es nicht durch die ewige Heiterkeit der Kunst, das „Theater", verklärt werden, hochgehoben in Gefilde, wo Träumen und Lachen gilt und alles bloßes Spiel und Sinnspiel des Lebens ist?

> Also spielen wir Theater.
> Spielen unsre eignen Stücke.
> Frühgereift und zart und traurig,
> Die Komödie unsrer Seele,
> Unsres Fühlens Heut und Gestern,
> Böser Dinge hübsche Formel,
> Glatte Worte, bunte Bilder,
> Halbes, heimliches Empfinden,
> Agonien, Episoden ...
> Manche träumen, manche lachen,
> Manche essen Eis ... und manche
> Sprechen sehr galante Dinge ...

Nur in den ätherischen Luftzonen, wo die Bälle schwerelos hin und her geworfen werden, wo die Kunst mit dem Elend versöhnt und ihm den Mantel überwirft, der alle blutenden, nagenden Wundmale verbirgt, ist dieses Leben zu ertragen. Die „Episode" ist darum für Schnitzler mehr als ein beiläufiges Moment plötzlicher Erhöhung des Lebensgefühls; in ihr können für Minuten oder Sekunden die Arme des Todes zum Griff ansetzen, können die Verlockungen der Stunde aus bloßem Spiel unentrinnbares Verhängnis heraufbeschwören. In den Szenen des „Anatol" ist das Episodische selbständiges, losgelöstes und dennoch zugleich auf die Mitte weisendes Geschehen. In all seinen Unternehmungen kann der „Held" seinem eigenen Wesen nicht entrinnen. Anatol selbst ist diese Mitte, und seine Episoden mit den „süßen Mädels", der „Mondänen", der „Dämonischen", der Tänzerin verlangen jeweils den Bezug zu dieser Mitte, in der die Illusionen eines pseudoseigneurialen Lebensstils aufgedeckt werden.

Schnitzler besitzt einen untrüglichen Instinkt und zugleich kalten Kalkül, die Gebärde der großen Tragödie zu vermeiden und mit dem Sensorium für das, was seine Zeit an Fühlen und Wollen in sich birgt, die Wunden der Gesellschaft eher konservierend als mahnend zu betasten. Gerade die Kleinheit bietet ihm die gestaltungswürdigsten Anlässe. Beim Zusammenstoß von „Gesellschaft" und „Vorstadt", der als Form des „vergesellschafteten Eros" (Otto Rommel) in einer zeitweiligen, mehr oder minder verschwiegenen Promiskuität endet, wirken in den Personen immer zugleich die sozialen Sphären mit, ja diese Sphären haben als überpersonale, nicht abstreifbare Wirklichkeiten durch ein herkömmliches gesellschaftliches Reglement die Entscheidungen vorher längst ausgefochten. Jeder Versuch, die vorgesetzte Ordnung in Frage zu stellen, ist daher schon in seinem Ansatz nur als Spiel gerechtfertigt, als Rausch und Traum etikettiert und für eine Weile geduldet. Ist der Traum zu Ende, kehren die „Opfer" wieder zurück in ihre Vorstadtquartiere: Das ist der Lauf der Welt!

Jene Tragödien des Alltags, die jedoch — zum Spiel erhoben — keine Tragödien mehr sind, weil eine auf ihren Bestand bedachte Gesellschaft immer jene Arrangements zu treffen weiß, das Herausgleiten aus der Illusion durch die Kollektivierung der Schicksale zu erleichtern, ihnen den Charakter des Einmaligen und Unerhörten zu nehmen: jene Tragödien des Alltags liefern für Schnitzler nur das motivische Material, und er gestaltet es mit einem mutigen „Laß' fahren dahin!", das dem tödlich Treffenden solcher Deklassierung etwas von seiner Kraft nimmt. Der junge Anton Wildgans, dem es nicht gegeben war, zu jenem völligen Eintauchen in die Illusion zu gelangen, weil die Gewichte, die ihn an die Erde banden, schwerer waren, hat unter dem Einfluß Schnitzlers jene Worte niedergeschrieben, die man als Formel für die Kunstauffassung seines Meisters betrachten darf: „Wir sind Laokoone, alle von derselben Schlange umschnürt, von der Ähnlichkeit unserer Schicksale, von der entsetzlichen Banalität dieses Lebens. Aber nur die sind zu leben fähig, die es vermögen, diese Banalität auszuhalten. Denn leben können, heißt banal sein können." Weil ich die Einsamkeit, wenn sie mich ergriffe, nicht ertragen könnte, darum muß ich mich in der Banalität behaupten, und das bedeutet Verzicht auf die Kenntnisnahme der in mir angelegten Gefahren, aber auch aller Bedrängnisse um mich herum. Ich muß die Hände fest vor die Augen pressen: Weh dem, der da sieht! „Die anderen aber, jene mit dem Späherblick für die Tragödien des Alltags — ihnen wäre besser, wenn ihnen ein Mühlstein um den Hals gelegt würde" („Wer Augen hat, zu sehen . . .")". In diesen Worten wird ein letztes Ausschwingen biedermeierlichen Lebensgefühls deutlich, eine Haltung des Verschweigens und Verhüllens, die die Spanne ihres Weiterwirkens noch über die Jahrhundertwende hinweg ausdehnt. Zwar ist Schnitzler als echtes Kind seiner Zeit innerlich längst über das Biedermeier hinaus, aber er hat dem eigenen hedonistischen Moralkodex etwas von dem in Österreich noch verspätet wirksamen biedermeierlichen Gestimmtsein hinzugefügt und mit ihm die Vorahnung, daß die Zukunft Abschied von dem Zauber der Stunde verlangt, daß wir uns auf einer Welle befinden, die sich zu Tale neigt. Diese Vorahnung löst die Revision der Werte aus, die Schnitzler in den folgenden Werken bereits vornimmt. Nach dem „Anatol" folgt als erstes geschlossenes Bühnenwerk das „Märchen". Der Verfasser ist hier noch einmal dem Problemstück Ibsens erlegen. Dabei fehlt ihm freilich die leichte Hand, die Fäden elegant auszubreiten, eben das, was er später bis zur Meisterschaft entwickelt. Otto Brahm hatte mit seiner ablehnenden Begründung, mit der er das Werk an seinen Verfasser zurückschickte, nicht Unrecht, wenn er darin „zuviel Psychologie und zuwenig Anschauung, zuviel Tendenz und zuwenig Gestalt"[1] fand. Immerhin bleibt der streitbare Unterton nicht ganz ohne Eindruck. Es ist ein Fechten für das Recht des „gefallenen Mädchens", das durch ihren Fehltritt auch den Mann, der sie zur Frau begehrt, in den Konflikt hineinzieht. Das Straucheln der Frau liegt jenseits aller Moral oder Unmoral und setzt da ein, wo die physiologischen Mechanismen danach begehren und die Umstände es fördern. So kann Fanny sich vor Fedor rechtfertigen: „Er . . . jung . . . ach, was weiß ich. — Täuschung . . . irgend etwas, das ich für Liebe hielt, auf dem Lande, im Sommer." Sie glaubt an Fedor, hängt sich an ihn mit der Kraft der Verzweifelnden, aber der Mann von Talent und Einsicht, Verfechter des radikalen Fortschritts, mit der Theorie bei der Hand, wo es das „Märchen" vom „gesunkenen" Weibe aus der Welt zu schaffen gilt, resigniert, als er seine Ansicht in die Tat umsetzen soll.

---

[1] Briefwechsel Arthur Schnitzler/Otto Brahm hg. von Oskar Seidlin (Schriften der Gesellschaft für Theatergeschichte 57) Berlin 1953, 35.

Schnitzler war vom Schluß der ersten Fassung — Fanny bricht unter der Last ihrer Enttäuschung zusammen — selbst nicht recht überzeugt und läßt in der Korrektur dieser Szene Fanny einen Kontrakt mit einem Theater in Petersburg unterzeichnen, der ihr die Unabhängigkeit verbürgt. In der zweiten Fassung erhält Fedor von Fanny den Abschied.[1] Mit dieser Nora-Modifikation ist jede bürgerliche Tragik gemieden und Schnitzlers Scheu angedeutet, es bei seinen Helden zum totalen Bruch mit der Gesellschaft kommen zu lassen. Ein Arzt, dessen stärkste Begabung die „Diagnose" ist, wird Schnitzler immer bleiben. Er gleicht darin dem „Dichter" im „Reigen", der seine Eindrücke von der Straße holt. Hineingreifen in das Leben auf dem „Ring", der Kärntnerstraße, in die täglich neue „Affair", schauen, welche Geschichten der Tag selber schafft und aus ihnen ein allgemein gültiges Gesetz ablesen: Das ist die Pflicht des Soziographen. Wir erkennen: Alles ist schon einmal dagewesen und alles wird wiederkehren. Diese innere Voraussetzung gilt nicht erst im „Reigen", sondern schon im „Anatol". Schrille Dissonanzen wirft ein aus dunklen Uranfängen stammender Geschlechterhaß ein. In Strindbergs „Fröken Julie" führt er als Ursache und Folge einer bei Mann und Weib differierenden Erlebniskurve zum Scheitern — ein Vorgang, der gegenüber Schnitzlers Verniedlichungstendenzen mit den ungleich höheren Mitteln eines brutal aufdeckenden psychologischen Realismus dargestellt wird. Bei Strindberg gibt es keine verharmlosende Auswechselbarkeit eines Partners. Von der Einmaligkeit ist keine Arabeske abzuhandeln. Wo die Pfeiler der ständischen und sexuellen Akkomodation herausgebrochen sind, drängt der Betroffene auf die totale Vernichtung. Der Eros, der alles durchdringt und die Dauer sucht, wird dagegen bei Schnitzler oft zu einem in Stunden aufgeteilten und gelegentlich gar mit blanker Münze beglichenen Genuß. Der Genuß ist für die Abenteurer Zweck an sich.

Als gefährdete Charaktere aber erregen sie das Interesse des Dichters. Warum? Sie erkennen tiefer das Wechselhafte im Dasein, durchschauen eher seine falsche Sicherheit. In ihnen erfüllt sich die Zeit, denn sie leben sie aus dem Gefühl, sich in ihr verschwinden zu müssen. Man gibt, was man hat, ohne ängstliche Vorsorge für das „Später". In den magischen Naturen wie Paracelsus, den Gauklern und Hypnotiseuren, die ohne fe-

---

[1] Neufassungen alter Entwürfe, die nicht ausgeführt worden waren, gehören zur Arbeitsweise Schnitzlers. Selbst fertige Werke werden noch umgeschrieben, Novellen zu Lustspielen oder umgekehrt usw. Ein genauer Vergleich macht es deutlich, daß „Professor Bernhardi" in der Erstfassung und der „Einsame Weg" ein einziges Werk bildeten. Vgl. Richard Specht, Arthur Schnitzler, Berlin 1922, 95.

stes Domizil ihre Straße ziehen, wird die Erkenntnis vom großen Betrug geboren:

Es fließen ineinander Traum und Wachen,
Wahrheit und Lüge, Sicherheit ist nirgends.   (Paracelsus)

Maßlosigkeit des Fordern in einer Welt, die vom Trug des Traums beherrscht wird, führt zu Tod und Vernichtung. Das ist das Thema im „Schleier der Beatrice". Filippos Ende ist schon motiviert, als er Beatrices Traum, die sich darin als die Geliebte des Herzogs sieht, für ein in Raum und Zeit stattgefundenes Geschehen hält und sie zurückstößt. Gewiß reißt sie die Männer, die ihr begegnen, in den Abgrund, schicksalhaft ist die Berührung mit ihr, aber sie handelt im Gegensatz zu Wedekinds Lulu aus der Dämonie der Unschuld, die durch die Schuld des Mannes und seines über alle Grenzen hinausdringenden Besitzenwollens ausgelöst wird. Filippo ist wie Falkenir in der „Komödie der Verführung" ein Dichter: Maßloser Anspruch läßt den Dichter auf ein Werben und Kämpfen um die Geliebte verzichten und der Mechanik im Untergang der Geliebten untätig zuschauen. Hier liegt schon vorgebildet, was zum Urmotiv in der Parabel der „Hirtenflöte" wird: Der Verzicht des sich weise dünkenden Gelehrten, der seine Frau ziehen läßt, weil er in den Lauf ihrer Natur nicht eingreifen will und gerade dadurch an ihr schuldig wird. Leben aber heißt: immer wieder in die Schranken steigen, denn das Glück will nicht nur erobert werden, es bedarf vielmehr des ständigen Bemühens um Erneuerung, der Verteidigung und des Ringens. Für Falkenir ist Aurelie nicht gewonnen, als sie sich für ihn und nicht für den Prinzen entscheidet. Sie ist es darum nicht, weil er zögert, ihre Hand zu ergreifen und sie auf die Probe stellt, indem er sie mit andern Männern tanzen läßt. Durch ihre Tanzbewegungen aber glaubt er sich über ihre wahre Natur aufgeklärt. „Wenn es zwei Menschen auf Erden gibt, die ihr Schicksal nicht aneinander knüpfen dürfen, so sind es du und ich ... du kanntest dich selbst noch nicht, du hattest noch nicht den Mut zu dir ... Wärst du, von allem äußeren und inneren Zwange befreit, deinem tiefsten Drange gefolgt, schon von diesen ersten Tänzen, die dich mir entführten, wärst du nicht mehr zurückgekehrt ... Ich gebe dir die Freiheit wieder, zu werden, was du bist." Damit aber ist das Urteil über Aurelie gesprochen, die nun ins Abenteuer absinkt. Als sie später Falkenir am Meeresstrand begegnet, wissen beide, daß eine Wiedervereinigung nicht möglich sein kann. Der letzte Liebeserweis, der alle Treulosigkeit der Zukunft schon im Voraus auslöscht, ist das gemeinsame Sterben. Der gleiche Schluß war schon im „Schleier der Beatrice" vorweggenommen. Beatrice, die den Herzog verlassen hat und zu Filippo zurückkehrt, spricht es aus:

Nach solchem Tag zusammen leben,
Das könnten andre, doch nicht du und ich!
...
Wie bald im Ekel sänken wir dahin,
Wohin wir jetzt erhob'nen Hauptes schreiten.
Wir wollen sterben.

Diese mit „Psychologie" aufgetragenen Farben der inneren Handlung
der Tragödie gehen auf der weit ausgespannten Leinwand des Kolossal-
gemäldes mit Szenen aus der „Italienischen Renaissance" nicht verloren,
sie sammeln sich vielmehr im eigentlichen Zentrum und zwar auf jenen
Linien, wie sie Schnitzler in seinen später geradezu eingeübten Konstruk-
tionen ständig aufs neue zieht. Ein Zug ins hochgetrieben Großartige, eine
mit bisweilen überladenem Prunk aufwartende Sprache, aber auch kraft-
volles Leben in den Volksszenen, Lebhaftigkeit in den Episodenfiguren, in
denen die Sittenlosigkeit der Zeit bereits auf den Verfall hindeutet, eine
bewegte Bildfülle, die den historisierenden Apparat vergessen läßt, fallen in diesem Werk zusammen. Mit der Beschwörung einer Spätzeit, die
soviel Zartsinn und Verruchtheit duldete, wird jenes geheime Wollen angesprochen, das aus der Wiener Jahrhundertwende entgegenschlägt und
vom jungen Hofmannsthal als Stachel erfühlt und bestätigt wird. Aus
dem Schmerz um das „Gestern" wächst die Besinnung auf das „Heute", im
„Heute" lebt das „Gestern" weiter fort. Diese Formel aus Hofmannsthals
früher dramatischer Skizze verstand Schnitzler noch diesseitiger. Von der
Gegenwart Besitz ergreifen, sie ausleben und nichts von ihr zurücklassen,
ist hier Gebot. Im Munde des Herzogs wird es zum Bekenntnis:

Das Leben ist die Fülle, nicht die Zeit,
Und noch der nächste Augenblick ist weit!

Nicht seine Hoffnung auf einen metaphysischen Ort jenseits der Welt-
bühne setzen; lieber den Nerven vertrauen, der tastbaren Form, der meß-
baren Zeit. Jede Entscheidung wird im hic et nunc ausgefochten, ist endgültig und eine Korrektur im Nachhinein nicht mehr möglich. Alle Ansprüche, Bleibendes zu leisten, weist eine kluge Selbsterkenntnis zurück:
Wir sind allzumal Enkel und ermangeln der Verheißung, Wege zu weisen;
Pathos steht uns nicht an und darum ergreifen wir die Gegenwart da, wo
sie sich uns gibt: In der sensation rare, die mit dem Druck der Luft rechnet,
ihren leisesten Ausschwingungen nachgibt, sich dem Interessanten, Reize-
auslösenden zugetan weiß und von ihnen her lebt.

Aber hinter diesem offensichtlich zur Schau getragenen Desinteresse an
allem weitläufigen Planen verbirgt sich eine Leidenschaft für das kritische
Antasten des gesellschaftlichen Organismus, die kalte Lust, ihn zu durch-

leuchten und auf seine Krankheit hin abzusuchen. Im „Freiwild" hatte
Schnitzler den Ehrbegriff des Offiziers und die fadenscheinige Deutung des
Duells in der bürgerlichen Welt seziert, ein Thema, das er im „Leutnant
Gustl" später wieder aufnimmt und hier durch die Analyse des „Helden"
überzeugender und auch in den artistischen Mitteln zwingender behandelt.
Freiwild sind die Schauspieler eines Sommertheaters und seine Jäger die
Offiziere, die aus Mißvergnügen an einer vom Frieden gesättigten Zeit
auf seine Fährte angesetzt werden. Zustimmung zu diesem Dreiakter war
bei keinem der beiden betroffenen Stände zu erwarten, und so matt und
stilisiert das Stück stellenweise auch wirkt, so zeigt die Weigerung einiger
Schauspieler bei der Prager Première, ihr eigenes Bühnenelend zu spielen,
mit welcher Naturtreue der Verfasser das Theatermilieu dargestellt hatte.

In dem Einakter „Die Gefährtin" hat Schnitzler die gesellschaftskri-
tisch inspirierte Technik des Personenschach schon zu einer achtunggebie-
tenden Höhe ausgebildet, die sich freilich der von ihm besonders gepflegten Form der Novellette noch diskreter fügt. Die Ehe als Form eines syste-
matischen Betrugs, die zu wahren von der Konvention erzwungen werden kann, ist hier im Sinne eines von Ibsen hochgezüchteten Avantgar-
dismus zu verstehen, der sich mit seiner Wendung ins Wienerische (wie
Schnitzler es versteht) den Einschlag ins Pikante holt, aber den sozialen
Frontalangriff zugunsten eines arabesk anmutenden Einzelgefechts ver-
schmäht. Als klassisches Schema gilt das Dreiecksverhältnis mit allen Va-
rianten, die es zuläßt. In der „Gefährtin" duldet der Ehemann das Lie-
besverhältnis seiner Frau. Der Konflikt tritt erst bei ihrem Tode ein, als
er erfährt, daß ihr Liebhaber in ihr die Dirne gesehen hatte. Die kurz zuvor veröffentlichte Novellette „Die Frau des Weisen" kennt dieses Thema
leicht abgewandelt: Auch hier wird die außereheliche Liebe vom Mann
geduldet, aber die Frau ahnt nicht, daß ihr Geheimnis bekannt ist. In der
Erzählung „Die Toten schweigen" wird das Geheimnis der verbotenen
Liaison durch den Tod der Geliebten bei einer gemeinsamen Fiakerfahrt
gefährdet. Während der Kutscher nach dem Wagenunglück Hilfe herbei-
holen will, bleibt die Frau allein zurück. Nur die Leiche und die Wagen-
laterne sind noch da. Das Licht erscheint ihr plötzlich als eine Verheißung
und ein Schutz gegen die fürchterliche Gestalt des Toten. Sie verläßt den
Toten und eilt nach Hause, wo sie aus Furcht dem Ehemann ihre Untreue
gesteht: Die Toten schweigen eben nicht![1] „Ein Abschied" setzt ein mit
einem vergeblichen Rendezvous; die verheiratete Freundin bleibt aus, weil

---

[1] Eine Interpretation dieser kurzen Erzählung gibt Benno von Wiese (Die
deutsche Novelle, Düsseldorf 1967 II 261-279).

sie inzwischen — tot ist. Der Geliebte hat nur noch die Möglichkeit, sich im Sterbezimmer unerkannt unter die Trauergemeinde zu schleichen. Als episodische Handlung schiebt Schnitzler die Geschichte der Frau Rupius in die Erzählung „Frau Berta Garlan" ein: Die in der Provinz verheiratete Frau hat in Wien einen Liebhaber; als sie von ihm ein Kind erwartet, verübt sie Selbstmord. In der thematischen Gesamtkomposition des Werks dient dieses Geschick einer Nebenfigur als Warnung für die Heldin. Welche auslöschende Macht der „Zeit" zukommt, soll die Kurzerzählung „Der Tod des Junggesellen" zeigen. Hier bekennt in einem hinterlassenen Brief der Verstorbene seinen drei Freunden, daß er zu Lebzeiten ihre Frauen besessen habe. Für die Betroffenen bleibt diese Eröffnung ohne tieferen Eindruck. Die Nebel der Vergangenheit verharmlosen den „Fall". Ein Dreiecksverhältnis mit fortgesetzt ausgewechseltem dritten Partner kann durch Umwandlung in ein Verhältnis mit vier Beteiligten zur Katastrophe führen. Eine solche Konstellation liegt in der Tragikomödie „Das weite Land" vor. Friedrich Hofreiters Untreue ist nicht personbezogen, sondern Ausdruck seiner inneren chaotischen Verfassung. Für ihn gilt das psychologische Leitmotiv Schnitzlers: „So viel hat Raum in uns! Liebe und Trug... Treue und Treulosigkeit... Anbetung für eine und Verlangen nach einer anderen oder nach mehreren." Ordnung ist etwas künstlich Erzwungenes, nicht von der Natur gegeben; natürlich ist nur das Chaos und „die Seele... ein weites Land". Als seine Frau Genia in Beziehung zu einem jungen Fähnrich tritt, schlägt er sich für sie und erschießt Otto, nicht als den Geliebten, sondern als den Rivalen schlechthin. Das Duell als Formsache, durch die Macht der Formen geübt, führt zum letzten Triumph egoistischen Behauptungswillens gegenüber dem jüngeren Mann.

Eigen ist diesen nach einem Plan ablaufenden Schicksalen, daß es sich weniger um Personen mit unverwechselbarem Ich handelt, sondern um Typen, Figuren mit einer begrenzten psychologischen Funktion. Phantasie und eine bestechende Erfindungsgabe, Situationen und Konstellationen abzuwandeln, womit er seine Nachfolger in der erzählerischen Kleinform, vor allem Wildgans und Stefan Zweig, weit übertrifft, muß dem Dichter zuerkannt werden. Es spricht aus diesem Rückzug auf den intimen Rahmen freilich auch kluges Beschränken auf das eigentliche Feld seiner Begabung. Abgesehen von einigen wenigen Versuchen, seinen Gestalten Kostüme der Vergangenheit anzulegen, kehrt Schnitzler immer wieder zurück in die von Illusionen zersetzte bürgerliche Welt der Jahrhundertwende. „Haben wir je unsere Ruhe oder unser Leben aufs Spiel gesetzt — nicht aus Laune oder Leichtsinn... nein, um das Wohlergehen eines Wesens zu fördern, das sich uns gegeben hatte?" läßt er später Sala in seinem

Schauspiel „Der einsame Weg" fragen. Der in seinem Genuß befangene Aristokrat, der Dichter, der sich die Traumgärten abseits von allem Leben selber schafft, um wie ein Narziß in ihnen zu wandeln, das Mädchen, das in ihrer Phantasie die Gestalt einer Nymphe annimmt oder sich als Prinzessin wähnt — sie alle, hingegeben an Laune und Leichtsinn, verführerische Verführte und gebunden an das eigene Ich, das sie nicht entläßt — weisen auf das Personal von Hofmannsthals frühen Dramen. Ihr Interesse ist aber enger, begrenzter als bei Hofmannsthal. Sie stehen alle unter dem e i n e n Gesetz, dem sie bedingungslos folgen, weil sie ihm — schuldig oder schuldlos — ausgeliefert sind; sie leben alle in immerwachem Bezug auf geschlechtliche Veranstaltungen, wie sie in stets neuen Spielformen angeboten werden. Die Paarungen haben jeweils ihren eigenen sozialen Stellenwert, ihre genaue Lokalisation im Gefüge der Gesellschaft: Die Dirne und der Soldat — der Soldat und das Stubenmädchen — das Stubenmädchen und der junge Herr — der junge Herr und die junge Frau — die junge Frau und der Ehemann — der Gatte und das süße Mädel — das süße Mädel und der Dichter — der Dichter und die Schauspielerin — die Schauspielerin und der Graf — der Graf und die Dirne. Auswechselbar ist die Partnerschaft in diesem Tanz, jedes kann sich zu jedem gesellen, das Dumpfe zum Scheuen, das Hohe zum Verworfenen, und weil sie alle vom Gleichen erfüllt sind, schließt sich mit diesem „Reigen" zugleich der Ring, wird in ihm eine innere, geheime, nach außen verborgene Einheit deutlich.[1]

Es ist kein Zufall, daß im gleichen Jahrzehnt, in dem Schnitzlers Stern aufzuleuchten beginnt, Sigmund Freud die Grundlagen zur Psychoanalyse entwirft. Hier fehlt die Heiterkeit in der Melancholie, mit der Schnitzler die Melodien von *eros* und *thanatos* versöhnt, das Gewand, der Schleier der Kunst: Nackt und ohne illusionäres Beiwerk tritt jetzt die Allgewalt der Sexualität in ihrer ganzen drohenden Gefährlichkeit hervor, niedergehalten von den „Tabus" der bürgerlichen Moral, aber ständig bereit, sich für die Mißachtung schadlos zu halten. Es scheint sich in diesem Protest gegen die spanischen Stiefel einer auf Verharmlosung bedachten Bürgerideologie der Aufbruch der in ihrer Entfaltung gehinderten Völkerschaften, Klassen und Rassen zu wiederholen. Durch Freud wird die unter der Krone mit einem Aufgebot an Staatsmystik zusammengehaltene Völ-

---

[1] Verständnislos, weil aus anderen sozialen und geistigen Bedingungen hergeleitet, ist das Urteil Josef Nadlers über Schnitzler. „In einer Welt, wie diese Fackel sie anleuchtete, gab es andere Sorgen als wie sie all diese Novellenmännchen sich um das Weibchen machten". Literaturgeschichte Österreichs, Salzburg 1952², 437. Ebda. 429-431 seine grundsätzliche Abwertung Schnitzlers.

kergemeinschaft, die in Wirklichkeit gar keine war, gleichsam von der Flanke aufgerollt. In der theoretischen Abwehrstellung gegen den Freudianismus liegt der instinktiv richtig angesetzte Versuch, das stillschweigende Arrangement aller am status quo interessierten Gruppen vor dem neuen, die überlieferten Formen der Gesellschaft abtragenden Triebverständnis zu sichern.

Mit ihrem grundsätzlichen Monismus, der im Eros die Spitze, um die der Kreisel rotiert, den allgewaltigen Sachwalter auch des Geistes annimmt, sind Schnitzler und Freud Weggenossen in ihrer Zeit gewesen.[1] Aber was sich bei Schnitzler aus dem beherzten Ja-sagen zu den Reigen und Gastmählern des Lebens emporschwingt, was für ihn noch auf die Rechnung eines gesunden Hedonismus geht, das ist bei Freud in seiner mechanistischen Funktionalität gesehen: Man muß den Blick für die verborgenen Gänge im Labyrinth der Seele kennen, ihre geheimen Türen, die zum Körper führen. Das „Wienerische" ist Freud — hierin Masaryk gleich — im Grunde immer fremd geblieben. Wien ist die Stadt, die ihm die Anerkennung versagt. Aber es scheint das Unbedingte seines Denkens solche Distanz zu benötigen; in ihr ist jene so empfindliche, leicht zu störende Erkenntnis psychologischer Sachverhalte nicht zu ständiger Auseinandersetzung veranlaß: ist ihr Gegenstand doch von zartester Substanz. Der Umgang mit solchem Objekt fordert, daß die Nerven geschärft, aber als wache Registratoren zugleich robustesten Widerstandes fähig sind. Die Psychoanalyse ist die Abschiedsgabe einer Spätzeit, nur hier und in jener Stunde der Überreife entwickelbar, hervorgebracht von den Narkotika, die sich jene Zeit immer wieder eingab und die sie ausstattete mit dem überwachen Blick für die eigene Krankheit.

Wird bei Schnitzler der Eros im Spiel gebändigt, kann eine Gefahr dadurch entschärft werden, daß alle Veranstaltungen, die in seinem Dienst stehen, in die Nähe der Parodie gelangen, wie es im „Reigen" der Fall ist, so kennt Freud die ganze Unverständlichkeit des Triebhaften, das jede Übereinkunft mit kalkulierenden Mächten ausschließt. Dieses voneinander so verschiedene Wissen von der Absolutheit der Libido wird bezogen aus einer Umwelt, in der sorgsam geübte Verschleierungen die Ahnung von der großen „Lebenslüge" erst wecken. Wenn Freud auf Mythologien und

---

[1] Über die persönlichen Beziehungen Schnitzlers zu Freud, die der Dichter mit einem Glückwunschbrief zu Freuds fünfzigstem Geburtstag einleitete, bietet wertvolle Angaben die von Heinrich Schnitzler besorgte Veröffentlichung von Freuds Briefen an Schnitzler (Neue Rundschau 66. Jahrg. 1955 I 95 106.) Ebda. auch ein Katalog der aus dieser geistigen Verwandtschaft hervorgegangenen Schriften). Die Briefe Schnitzlers an Freud sind verlorengegangen.

Werke der Weltliteratur zurückgreift, geschieht es in der Absicht, ausgewählte Zeugen für sein neues Wissen vom Menschen beizubringen, damit es als Traumwissen über divinatorische Beglaubigung verfüge. Aus der Empirie des einzelnen Falles drängt es Freud später immer mehr zum System. Es ist kein Zweifel, daß alle nachfolgenden Entwürfe zur Psychoanalyse einschließlich der antifreudschen Sezessionen in Bejahung und Widerspruch von ihm ihren Ausgang genommen haben. Otto Weiningers „Geschlecht und Charakter" erregte bald nach seinem Erscheinen im Jahre 1903 größtes Aufsehen; als Gesamtentwurf ist es sicher unabhängig, aber hinter der panischen und mit der Geschlechtlichkeit hadernden Erkenntnis steckt doch ein von Freud initiiertes Triebdenken. Das Buch enthält einen für seine Zeit charakteristischen psychologischen Eklektizismus, der zur Ableitung einer eigenen Typenlehre führt; es spricht daraus der jugendliche Versuch zu einem Weltbild, das Schopenhauers Pessimismus und Nietzsches Absage an einen verbürgerlichten Kulturglauben in sich aufgenommen hat. Für Alfred Adler war der „Wille zur Macht" leitender Antrieb, der die Geschlechtsempfindung zurücktreten läßt, weil er noch tiefer eingelagert sei, noch hartnäckiger auf den vitalen Bestand des Menschen dringe und umfassender diesen Bestand sichere. Die Neurosen sind bei Freud wie bei Weininger und Adler die erhellten Fenster, durch die das Leben und Treiben im Hause sichtbar wird, die uns Einblick gewähren in die Räume hinter dem verbergenden Gemäuer. Schon vor dem Bruch mit Freud hat Adler die Grundzüge seiner späteren „Individualpsychologie" abgeschlossen;[1] über seinen Lehrmeister hinausdringend und doch an Kühnheit des Entwurfs weit hinter ihm zurück, sieht Adler im Trieb eine „Summe von Elementarfunktionen". Der Trieb fungiert wie ein zwischen verbündete Armeen getriebener Keil, in denen zeitweilig die Unordnung grassiert, gleichzeit aber wie ein Kommando, das aufs Ganze gesehen durch den Willen zur „Machterhöhung", zum „Obenseinwollen", die Führung in der Hand behält.

Von dem Hintergrund des Wiener Psychologismus wird die Zeitstimmung deutlich, die Art und Fülle der Neigungen, die sich in ihm mit seinen zahlreichen Differenzierungen niederschlagen und umgekehrt von ihm wieder ihre Richtung erfahren. Die Literatur kann davon zwangsläufig nicht unberührt bleiben. Schnitzlers Nähe zu Freud hat seine Unabhängigkeit nicht in Frage gestellt.[2] Dagegen zeigt sich der junge Musil in der

---

[1] Studie über Minderwertigkeit von Organen, Berlin-Wien 1907.

[2] In seinem Brief v. 8. 5. 1906 an Schnitzler bestätigt Freud nachdrücklich dessen Originalität.

Erzählung „Die Verwirrungen des Zöglings Törless" bereits auf dem Weg zur klinischen Studie: Die Gefahren der Pubertät als „Unordnung und frühes Leid" bergen den Keim zur höchsten schöpferischen Lebensleistung in sich. Die Verwirrung Törless' schließt die Verirrung ein, aber diese Verirrung verlangt zugleich nach der Heilung und setzt so die in der Natur selbst angelegten und in ihr wirkenden therapeutischen Kräfte in Tätigkeit. Der Glaube Wedekinds, daß sich die Sexualität in die dramaturgische Logik des „Falles" einbauen lasse, ist bei Musil grundsätzlich bestritten. Wie ein Raum, der in einen Lichtkegel hineingerückt ist, wird Törless in seiner Entwicklung durchleuchtet und dadurch jenes Wissen gewonnen, „daß es feine, leicht verlöschbare Grenzen rings um den Menschen gibt, daß fiebernde Träume um die Seele schleichen, die festen Mauern zernagen und unheimliche Gassen aufreißen."[1] Der Traum ist Drohung und Wirklichkeit, Spiegel und leibhaftiges Geschehen. In ihm tritt das Ich unter fortwährend ausgewechselten Masken versteckt sich selbst gegenüber, sorglos, wo es dem Spiel der Gestalten bloß zuzuschauen glaubt, voll Erschaudern, wenn es sich unter den Gestalten entdeckt, die auf dem abrollenden Bildteppich auftreten. In diesem Ich, dem Törless nicht entgehen kann, auch wenn es als ein unterschichtiges nur blaß in der Erinnerung bleibt, wirkt „jene kleine Menge Giftes, die nötig ist, um der Seele die allzu sichere und beruhigte Gesundheit zu nehmen und ihr dafür eine feinere, zugeschärfte, verstehende zu geben".[2] Die Krankheit ist dieser Generation Stimulans, durch das die Einsichten in verborgene Räume gefördert werden und mit dem man sich wie Anatol, dem Repräsentanten der chronischen Lebensschwäche, der Forderung des Tages entzieht. Man sucht die Krankheit und wünscht nicht, von ihr befreit zu werden, weil sie Anlaß für raffinierten Genuß sein kann. So versteht Schnitzlers Paracelsus die Weigerung seiner Patientin Cäcilia:

> Es scheint, das Leid, mein Kind, das Euch bedrückt,
> ist so durchtränkt von einem jungen Glück,
> daß Ihr nicht um die Welt es missen möchtet,

und ebenso weist Anatol die Forderung des Freundes zurück, der ihn zur Gesundheit zurückrufen will: „Es ist ja möglich, daß ich die Fähigkeiten dazu hätte. Mir fehlt aber das weit Wichtigere, das Bedürfnis! Ich fühle, wie viel mehr mir verlorenginge, wenn ich mich eines schönen Tages ‚stark' fände".

---

[1] Prosa, Dramen, Späte Briefe, hg. von Adolf Frisé, Hamburg, 146.
[2] Ebda. 119.

Schnitzlers Kunst ist eine Kunst der nervösen Impressionen, apperzeptiv und erregbar wie der ganze Kreis der Jung-Wiener. Man kann das Wollen dieser jungen Schriftsteller des „Griensteidl", die so oft über die gute Absicht kaum hinausgelangten, nicht als ein einheitliches umreißen, zu tief ist die Kluft durch die inneren Sezessionen, der sich im Wettstreit hochringenden Cliquen, zu unterschiedlich aber auch an Talent und Schaffenskraft sind die Mitglieder dieser seltsamen Versammlung. Später, als man auf diese Zeit der Unruhe, der Gärung und des Planens zurückblicken konnte und so manches schon im Dunkel und Vergessen getaucht war, hat man sich gern des gemeinsamen Bandes erinnert. Sicher hat Bahr Recht, wenn er dieses Band in einer tiefen „Sehnsucht nach Neuem", dem glühenden Wunsch nach dem Anbruch der Zeitenwende sah. Er, der Wortführer der Jung-Wiener, hatte, so sehr man sich gegenseitig nach Wert und Würde abschätzte oder den Rang streitig zu machen suchte, immer als der legitime Repräsentant des neuromantischen Impressionismus gegolten; er, der Vielgereiste, vom norddeutschen Naturalismus so Vollgesogene, der durch seine jeweils behend erworbene Kenntnis der europäischen Kulturen zum Wiener Bevollmächtigten berufen war, seine Schule (die niemals eine Schule war) in Berlin oder Paris zu vertreten, stand durch Jahrzehnte außerhalb der anzweifelnden Erwägungen seiner Dichtergenossen. Unter ihnen weilte der Stillere oft im Schatten des Lauten, der langsamer sich Sammelnde verborgen hinter dem nach raschem Ruhm Greifenden und bald wieder Vergessenen. Und doch ist ein feines Gefühl für das Unechte und Gesuchte auch hier unverkennbar. Was sich nicht behauptet hat, konnte darum doch die Transparenz für die Hoffnungen und Sehnsüchte dieser Generation von Frühvollendeten besitzen, wie etwa Andrians „Garten der Erkenntnis", todessüchtiger Akkord im Präludium einer epidemisch einsetzenden Nervenkunst, voller Verlangen, es im Klang den Pariser Vätern dieser Manier artistischen Schwelgens gleichzutun. Baudelaires grausame Mystik der Ekstasen klingt wenigstens in Absicht und Gebärde durch Dörmanns „Neurotica", Verlaines leidenskundige Melancholie der klingenden Farben und der tastbaren Töne oder Rimbauds apokalyptisch sich aufbäumende Dithyrambik haben freilich den Pulsschlag ihrer um vieles schwächeren Wiener Schüler diktiert. Die Brücke nach Paris soll Aufsage an den als vulgär empfundenen, unter norddeutscher Vorherrschaft stehenden Naturalismus bedeuten. Paris ist der Ersatz für die reichsdeutsche Domäne der Poesie, von der aus Strömungen und Moden nach Österreich immer wieder eindringen und abgeschwächt, umgestaltet und nicht selten mit neuen Etikett versehen ein Nachspiel erleben. Im Hinhorchen auf die Stimmen der „dissidents" tritt — allerdings nicht mehr als eine Geste — ein internationaler Impuls der Wiener Literatur hervor.

Gleichzeitig erfolgt außerhalb der naturalistischen Bewegung und im artikulierten Gegensatz zu ihr Wedekinds Beschwörung des Erotomanen als ein Versuch, eine neue Moral dadurch zu begründen, daß man von der alten ein Zerrbild gibt. Diesem Unternehmen vorangestellt ist der gesellschaftsauflösende Gedanke, daß in einer Kulturepoche mit den untrüglichsten Anzeichen der *décadence* der Mensch, soweit er sich dieser Kultur homogen fühlt, nur noch entstellt auftritt und der triebhaft Besessene selbst in den Formen der Anomalie der wahren Menschennatur näher kommt als dies die niederhaltenden, verharmlosenden und bürgerliche Wohlgeratenheit vortäuschenden Maßnahmen zur Triebregulierung zulassen. Das Verfahren Wedekinds, die Widersprüche von Individualität und konventioneller Regel aus dem Gesamtzusammenhang des Lebens herauszulösen und auf das Sexuelle zu beschränken, bedeutet gegenüber Strindbergs ungleich größerem künstlerischen Horizont eine Beschränkung des Aspektes und der Interessen. Während Wedekind zweifellos den Sturz des moralischen status quo, soweit er aus der fehlgeleiteten bürgerlichen Verfassung seine Pestbeulen hat hervorschießen lassen, im Sinne hat, kapriziert er sich in der Tat doch mehr oder weniger auf die Darstellung des Exzessiven: In „Frühlings Erwachen" sind es die Symptome pubertärer Verwirrung und in den beiden Lulu-Dramen kommt es zur Demaskierung der Perversion als einem tragischen Moment. Das zeitliche Zusammenfallen von Schnitzlers und Wedekinds frühen Produktionen in den 90er Jahren und ebenso die verwandte Themenstellung zwingt dazu, das Werk beider zusammenzusehen. Während der lokale Hintergrund des Wieners die Mißklänge durch die Versuche einer spielerisch vorgenommenen Beschwichtigung noch abdämpft, bricht bei Wedekind bereits die Anarchie der gesellschaftlichen Kontrakräfte in ihrer elementar niederreißenden Gewalt durch, ohne daß jedoch über ihre ökonomischen und ständischen Ursachen rechte Klarheit herrschte. Schnitzlers Auge für den Knochenbau des gesellschaftlichen Körpers zeigt ihn dagegen auch ohne theoretische Anleitung wesentlich vertrauter mit seinen Funktionen und Funktionsstörungen. Der Rückzug auf die ihm vertraute Wiener Umwelt schlägt darum nicht zum Nachteil aus gegenüber Wedekinds Versuch in der „Büchse der Pandora", die moralische Zerrüttung als einen übernationalen Vorgang darzustellen. Zwischen Schnitzlers Menschen kann über alle Klassen hinweg noch ein dialogischer Verkehr bestehen. Bei Wedekind spricht jede Person ihre eigene Sprache. Der Kontakt durch den Dialog ist aufgehoben. Um den Menschen liegt ein Raum von trostloser Einsamkeit. Will man, wie es geschehen ist, darin bedeutende Mängel der Dialogführung sehen, so ist nicht zu verkennen, daß der Standort des Dichters und die gesellschaftlichen Umstände, die zu seinem Menschenbilde führten, an diesen Schwächen mitgewirkt haben. Davon unberührt ist ihr Bezug auf die Absicht klar zu erkennen: Es gibt keine Brücke mehr von einem zum andern; alle verfolgen ihre Triebaktionen nach der Regel der eigenen biologischen Notwendigkeit. Es fehlt jeder Sinn im Blick auf die geltende Moral, weil die Moral unter den zur Perversion anhaltenden Bedingungen selbst sinnlos geworden ist.

Bahrs spätere Absage an die „Arme-Leute-Dichtung" der Naturalisten fand bei Schnitzler willig Gehör. Ihm wird die Einfühlung in ein ökonomisch unentwickeltes Milieu weitgehend versagt bleiben, sie gelingt ihm allenfalls als schematische Kleinstudie, etwa in der Skizze von Christines bescheidener Welt in der „Liebelei". Kleine Künstlerexistenzen müssen herhalten, um Offizieren oder albernen Kavalieren die Zeit zu vertreiben. Noch in den 90er Jahren wird die Grenze zwischen Schauspielerin und Prostituierter als fließend empfunden. Das kann dazu führen, das künstlerische Talent der Frau moralisch herabzusetzen. Im „Märchen" heißt es gesprächsweise zwischen den beiden salonerfahrenen Witte und Berger über die Töchter des Hauses: „So eine gewisse künstlerische Atmosphäre, — merkst nix?" — „Na ja, aber da sollt' doch mit die Mädeln was anzufangen sein . . ." Verachtung der Frau und des Künstlerstandes gehören inhaltlich zusammen. Im „Ehrentag" führt diese Deklassierung unmittelbar den Tod Friedrich Rolands herbei: ein alternder Komödiant, der die Eifersucht eines jungen Kavaliers erweckt und von ihm während seines kurzen Bühnenauftritts durch eine Claque verhöhnt wird, erhängt sich darauf in der Garderobe. Die Künstlerin als „Freiwild", aber auch als eine für sich selbst äußerste sexuelle Freiheit in Anspruch nehmende außergesellschaftliche Figur, hat ein ganzes literarisches Genre mitbestreiten helfen. Felix Salten, der Genosse aus den Zeiten des „Griensteidl", ist ihm treu geblieben in seiner „Mizzi", wo er den Weg einer Döblinger Fiakerstochter über Theater, vornehme Liebschaft, Ehe mit einem baronisierten Patrizier schließlich in einem Sieveringer Wirtshaus enden läßt, in das sie dem „Natursänger" Poldi folgte. Der Aufstieg aus dem Elend zum Bühnenruhm, die Stationen, die es im Auf und Ab dabei zu nehmen gilt, sind immer neu abgewandelte, von den sozialen Bedingungen her beleuchtete Themen, die neben Schnitzler und Salten vor allem Bahr in seinen Theaterromanen wiederholt behandelt hat.

Aus der Bahn der mit der Gesellschaft arrangierten Gesellschaftskritik tritt Schnitzler mit einem Werk heraus, das den Angriff auf die ständische Ordnung auffallend verschärft vorträgt und auch in der Form neue Mittel aufweist, mit denen die Inhalte der feudal-bürgerlichen Staatstruktur in Frage gestellte werden: „Leutnant Gustl". Unmittelbares Mittel zur Standesparodie ist der „innere Monolog". Nach einem Konzert gerät der Leutnant mit einem Bäckermeister in Streit und wird von ihm beleidigt, ohne sich Genugtuung verschaffen zu können. Die Furcht, daß die Kränkung ruchbar werden könne und er als ein Ehrloser Abschied und Tod wählen müsse, wird zum Anlaß für ein unablässiges Reflektieren, in dem Bilder, Vorstellungen, Angstträume einander jagen und zu einer Bestandsaufnahme des geltenden moralischen Ehrenkodex mit seinen Urteilen und Vorurteilen zusammenlaufen. In bloßen Gedankenfetzen rollt die Vergangenheit vor ihm ab und wird in einen kurzen Zeitraum gepreßt. Mitten im Höhenflug des Lebens setzt der Tod seine Klammer an: „Was für ein glücklicher Mensch bin ich vor einer Stund' gewesen ... Muß mir der Kopetzky die Karte schenken — und die Steffi muß mir absagen, das Mensch! — Von so was hängt man ab ... Nachmittag war noch alles gut und schön, und jetzt bin ich ein verlorener Mensch und muß mich totschießen ... Warum renn' ich denn so? Es lauft mir ja nichts davon ... Wieviel schlagt's denn? ... 1, 2, 3, 4, 5, 6, 7, 8, 9, 10, 11 ... elf, elf ... ich sollt' doch nachtmahlen geh'n! Irgendwo muß ich doch schließlich hingeh'n ... ich könnt' mich ja in irgendein Beisl setzen, wo mich kein Mensch kennt — schließlich, essen muß der Mensch, auch wenn er sich nachher gleich totschießt ... Haha, der Tod ist ja kein Kinderspiel ... wer hat das nur neulich gesagt? ..." Die Verfolger, die ihn durch die Nacht in den Prater jagen, sind die eigenen Stimmen, Stimmen der Panik und der trommelnden Furcht in den Schläfen. Vor ihnen gibt es kein Entrinnen! Eingeübte Zucht des Soldaten vermag nicht aus sich heraus die Unordnung des Denkens zu bannen, dem Strom der Bilder und Wachträume die Richtung zu weisen. Das Ich ist zu einem von der Umwelt erzeugten Reflex geworden: „ein Bub war ich ja noch, wie ich damals den ersten Urlaub gehabt hab' und in Graz bei den Eltern zu Haus war ... der Riedl war auch dabei — eine Böhmin ist es gewesen ... die muß doppelt so alt gewesen sein wie ich — in der Früh bin ich erst nach Haus gekommen ... Wie mich der Vater ang'schaut hat ... und die Klara ... Damals war sie verlobt ... warum ist denn nichts draus geworden? Ich hab' mich eigentlich nicht viel drum gekümmert ..." Wie das Leben nichts anderes bedeutet als Eintritt und Hineinwachsen in ein festes System, so ist auch der Tod und die Art und Weise des Sterbens noch an die Vorschrift gebunden. Wo geheime Verfehlung offenkundig wird, wird sie nach einem unverrückbaren Reglement und nach Maßgabe der „Verhältnisse" gerichtet oder hat sich selbst zu richten. Für den Offizier, der die Kränkung ungesühnt hat hinnehmen müssen, gibt es keinen Zweifel mehr: „Ja, wirst mich nimmer seh'n, Klara — aus! Was, das hast du dir nicht gedacht, Schwesterl, wie du mich am Neujahrstag zur Bahn begleitet hast, daß du mich nie wieder seh'n wirst?" Hoffnungen brechen wie ein Kartenhaus zusammen, weil in einem einzigen Augenblick geschwächter Wachheit, des Versagens, die Gefahren der „Episode" hereinbrechen können. Es gilt Abschied zu nehmen von den Freuden lichtscheuer Triebhaftigkeit, von Kameraden, Kaffeehaus, Kartenspiel und Komment, von Eltern und Schwester, einer Welt engster Bedürfnisse, einfach zu bedienender Mechanismen: „Und meine paar Bücher könnt' ich dem Blany vermachen — ‚Durch Nacht und Eis' . . . schad', daß ich's nimmer auslesen kann . . . bin wenig zum Lesen gekommen in der letzten Zeit . . . Orgel — ah, aus der Kirche . . . Frühmesse — bin schon lang bei keiner gewesen . . . das letztemal im Feber, wie mein Zug kommandiert war . . . Aber das galt nichts — ich hab auf meine Leut' aufgepaßt, ob sie andächtig sind und sich ordentlich benehmen . . ." In kreatürlicher Angst treibt der Leutnant durch die Stadien der Todeserwartung bis an die Grenze der Todeszone — ohne sie zu überschreiten. Der Artist im Erzähler läßt die Fäden nicht aus der Hand und breitet, indem er sie miteinander verknüpft, die Umkehrung vor. Die Anlässe der Furcht sind ausgelöst von dem Bewußtsein, daß das Auge des Gesetzes nie geschlossen ist, ein Thema, das der Prager Kafka später mit der Logik des Abstrusen bewältigen wird. Wo die Anlässe wegfallen, folgen ihnen die Konsequenzen. Als der Leutnant im Kaffeehaus erfährt, daß der Bäckermeister und damit der einzige Zeuge für seine unehrenhafte Aufführung gestorben ist, sind die Würfel für eine glückhafte Lösung gefallen: „Die Hauptsach' ist: er ist tot, und ich darf leben, und alles g'hört wieder mein!" Die Lebensgeister regen sich wieder und führen zurück zur Plattitüde des Alltags. Der „Reigen" des Lebens kann von neuem beginnen: „Und der Steffi schreib' ich, sie muß sich für heut abend frei machen, und wenn's Graz gilt! Und nachmittags um vier . . . na wart', mein Lieber, wart', mein Lieber! Ich bin grad' gut aufgelegt . . . Dich hau' ich zu Krenfleisch!"

Mit dieser Erzählung, die ihrem Verfasser die Offizierscharge kostete, ist die deutsche Literatur um ein Kabinettstück psychologisierender Kleinkunst bereichert worden. In ihm ist eine neue Methode der Gesellschaftskritik bereits bis zur Vollendung ausgebildet. Es gilt, nicht von außen die Umrisse der bestehenden gesellschaftlichen Ordnungswelt zu treffen, sondern sich, wie Freud es tut, der „Seele" zu bemächtigen, sie zu beargwöhnen, in sie den Zweifel hineinzulegen und damit dem Glauben die Kraft zu nehmen, daß sich auf dem Boden dieser staatsmüden Wirklichkeit noch etwas Förderliches würde ausrichten lassen. Es ist in die Sprache der Ton jener Resignation eingezogen, der in den Kanzleien, in der Armee, der Presse, im geselligen Umgang des Vorkriegsösterreich zum guten Ton gehört: Die Verfassung der Monarchie ist hoffnungslos; was bleibt, ist allenfalls kluges Sich-Einrichten, Improvisieren von einem Tag zum andern und den Blick nach Möglichkeit nicht auf das Morgen zu richten. Wo sich bei Schnitzler Ansätze zu einem Welt- und Menschenbild zeigen, bleibt dieser Zug unverkennbar. Seine Einschätzung der Frau kennt weniger den nagenden Zweifel an ihrer Tugend, sondern setzt eine eher getroste Illusionslosigkeit voraus, die mit der Tugend gar nicht erst rechnet, ja die Skepsis bereitwillig fördert und Freude an ihr empfindet. Treue der Frau liegt nur da vor, wo der Dämon noch schlummert; will sie zu ihrem eigenen Wesen finden, in ihren von der Natur gegebenen Farben schillern, muß sie aufgeweckt werden. Ihre im Geschlecht angelegte Aktionsfähigkeit kann freilich zum Verlust des Gleichmaßes führen, aber sie gibt den Preis dafür in der Weise eines unter Masken und wechselnder Verhüllung auftretenden zeitlosen Betruges an den Mann weiter. In diesem Vorgang liegt ein System von eigentümlicher Ordnung.

Es ist die Form des Märchens, mit der er in Gleichnis und Allegorie die Geschichte der dämonischen Erweckung der Frau erzählt. Ein Märchenerzähler war Schnitzler schon in seinen Anfängen, und er ist dieser urtümlichen Weise des Erzählens, die ihm nichts Geringes bedeutet, bis ins Alter treu geblieben, auch wenn er den Personen zeitgenössische Kostüme anlegt und sie in die eigene Gegenwart hineinstellt. Wenn sein Ruhm zunächst vom „Duft des Chevaleresken" ausging, in dem man so gern eine wienerische Beigabe sah, wenn er sich selbst vom Erfolg seiner Milieuerzählungen her genötigt fühlte, auf diesen Schauplatz immer wieder zurückzukehren, so bedeutet ein solches Urteil seines Publikums ein nicht unbeträchtliches Mißverständnis, gelangt doch das eigentliche Wollen seiner Kunst dort zum Ausdruck, wo er die Kulisse des fin de siècle abgeräumt hat und sich mit dem schlichten Sinnbild, einer Einfalt, die an den Mythos erinnert, begnügt. In der „Hirtenflöte", die Josef Körner die „Königin seiner Novellen"[1] nannte, sendet Erasmus seine Gattin Dionysia in die Welt hinaus, damit sie ihr Sehnen stille und sich in der Fülle des Lebens selbst verstehen lerne. Solche Abgeklärtheit aus der Resignation des alternden Gelehrten ist jedoch, wie sich zeigt, nicht weise, sondern zerstörend. Zwar kehrt Dionysia als eine im „Grenzenlosen" Verwandelte zurück, aber für Erasmus ist sie verloren, denn sie es auch für sich selbst:

---

[1] Arthur Schnitzlers Spätwerk, Preußische Jahrbücher 208 Berlin 1927, 54.

„Ich weiß nicht, wer ich bin". Im Abenteuer, in dem alles nach Verführung duftete, hat sie sich das Grauen vor Erasmus geholt. Von der Hirtenflöte angelockt war sie ihrem Ton gefolgt, aber dem Geliebten, den sie sich gewinnt, zerbricht sie aus Mutwillen das Instrument und damit das Glück, das auch das ihre bedeutete. Ein Fremder nimmt sie am Weg in seine Kutsche und führt sie auf sein Schloß. Hier begegnet sie dem Bild einer durch die Ungerechtigkeit, das Elend der Bauern und Arbeiter entstellen Welt. Ihren eigenen Reichtum empfindet sie als Schuld, und so sucht sie, den Armen zu helfen, ihnen Trost zu spenden, aber sie muß erkennen, daß ihre Hilfe nicht ausreicht, daß vielmehr die Ordnung des Staates selbst und seine Gesetze geändert werden müßten, um die Not wirklich zu beseitigen. Ein Aufruhr der Unzufriedenen, die für höheren Lohn und Herabsetzung der Arbeitszeit kämpfen, dazu ihre Sorge um den Gutsherrn lassen sie keine Ruhe finden. Darum beschließt sie, sich von diesem Orte abzuwenden. Aus einer Schar von Revolutionären, in die sie während der Wirren gerät, kann sie entweichen und gelangt an die Seite des Grafen, zunächst seine Gefährtin, dann seine Frau. Nach seinem Tode erringt sie die Zuneigung des Fürsten, und als seine Geliebte treibt sie die Fürstin aus dem Lande. Damit hat sie jedoch die Moral des Staates beleidigt. Rauschende Feste und bald berüchtigte Bacchanale bringen das Volk und schließlich die herrschende Partei am Hofe gegen sie auf. Der Vollstreckung ihres Todesurteils, das der Fürst unter dem Druck der öffentlichen Meinung selbst unterzeichnen soll, kann sie nur durch die Flucht entgehen. So kehrt sie arm und innerlich ausgebrannt zu Erasmus zurück, ein lebender Vorwurf für den Ehemann. Das Leid hat ihr die Erkenntnis beschert, „daß jedem menschlichen Dasein nur ein schmaler Strich gegönnt ist, sein Wesen zu verstehen und zu erfüllen". Wo der Mensch aus dem ihm zugewiesenen Ort heraustritt, muß er erfahren, daß die Ordnung der Natur sich gegen ihn wendet und Tod und Vernichtung sein Selbst bedrohen. Für den Dichter büßt ein solches Leben freilich nichts an Würde ein, ist es doch durch eine von Anfang an mitgegebene Erfahrungsbereitschaft dazu ausersehen, als beispielgebender Fall zu figurieren. Das bedeutet ein inneres Resumee für viele Frauengestalten Schnitzlers: Wenn sie sich der Verführung widersetzen, so geschieht dies weniger aus Stärke als vielmehr der Angst, aus der Geborgenheit ihrer Welt herauszufallen. Es ist der bürgerliche Instinkt, sich vor dem eigenen Versagen schützen zu müssen, der Berta Garlan den Antrag des Jugendfreundes zurückweisen läßt. Was sie nach ihrem Abenteuer mit Emil Lindbach erschreckt, sind die mechanisch produzierten Zwangsvorstellungen von Sünde und Sühne als Einhalt gebietende Warnsignale. Die Vision von Leichenwagen, offenem Grab und dem Sarg der Frau Rupius, der von schwarz gekleideten Männern getragen wird, führt sie an die Wirklichkeit einer Macht heran, die da, wo sie beleidigt wird, mit unerbittlichem Zuschlagen antwortet.

Die Frage nach den Folgen der erwachten „Weibesdämonie" ist in der Garlan-Novelle nur vorbereitend für das in der Erzählung „Frau Beate und ihr Sohn" noch weiter getriebene Thema behandelt. Ein Vergleich der beiden Werke führt unmittelbar an Schnitzlers Fiktion einer bloß relativen Moral heran, die von den sozialen und ökonomischen Bedingungen nicht gelöst werden kann. Während Berta in den Gedanken an eine neue Ehe zugleich die Aussicht auf soziale und ökonomische Verbesserung ihrer Lage einschließt und damit aus den engen kleinstädtischen Verhältnissen herausstrebt, ist Beates Treue gegenüber dem verstorbenen Ehemann eine aktive; sie lebt in großzügigen Umständen und schlägt alle Heiratsmöglichkeiten aus, um sich die Erinnerung an ihn zu bewahren. Aber gerade diese höhere „Sittlichkeit" der Witwe und Mutter, die ihren Sohn vor den Verirrungen einer fehlgeleiteten Leidenschaft schützen will, bringt den Anlaß für den eigenen Sturz. Als sie Hugo den Verführungskünsten einer reifen Frau gegenübergestellt sieht, wird in der Abwehr schon leise das Register der eigenen Wünsche angeschlagen, die sie an ein früher nicht gewolltes Ziel geleiten. Mit der Beziehung Beates zu Hugos Freund kann der Erzähler eine in das Ganze kunstvoll einkomponierte Peripetie motivieren, die zu der überraschenden Selbstentdeckung Beates führt, daß sie des eigenen Liebesgenusses wegen ihren Sohn der Baronin zu überlassen bereit ist. In ihrer Phantasie jagen sich ständig wechselnde Bilder; sie weiß, „gequält und beseligt zugleich, daß der Jüngling, dem sie sich gegeben, nicht ihr letzter Geliebter sein wird." Darin ist sie Berta Gralan verwandt, die sich nach der Begegnung mit Emil Lindbach visionär in der Umarmung vieler anderer Männer sieht. Das Aufschießen dirnenhafter Wünsche nach einer Zeitspanne gefestigter bürgerlicher Tugend ist hier mit Strichen in der Manier Freuds gezeichnet. Die Übergänge von Frau und Dirne erscheinen nahtlos, schon in der „Jungfrau" vorbereitet, wie bei Fräulein Else, wenn sie im Tagtraum ihre flüchtig aufkeimenden Wünsche wiederentdeckt: „Ich werde hundert Geliebte haben, tausend, warum nicht?" Dirnen, nicht dem Gewerbe, wohl aber ihren differenzierten Begierden nach, sind die Tänzerin Eleonora Lambriani (im „Tapferen Cassian"), von der erzählt wird, daß sie sich schwor, „neunundneunzig Nächte lang jede Nacht einen andern Liebhaber zu beglücken, von denen keiner was Geringeres sein durfte als ein Fürst — die ihren Schwur hielt und sich in der hundertsten einen Savoyardenknaben ins Schlafzimmer holte"; die Baronin („Frau Beate und ihr Sohn") und selbst die junge

Frau im „Reigen", die ihr Wesen von Geblüts wegen mitbekommen haben und sich durch ihren sozialen Standort gegenüber geregelten Dotierungen unzugänglich zeigen können.

Mit dem Schauspiel „Der einsame Weg" ist zugleich Schnitzlers eigener Generationswechsel markiert. Nicht mehr aus dem Vollen lebende Jünglinge stehen im Vordergrund, sondern Männer, die über den Zenit des Lebens hinaus sind und auf abschüssiger Bahn einer trüben Zukunft entgegensehen, im Genuß Enttäuschte, Improvisateure, Lebenskünstler, von denen feststeht, daß sie „allein" sein werden. Der Ausweg ins Grenzenlose, den Fichtner und Sala eingeschlagen haben, ist kein Weg in die Verschwendung an das Dasein, sondern Folge einer angeborenen Lebensschwäche. Über dem Schicksal beider könnten die Worte von Hofmannsthals Claudio stehen, die Klagen des in der Einsamkeit gefangenen, allem Leben fremd gegenüberstehenden Ästheten darüber, Leiden und Stürme des Herzens nicht erfahren zu haben:

> Was weiß denn ich vom Menschenleben?
> Bin freilich scheinbar drin gestanden,
> Aber ich hab' es höchstens verstanden,
> Konnte mich nie darein verweben.
> Hab mich niemals daran verloren. (Der Tor und der Tod)

„Und wenn uns ein Zug von Bacchanten begleitet — den Weg hinab gehen wir alle allein... wir, die selbst niemandem gehört haben" — dies Geständnis Salas ist das Facit einer verlorenen Vergangenheit, ist aber auch trauerndes Bekenntnis zu einer Lebenshaltung, die aus dem tiefsten Grunde der Zeit herauswuchs, in der man das Verhängnis ahnt und es zugleich als Genuß empfindet. Der vom Tode gezeichnete Sala wird noch einmal für eine flüchtige Stunde auf den Gipfel der Hoffnung hinaufgetragen von der Liebe eines Mädchens, das im Mondschein auf einer Wiese tanzt, die Elfe, die sich erhaben dünkt gegen das Gesetz der Jahre und doch von der Ahnung getrieben den Tod wählt. Das Maskenhafte der Personen weist auf das Theater, für das sie geschaffen sind. Masken und Marionetten sind die Symbole für die gerade jetzt wiederentdeckte barocke Idee des Welttheaters, allerdings schon ins „Diesseitige" gewandelt, zu dem das Genußempfinden der francisco-josephinischen Spätzeit ohnehin Zugang besaß. In den „Marionetten", drei komödiantisch ausgespielten Einaktern, kommt Schnitzler diesen Symbolen ausgesprochenermaßen am nächsten. Das Leben als Puppenspiel, in dem die Drähte in Bewegung gesetzt sind, der Puppenspieler, der sie bedient und selbst eine gelenkte Puppe ist! Verwischt sind die Grenzen von Sein und Schein. Thematisch ist hier die Frage aufgenommen, die Schnitzler auch weiterhin immer wieder aufnehmen wird: Das Altern des Mannes, der ins Grenzenlose eintaucht und sich in grenzenloser Verarmung wiederfindet. Der Puppenspieler, der seinen jungen Freund und ein Mädchen wie Marionetten tanzen läßt und wider Willen eine Ehe stiftet, wird selbst zum ruhelosen Umherstreifen verurteilt. Wechselhaft ist das Glück und töricht ist es, ihm zu trauen. Ist schon alle Gegenwart ein Trug, so wird auch das einzige Glück, das sie gewährt, nämlich das Geschenk der Stunde, durch eitles Träumen zerstört. In den Zauber der Arabeske ist das Puppenspiel vom „Tapferen Cassian" gehüllt. Nur für eine kurze Zeit wirft die Fortuna ihre Woge nach oben; wer sich auf ihr häuslich einzurichten gedenkt, wird schon bald in die Tiefe gerissen. Was gerade erwürfelt wird, kann gleich wieder verspielt werden: Die Dukaten, die Martin seinem Freund Cassian abgewinnt und ebenso schnell wieder verliert; die Geliebte, die gerade noch die dienstwillige Dienerin war und im nächsten Augenblick schon auf dem Schoß des glücklicheren Nebenbuhlers sitzt. In Sekundenschnelle steckt dem Allzusicheren die fremde Degenspitze im Herz. Das media vita in morte sumus wird dem Kurzweil suchenden Zuschauer gleichsam im Vorübergehen zugeraunt, nicht als drohende Mahnung, sondern als Tanz der Marionetten an ihren zitternden Drähtchen. Jeder mag es damit halten, wie ihm beliebt. Sind doch die zuckenden und wippenden Figuren voller Einfalt, ist ihr Treiben ebenso närrisch wie das ihrer Genossen in der Burleske „Zum Großen Wurstel". Die Verkünstelung des Welttheaters, die bei Hofmannsthals spätzeitlicher Trauer um die vanitas noch zum barocken Sinnspiel führt, gestattet Schnitzler nur mehr die Travestie. Das Marionettenspiel, dessen Beginn und Fortgang die Zuschauer erleben, kommt zu keinem Ende. Zwischenrufe aus dem Publikum bringen die Puppen in Verwirrung, die Skandalmacher greifen störend ein, der Dichter der Komödie wird mit dem Direktor uneins und schließlich glaubt man an vorsätzlichen Betrug: Der Skandal ist fingiert, weil dem Dichter kein Schluß eingefallen sei. Aber was braucht es da einen Schluß? Weil der allegorische Bezug jedermann klar ist, kann sich ihn der Dichter sparen, indem er den Tod als den Wurstel auftreten läßt und der Wurstel wieder zum Tod wird.

Das Spiel im Spiel kann wie der Reigen bis ins Endlose forgesetzt werden. Was bedarf es noch dringlicher Mahnungen, umständlicher Drohungen, mühsamer Beschwörungen? Als sich jedoch in der allgemeinen Auflösung die Marionetten anheischig machen, ihr Tanzen und Tollen unbekümmert um Regie und Publikum fortzusetzen, tritt der „Unbekannte" auf und durchschlägt mit einem Schwerthieb alle Drähte, so daß die Puppen zu Boden fallen.

Schnitzler liebt es, in seinen Dramen die Intrige durch den „Betrug" zu ersetzen. Wo das Leben durch einen vorgesetzten Betrug bereits zerrüttet ist, bedarf es der Intrige gar nicht mehr, denn der Betrug, und sei er noch so fein angelegt, läßt Wirkungen nach eigenen Gesetzen folgen. So gesehen kann die Ehe zum „Zwischenspiel" werden, wie Schnitzler eine Komödie aus dem Jahre 1904 nennt. Der leichtfertige Ton des Stückes rechnet nicht zum wenigsten mit der Libertät einer besonderen Künstlermoral ab, er macht sie ebenso verdächtig wie jede institutionell gesicherte Moral, aber einer bewußten Stellungnahme ist auch hier ausgewichen. Warum anklagen, wenn die hier vorausgesetze „natürliche Ordnung" doch auf den ewigen Reigen hinweist? So entschließt sich die Sängerin Cäcilie zur Trennung von ihrem komponierenden Ehemann, ohne die Ehe dabei aufzugeben — in einem Schluß, der bei aller psychologischen Auskonstruiertheit durch seine bühnenwirksame Diskretion wohl zu bestehen vermag.

Wie in den Erzählungen, so gibt sich Schnitzler auch in den kleinen Dramen immer als Impressionist. Die „Disproportion des Talents mit dem Leben" ist ins Stimmungsmäßige und oft Sentimentalische hinübergezogen. „Literatur" ist das, was vom Leben entfremdet, das Leben abtötet und sich in einem luftleeren Raum abspielt. So betrachtet sind seine Einakter aus Splittern von Einfällen und Empfindungen entworfen, Szenen, die bloße Atmosphäre einfangen, darin Hofmannsthals liedhaften Dramen verwandt, freilich ohne deren rhythmischen Atem. Die Fabel des Spiels ist ohne Gewicht und „hat nicht größere Kraft als wie ein Federball", wie Hofmannsthal es im Prolog zum „Weißen Fächer" fast programmatisch für seine artistisch standortlose Kunst aussprach. Eine kleine pastellene Farbskizze zeichnet Schnitzler in den „Lebendigen Stunden": Ein Herbstabend, der Gärtner als Figur der Idylle, der Pensionär und der Dichter in seiner traumverlorenen Welt ohne Zugang zum gelebten Leben, dem die Poesie dieses Lebens nicht bewußt wird und nur in tote Buchstaben zerrinnt. Etwas vom Spott auf die „tödliche Leidenschaft", die frivole Künstlermoral und den exzentrischen Schmerzgenuß findet sich in dem als Einfall unerheblichen Einakter „Die Frau mit dem Dolche". Gebannt von der Lüge der Kulisse läßt sich Schnitzler immer wieder auf sie ein. Traurig sind die Aktionen des Schauspielers, der vom mißratenen Leben auf die Bretterwelt ausweicht und hier, vom Erfolg verlassen, aus seiner Bühnenexistenz wieder ins Leben zurückstrebt. Traurig sind aber auch die Gebärden des Dichters mit seinem Anspruch auf Anerkennung, dem Trieb zum Schaffen, doch ohne die Kraft dazu, leidend an seinem Unvermögen und krank durch sein Unerlöstsein. Der Stolz auf die „Sendung" läßt fremde Opfer gelassen hinnehmen, wie es der Dichter Heinrich beim

Selbstmord der Mutter tut, die damit den Sohn ganz dem eigenen Werk zurückgeben will. Die Kommunikation des Künstlers zur Gesellschaft ist aufgehoben, weil die Gesellschaft aus ihrem Selbstverständnis heraus sich ihm versagen muß und seine Wehleidigkeit, sein Hochmut, einen solchen Platz, wie er ihn für sich fordert, gar nicht rechtfertigen. Die tragische Disproportion von Talent und Leben schlägt um in die Trostlosigkeit des Versagenden.

In der Wahl seiner Themen und des atmosphärischen Hintergrundes wird Schnitzler sich weitgehend gleich bleiben. Von einer Entwicklungslinie in Richtung auf eine fortschreitende Reife kann nicht gesprochen werden. Auch nach der politischen Caesur durch den Weltkrieg tritt ein Wandel nicht eigentlich ein. Dieser geringen Fähigkeit, sich den jeweiligen Bedingungen anzupassen, liegt ein nicht hoch genug zu schätzendes Maß an Charakter zu Grunde. Schnitzler brauchte nicht wie Thomas Mann einen Bund oder wie Hofmannsthal ein aus Zuneigung getroffenes Arrangement mit dem monarchischen Imperialismus zu lösen. Darin war er Karl Kraus gleich, daß er sich von dieser Welle niemals hat tragen lassen und sich die nachträgliche Korrektur ersparen konnte. Seine innere Ablehnung der Staatswirklichkeit geht aus dem illusionslosen Bewußtsein seiner Stellung als Jude hervor. Aber in seinem Kampf greift er lautlos in die Fugen, ohne daß es zur offenen Feldschlacht käme wie bei Kraus. Er öffnet den Fächer geheimer Verdächtigungen gegenüber dem sozial ausgemachten Typenbestand der österreichischen Gesellschaft, dem Offizier, Aristokraten, Bürger, Beamten, der Frau in der hier vorausgesetzten pluralistischen Funktion als Gattin, Geliebte, Dirne. Von der Priorität des Geschlechtlichen wird die Zwietracht in die gesellschaftliche Ordnungswelt des Habsburgerreichs hineingetragen. Wenn der Verfasser des „Leutnant Gustl" sein Offizierspatent verlor, so konnte er sich richtig verstanden fühlen. Seine Waffen waren die Ausdrucksmittel des Artisten. Mit ihnen steht er am Ende auf der Seite der siegreichen Partei. Aber ihr Sieg ist im Hinblick auf seine Kunst ein Pyrrhussieg gewesen, weil hier eine große Kulisse zerstört wurde, vor der er seine Gestalten agieren ließ. Durch seinen Standort vereinseitigt er fast immer das Bild, das er von Wien zeichnet, und der ungerechtfertigte Ruf des Leichtlebigen und Leichtfertigen der Wienerin gründet sich nicht zum wenigsten auf den ihr von Schnitzler zugeschriebenen Charakter.

Mit seiner Disposition zum Übernationalen steht Schnitzler innerhalb des jüdischen Autorenkreises, der seine Wurzeln aus dem Nährboden des Wiener fin de siècle ausschlagen läßt, in einer sehr respektablen Gesellschaft. Die Herkunft dieses übernationalen Einschlags ist jedoch ohne falschen Enthusiasmus zu sehen. Das Europäertum Schnitzlers, Kraus', Hofmannsthals, Zweigs ist darum glaubwürdig, weil es durch die soziale Situation alternativlos ist. Die Luegerzeit hatte für immer das Ende der liberalen Herrschaft gebracht. Hinter dem von großer Verantwortung für das Gemeinwohl erfüllten Agitator und von ihm unbestreitbar ermuntert, stehen die Massen der Vorstädte, katholisches Kleinbürgertum und natürlich auch der Pöbel, der vom System erzeugt wird und für niedere Handreichungen seine Brauchbarkeit gerne nachzuweisen bereit ist. Es ist unabweisbar, daß das geistige und politische Klima nachdrücklich von den Schönerianern und den ebenso um ihre antisemitische Klientel werbenden Christlich-Sozialen bestimmt wurde, wobei sich diese nicht selten der Assistenz der katholischen Geistlichkeit versichern konnten, die zwar Auswüchse zu verhindern bestrebt war, aber beim Stande der Dinge sich selbst untreu geworden wäre, wenn sie durch einige ihrer Vertreter nicht ebenso heftig geschürt hätte.

Mit der Amtszeit Luegers hatte die zweite Wandlung der Residenzstadt während der Regierungszeit Franz Josefs begonnen. Die erste, die zu Beginn der Verfassungsära eingesetzt hatte, war eng verbunden gewesen mit dem Liberalismus Schmerlings und ließ aus dem biedermeierlichen Wien Grillparzers und Bauernfelds die Stadt eines sich mehr und mehr kapitalisierenden Bürgertums werden. Jetzt, in den 90er Jahren, muß es der ökonomisch stark gewordene liberale Bürger erleben, daß er vom „Sozialismus des dummen Kerls"[1], wie es der demokratische Abgeordnete Dr. Kronawetter zu bezeichnen beliebte, wenig respektvoll von der Bühne abgeschoben wurde. Nun zeigt es sich, daß in den Massen starke antidynastische Tendenzen mobilisiert werden können, wenn klerikale oder auch großdeutsch-borussische Leitbilder dem Volk vorangestellt werden, wie es in dem bald ausbrechenden Kampf zwischen Lueger und Schönerer der Fall ist. Es zeigt sich aber ebenso, daß die im ständigen Schlaf befindliche österreichische Amtsstube, wo sie einmal aus diesem Schlaf herausgerissen wird, noch hart und unerbittlich zuschlagen kann. Brauchte sich private Lebenshaltung in der Monarchie keinen offensichtlichen Zwang aufzuerlegen, waren die Grenzen, innerhalb deren man dem persönlichen Wohlbehagen nachgehen konnte, weit gesteckt, so reagierte der Staat gegenüber antidynastischen Regungen mit größter Wachsamkeit, wozu durch die Tradition der Metternichschule ein im Eingreifen und Zupacken hinreichend eingeübter Apparat des Polizeikommissärs zur Verfü-

---

[1] Nach Karl Tschuppik, Franz Joseph I., Der Untergang eines Reiches, Hellerau o. J. 431.

gung stand. Durch eigene Erfahrungen war Victor Adler zu den scharfen, in der Tat zutreffenden und noch nicht einmal bösartigen Sätzen berechtigt: „Die Freiheit in Österreich ist ein zusammengesetzes Wesen, welches die Mitte hält zwischen der Freiheit in Rußland und der Freiheit in Deutschland. In der Form ist sie deutsch, in der Ausführung ist sie russisch. Abgesehen von Frankreich und England hat Österreich vielleicht in ganz Europa die freisinnigsten Gesetze, so sehr, daß es einer Republik ähnelt, die statt eines Präsidenten, eine Majestät an der Spitze hat. Leider verfährt man nur in der Praxis nicht nach dem, was das Gesetz vorschreibt, sondern allein nach dem, was das Belieben des betreffenden Polizeikommissärs ist. Der Polizeikommissär ist befugt, alle gesetzlichen Freiheiten zu konfiszieren, und man kann schon glauben, daß er dieses Recht braucht und mißbraucht. Die österreichische Regierung ist gleich unfähig, bei einem Werke der Gerechtigkeit konsequent zu sein wie bei einem Werke der Unterdrückung; sie schwankt beständig hin und her — wir haben den Despotismus, gemildert durch Schlamperei."[1]

Mit seinem „Professor Bernhardi" versucht Schnitzler auf den Grund dieser ideologischen Konfusion in Österreich am Ausgang der Monarchie zu dringen. Er nennt das Stück eine Komödie. So sehr die Relativität der politischen Ansprüche und ihre verhängnisvolle Rolle für die Wissenschaft erkannt ist, so schwach wird am konkreten Gegenstand eine dramaturgisch klare Situation vorgestellt. Das Stück leidet an der inneren Unwahrheit der Charaktere, namentlich Bernhardis selbst. Und dennoch ist die Problemstellung mit aller Schärfe vom Boden der habsburgischen Staatswirklichkeit her bezogen. In diesem Belange bedeutet das Werk eine scharfe Abrechnung mit der bloß staatsdienenden Aufgabe der Wissenschaft, die in das Spiel der parlamentarischen Gruppen verwickelt zum Spielball jeweiliger Majoritätswünsche wird, oder, wie Bahr es im „Meister" spöttisch einflocht, „auf Wunsch der Frau Herzogin" ihre Resultate korrigiert. Für die Ursachen steht als erster Zeuge der Kaiser selbst, der aus seiner Verachtung von Gelehrten mit politisierenden Neigungen nie einen Hehl gemacht hat. Zu größerer politischer Wirksamkeit hat man die disputierenden Professoren im Österreich Franz Josefs auch niemals kommen lassen; es genügte schon, daß man sie im Parlament gewähren ließ und damit ihre Verantwortung in Bahnen lenkte, die vom eigentlichen Ziele möglichst weit wegführten. Die Monarchie sah in den Vertretern der Wissenschaft zunächst Diener der Krone. Mögen sie als ständische Gruppe eine er-

---

[1] Nach Tschuppik a. a. O. 408.

höhte Geltung besitzen, als Angehörige einer republikanischen Institution über eine gelinde Autorität verfügen, so gelangen sie doch allein kraft ihrer Zugehörigkeit zur Gelehrtenkorporation nur selten über ihren zumeist engen bürgerlichen Rahmen hinaus. Da ein in einer Spitze gipfelndes System zwangsläufig alle untergeordneten Institutionen sich zu verpflichten weiß und bei diesen die natürliche Neigung besteht, mit der Spitze in Berührung zu bleiben, folgt daraus ein ständig erneuertes Paktieren von politischer Macht und den Institutionen der Wissenschaft, ein Zusammengehen, das trotz gegenteiliger Behauptungen praktisch unvermeidbar ist und nur durch das Ethos der großen Einzelpersönlichkeit gestört wird. Hinter dem Konflikt zwischen „Arzt" und „Priester" im „Bernhardi" liegen zahlreiche Einzelkonflikte, in denen die wandelbaren Konstellationen in politischen, weltanschaulichen, religiösen, konfessionellen Parteiungen zum Ausdruck gelangen. Es ist damit an die Ideenproblematik herangeführt, in die durch den Zusammenstoß mit der wachsenden Macht des Antisemitismus das Judentum gerät, und weiterhin die habsburgische Hausidee in all ihren Brechungen fixiert, die bis in die Verästelungen eines akirchlichen Liberalismus hineinreichen und ebenso noch im kleinbürgerlichen Milieukatholizismus der Christlich-Sozialen zu spüren sind. Aber auch das Wiener Judentum ist durch seine Herkunft von auffälliger Heterogenität, es hat teilweise schon den Übergang zu einem zivilen Status vollzogen und zeigt mit diesem Bruch die möglichen Schattierungen im komplizierten Prozeß der Angleichung auf, in dem sich zeitweise jeder mit jedem verbünden kann und in dem viele eine namentlich im Lager der Orthodoxie mißbilligte Elastizität durch die Verbindung mit den saekularisierten Bewegungen liberaler, konservativer und sozialistischer Couleur bewiesen.

Von dieser sozialen Nahtstelle aus wird es deutlich, warum die Auseinandersetzung mit dem jüdischen Leben zu einem unausweichlich vorgeschriebenen Thema der Wiener Literatur werden mußte. Schnitzler hat es wiederholt, am ausführlichsten in seinem Roman „Der Weg ins Freie", behandelt. Dieses im Künstlerischen bedenkliche Werk schillert geradezu durch seine Trivialität, es ist aber als Prisma des gesellschaftlichen Geschmacks und einer unwahren Gefühlskultur von hohem dokumentarischen Wert, gibt sich doch in ihm das Personal einer sich feudal wähnenden Vorkriegssozietät ein Stelldichein. Wir denken an das ganze Panoptikum des Wiener Romans mit seinen ständig wiederkehrenden Figuren: Der betreßte Kavallerieoffizier, die von Badeort zu Badeort reisende, ihr Vermögen langsam aufzehrende Familie, die verarmte Adlige, die notfalls auch unter ihrem Stand zu heiraten willens ist, der auf Assimilation drängende Jude, seine Zugehörigkeit zur alten Gesellschaft beweisen wollend durch die müde Geste, jung und doch so traurig, wie es Hofmannsthal zum Topos erhoben hat.

Ganz in ein episodisches Rankenwerk eingeschlossen sind die beiden ursprünglich selbständigen Hauptstränge des Romans nur sehr unzulänglich ineinander komponiert.[1] Eigene Erlebnisse und der langjährige Umgang mit Theodor Herzl haben Schnitzlers sehr differenzierte Stellung entscheidend mitbestimmt. Die umständlich ausgeführten theoretischen Partien unterbrechen beständig den Handlungsfluß und steuern den Standpunkt des Autors an, der sich zu einer Lösung im Sinne der individuellen Assimilation bekennt. Herzls zionistischer Ausweg erscheint ihm als Utopie: „Jeder muß da selber zusehen, wie er sich herausfindet aus seinem Ärger oder aus seiner Verzweiflung oder aus seinem Ekel, irgendwohin, wo er wieder frei aufatmen kann. Vielleicht gibt es wirklich Leute, die dazu bis nach Jerusalem spazieren müssen ... ich fürchte nur, daß manche, an diesem vermeintlichen Ziele angelangt, sich erst recht verirrt vorkommen würden." Nicht zuletzt ist es die innere Teilnahme an dem hier verhandelten Stoff, die den Autor aus der Distanz zum Gegenstand heraustreten läßt und ihn persönlich an das Schicksal seiner Gestalten bindet. Wenn er seinen Roman höher schätzt als alles bisher Geschaffene, so mochte dies in dieser Leidenschaft begründet sein, mit der er sich selber einflocht in das Geschehen und die ihn über den wahren Wert des Werkes täuschte.

In „Professor Bernhardi" schlägt sich der Autor ganz auf die Seite von Ibsens Gesellschaftskritik, aber er wandelt die Tragik gegen Ende des Werkes ab und läßt es als Komödie enden. Warum verzichtet Schnitzler hier auf das Amt des Tragikers? Die Antwort gibt er im Stücke selbst: In solcher miserablen Gesellschaft geht es nicht mehr um Verantwortung, um

---

[1] An Georg Brandes (4. 7. 1908): „Sie haben wohl recht, dass in meinem Buch zwei Romane enthalten sind, und daß künstlerisch genommen, der Zusammenhang kein absolut notwendiger sein mag." Nur Georg von Wergenthin und Anna Rosner sind Nichtjuden. Die Beziehung der übrigen Personen zu diesen zwei Hauptgestalten muß darum rein zufällig sein. Erst nachträglich hat der Autor den auch sozial genau abgrenzbaren Handlungskreis der Liebesgeschichte mit den Judenszenen verbunden. Josef Körner macht in seiner zum Verständnis des Werks unerläßlich vorauszusetzenden Strukturanalyse darauf aufmerksam, daß man die Judenpartien mit ihren weitschweifigen theoretischen Erörterungen ohne Schaden für die Gesamtkomposition herauslösen kann. „Fast ist es unbegreiflich, wie ein Dichter den Einfall haben konnte, so wenig Zusammengehöriges zu verbinden. Die Erklärung könnte nur aus einläßlicher Lebens- und Bildungsgeschichte Arthur Schnitzlers geschöpft werden". Arthur Schnitzlers Gestalten und Probleme, Zürich, Leipzig, Wien 1921, 202.

Bekennen, weil jeder Einsatz für eine Idee wirkungslos ist und nichts ausrichten kann in einem System, das nur demjenigen das Recht zuerkennt, der der „Partei" zu nützen versteht. Hier wird Bekennen zur Torheit. Die Gesellschaft kann es nicht dulden, daß ein Einzelner sich die befremdliche Rolle des moralischen Helden anmaßt. Es nützt nichts, „bis in die letzten Konsequenzen zu gehn," „Es kommt nichts heraus dabei " — das ist die in der Resignation des Weltklugen gewonnene Regel zum erfolgreichen Mitagieren in diesem Spiel. In ihm gibt es keinen Platz für Helden, Propheten oder große Revolutionäre. Die Welt ist zu schwach geworden, sie zu ertragen, und wer sie zu sehen wünscht, begegnet ihnen allenfalls in der Komödie.

Schnitzlers Komödie will ein Panoptikum der politischen Wirklichkeit seiner Zeit sein. Sicher ist sie es nur unzureichend. Sie verzichtet auf die Erhöhung der Wirklichkeit zur Allegorie, durch die, wie bei Hofmannsthal, untergründige Bedeutungen mitgetragen werden, aber sie weist auf einen Dichter, der auch im Trivialsten noch mehr weiß, als er zu wissen vorgibt. Schlägt die ursprünglich tragisch angelegte Situation um in die „Episode" eines komödienhaften Spieles, so gilt wiederum Schnitzlers bewährte Formel seines Impressionismus: In die „Episode" ist das Sinnganze gepreßt und das Sinnganze erschließt sich im Episodischen. Wer über dem Beiläufigen nicht die auf den Grund des Gesteins bohrende Hand gewahrt, ist bereits überlistet. In einer Zeit, die sich mit Pathos und Dekoration zierte und ihre Armut dahinter zu verbergen suchte, kann das Triviale geradezu befreiend sein. Was heißt „Schicksal" und „Tod"? Es gilt nur die Pflicht, sie mit Anstand zu ertragen. Das war schon im jungen Schnitzler lebendig: Als im Wirtshaus „Zum grünen Kakadu" der Herzog von Cadignan von dem eifersüchtigen Henri, einem verkommenen Schauspieler, erdolcht wird, ist der anwesende Marquis von Lansac untröstlich, daß seine Frau Séverine Zeugin der Mordtat wird. Aber das schaulustige Weibchen weiß ihn zu beschwichtigen: „Es trifft sich wunderbar. Man sieht nicht alle Tage einen wirklichen Herzog ermorden."

Den Untergang, der da droht, nicht zur Kenntnis nehmen, das Leben weiterspielen, so lange es lacht: Das ist der einzige Heroismus, der erlaubt ist in einer Welt, die sich mit heroischen Parolen zum großen Kriege rüstet. In der Todesgefahr bietet die Idee des „Theaters", des „Spiels", ihre tröstende Kraft an: Die Grenzen der Wirklichkeit sind aufgehoben, wir können sie überschreiten und dürfen uns fühlen als Figuren des Welttheaters, deren Rollen vorberechnet sind von einem Spielmeister über den Parteien. In diesem Reich zwischen Traum und Wirklichkeit bleibt dem Menschen stets die Verheißung durch das Gaukelspiel der Phantasie. Der großen Worte bedarf es nicht und ebensowenig der vom Erlebnis gezeichneten Gebärde. Was bedeutet schon „Erlebnis"? „Sein . . . spielen . . . kennen Sie den Unterschied so genau, Chevalier?" — wird der „Dichter" Rollin im „Grünen Kakadu" gefragt.

Sicherlich ist das Leben vom Erleben vorgeprägt. Für Freud waren Leben und Erleben gefährliche Abenteuer, die dem Einzelnen die Vollmacht über sich selber nehmen und ihn dahintreiben lassen auf dem aufgewühlten Meer triebhafter Leidenschaften. Bei Schnitzler ist der Abenteurer nach außen gerichtet: Anatol, Fichtner, Sala, Hofreiter, Casanova. Der Abenteurer verschwendet sich an den Augenblick, aber er gibt sich dabei nicht selber hin; er setzt auf die Karte des Jetzt, weil er Gründe hat, der Ewigkeit zu mißtrauen. Er ist bereit, sich für einen vergänglichen Genuß, in dem er den Sinn seiner Existenz sieht, aufs Spiel zu setzen, aber er verliert sein Ich dabei nicht aus den Augen. Das macht aus dem Reichtum seiner Möglichkeiten, die er nicht opfern will, seine eigentliche Armut. Immer wieder schließt sich um ihn der Ring, aus dem es kein Entrinnen gibt. Zeit oder Ewigkeit? Das ist die Frage, die sich Casanova stellt und auf die er aus Gewohnheit die gleiche Antwort gibt. Der alt gewordene Casanova, den es nach bleibendem Ruhm dürstet, ist bereit, für eine Nacht mit Marcolina seinen Namen als Schriftsteller zu opfern. Aber damit ist das äußere Abenteuer schon zu einem inneren geworden. Der Abenteurer tritt auf als der zum Symbol gewordene Gefahrenherd für den Menschen, der sich vom Todbringenden eigentümlich angezogen fühlt und damit seinem Trieb nach Selbstvernichtung nachgeht. In seiner Vorahnung ist er sich bewußt, auf der rechten Straße zu wandern, die zum Untergang führt. Bricht das erwartete Verhängnis herein, ist er gewappnet wie Albert in der Erzählung „Die Fremde", den der Zettel auf dem Nachttisch seiner Frau nicht mehr überrascht: „Mein lieber Freund, ich bin früher aufgestanden als du. Adieu. Ich gehe fort. Ob ich zurückkommen werde, weiß ich nicht. Leb wohl!" Die Schuld ist bei Schnitzler psychologisiert. Sich schuldlos in das Verhängnis stürzen, sich darin verstricken lassen, bedeutet Schuld genug. Ein immer weiter um sich greifendes Fieber läßt aus der bürgerlichen Geborgenheit herausdrängen und löst Triebe und Begehrungen da aus, wo sie mit den Gesetzen der bürgerlichen Moral in Widerstreit geraten müssen. Für das Ich, das sich aus sich heraussehnt in die Zone der Gefahr, gibt es keine Sicherheit: Liebesspiel und Todestrieb lassen keine Ruhe, hinter den Fassaden einer sich intakt wähnenden Gesellschaft ihr Wesen weiterzutreiben, getarnte, verborgene, verlogene Veranstaltungen, die, ob sie nun gelingen oder nicht, doch ihren unabdingbaren Tribut fordern. Hier beginnt das Reich, in dem die Herrschaft der Frau eine unbestreitbare ist. Frauen, kokette und naive, träumerische, launische, solche, die betrügen und sich gleichzeitg zu Tode lieben, schwermütige, in Gram dahinwelkende, eifersüchtige, in ihr Schicksal ergebene Vagabundinnen, verzweifelte. Scheues Versagen wie zielstrebiges In-Besitz-Nehmen gehören zusammen wie die Farben des Regenbogens; jede hat ihren Raum und geht ohne deutliche Grenze in die andere über. Sie alle gehören in den Zug derer, die zur Leidenschaft verurteilt sind, Gefangene ihrer Begier, für die die Larve nicht bloße Verhüllung, sondern von Natur aus mitgegebenes und für ihre Mimikry unerläßliches Werkzeug ist, Menschen, die wie später bei Musil und Stefan Zweig in der v e r b o t e n e n Begegnung das Medium für die eigentliche Vereinigung suchen. Sie haben alle ihre Opfer zu entrichten für das Gaukelspiel, dem sie verfallen sind, für Betrug und Selbstbetrug. Die verzerrte, mißgeleitete Passion, durch die der Mensch gerichtet wird, die als Zerstörung und Tod auftritt, macht sich verdächtig durch die M a s k e : Die Baronin Fortunata erscheint als gepuderter rotnasiger Pierrot, und Ferdinand Heinold, der als Schauspieler im Leben den Charakter seiner jeweiligen Rolle annimmt, bleibt seiner Frau als ein ständig Verwandelter in der Erinnerung zurück. Die Maske als Todeszone! Wer in ihren Wirkkreis gerät, ist dem Untergang ausgeliefert wie Beate und Hugo. Dem alternden Casanova gelingt die Verführung nur noch in der Verkleidung des jungen Mannes. Er bedarf des äußeren Mittels, um seine wirkliche Gestalt und sein zerstörtes Gesicht, das ihm im Spiegel als abgeschmackte Fratze eines schlechten Komödianten entgegenblickt, verbergen zu können. Mit der Maske wird die Liebe in ihrem grundsätzlichen Angelegtsein auf den Tod verstanden.

Ist Schnitzler in der Art und Weise seines Produzierens von Anfang an ein Fertiger, so muß es als ein unfruchtbares Unternehmen gelten, sein Werk in Schaffensphasen aufzugliedern. Seine eindeutig kalkulierende Formkunst richtet sich ihrem Wesen nach gegen alles Wachsen. Dem gesellschaftlichen Skandalon ist die Kleinform der „Geschichte" der angemessene Rahmen. Allenfalls in der Herstellung neuer personeller Konstellationen zeigt sich eine auch weiterhin tätige Erfindungsgabe. Die Konstruktion des „Falles" aus dem frappierenden sozialen Ärgernis zu gewinnen und den Anteil des nur zu Ahnenden hoch anzusetzen, gehört zu den Kennzeichen seiner Manier.

Schnitzler hat dem Wiener Psychologismus der Jahrhundertwende mit den unerbittlichen Konsequenzen Freuds und doch auf eigene Art gehuldigt. Es ist dies sein Tribut an die Zeit und die Zeitstimmung mit der ihr innewohnenden Neigung zu nervösem, krankhaft-exaktem Registrieren, das mit nicht geringem Behagen Anomalien im triebhaften Verhalten ans

Licht zu bringen sucht. Wir sehen hier, wie die Zeit selbst unmittelbar die Ideen schafft und sie jenen anbietet, die zur Aufnahme offen sind. So wiederholt sich bei Schnitzler in der mildernden Abwandlung durch das Spiel der menschlichen Komödie Freuds Gedanke von der Ubiquität des Traumes. Es ist kein Zufall, daß sich auf einem Boden, der die Tradition der Feen- und Zauberstücke, das Erbe einer von Calderón bis Grillparzer, Raimund und Nestroy reichenden Traumdichtung pflegte, der Umschlag in das wissenschaftliche Traumexperiment vollzieht. Aus der methodisch vorgetragenen Ideologie Freuds wird bei Schnitzler die unverbindlich scheinende Melodie, aus der die Leitmotive der Psychoanalyse herausklingen: Der Traum als eine ins Leben hineinstoßende Wirklichkeit, der im „inneren Monolog" eine ihm gemäße Form findet; der Inzest als eine — wie Freud es sah — immerwiederkehrende Elementarbewegung der Geschlechter, oft bis zur Unkenntlichkeit entstellt, aber auch dann noch in ihrem Ursprung erkennbar. Im „Weg ins Freie" verschmilzt für Georg das Bild der Geliebten mit dem der Mutter. Die Begegnung zwischen Mutter und Sohn kann auch im todbringenden Inzest enden („Frau Beate und ihr Sohn"). Im „Vermächtnis" ist die Verwandtschaftsbeziehung zwischen Tante und Neffe angedeutet, ohne daß sie restlos aufgeklärt würde.

Der Traum dringt in verbotene Bezirke ein. Von ihm ist schon, wie in „Fräulein Else", die „Jungfrau" erfaßt, die sich in den Tod hineinträumt und sich in schwarzen Trauerkleidern auf der Totenbahre sieht mit dem Veilchenkranz (eines gleichfalls nur erträumten Geliebten) auf der Stirn. Dieses Traumbild wird abgelöst durch den Anblick der Herren im „Ruderleibchen" und der Damen im Schwimmkostüm. Der aufbegehrende Unterton Schnitzlers in dieser psychologischen Studie ist in der Kritik nur selten beachtet worden. „Leutnant Gustl" und „Fräulein Else" gehören form- und kompositionstechnisch zusammen. Die Übereinstimmung durch den „monologue intérieur" ist nicht zufällig, ebensowenig das beiden Erzählungen gemeinsame Problem der zwischen Leben und Tod stattfindenden Bedrohung der „Standesehre", die sich jeweils gegen die am stärksten der Gefahr ausgelieferten Zentren menschlicher Verletzbarkeit richtet. In beiden Fällen wird ein stillschweigend durchschimmernder Abriß der Sozialstruktur geboten, die den hier vorgestellten Repräsentanten ihre Bedingungen vorschreibt. Verletzung der Offiziersehre und der Jungfräulichkeit setzen unter den geltenden Umständen den Apparat des tremendum in Tätigkeit, der sich da, wo diese Verletzung zugelassen wird, gegen den Verletzten selber richtet. Es wird noch zu verfolgen sein, wie Schnitzler eine durchgängige Benachteiligung derer voraussetzt, die einem streng reglementierenden bürgerlichen Moralkodex unterworfen sind, eine Benachteiligung, die sie gegenüber massiven Anschlägen hilflos macht. Dem Offizier sind in dem hier vorliegenden auskonstruierten Fall die mechanischen Verhaltensweisen vorgeschrieben und ein Verstoß gegen die kodifizierte Regel stellt seine Schuldhaftigkeit außer Frage. „Fräulein Else" wirft die Wahl zwischen einem verborgenen Akt der Amoral und der öffentlichen Deklassierung auf, wobei die Entscheidung vom gesellschaftlichen System selbst vorgeschrieben wird. Es handelt also nicht der freie Wille, sondern die Lösung liegt im Interesse der Konvention und ihrer Selbsterhaltung, die ausreichend getarnte Veranstaltungen nicht ahndet und nur dort, wo sie den ruchbar gewordenen Schaden nicht abwenden kann, sich dem Kompromiß abgeneigt zeigt. Es liegt der Erzählung beziehungsreich die „durchgehende Vison des nackten Frauenleibes" zu Grunde, von der Schnitzler in seinem Spätwerk so oft erfaßt worden ist.[1] Das Mädchen, das mit den Mitteln der Frau, Begehrlichkeit zu wecken, ihren Vater vom „Kriminal" freikaufen will, ist in dieser Konstellation des gesellschaftlichen Bezuges nicht mehr einem Konflikt des Gewissens ausgesetzt, sondern kann sich bei allem Widerstreben nur in der Richtung des geringsten öffentlichen Widerstandes bewegen. Gegen die Scheu des Mädchens steht der vitale Anspruch der Selbstbehauptung. Zwischen Scham und Schamlosigkeit liegt eine hauchdünne Naht. Hebbels Thema vom Weib als Ware, die ihren Kaufpreis hat, ist von Schnitzler hier im Sinne kahlster Zweckhaftigkeit abgehandelt. Wenn dabei die Macht der gesellschaftlichen Moral die hinhaltenden Membranen einer von ihr noch frei gehaltenen „Innerlichkeit" sprengt, wenn im Aufbäumen gegen diese Macht zugleich die Kräfte der Selbstvernichtung ihre Arbeit tun, dann wird in seltsamer Gleichzeitigkeit zum Entwurf Freuds dem Trieb als letzter Instanz die Entscheidung überlassen.

Das Gerüst des Freudschen Systems ist auch in der Gräsler-Erzählung deutlich erkennbar. Gräsler begegnet drei Frauen: Sabine, der zweckhaft um ihn werbenden, Katharina, der Verkäuferin in einem Handschuhladen, und der Witwe Sommer. Voraussetzung dafür, daß diese Begegnungen stattfinden können, ist der Tod von Gräslers Schwester. Daß Friederike ihr eigenes Triebleben sorgfältig vor dem Bruder verborgen hat, wird ihm erst bekannt, als ihm nach ihrem Tode die hinterlassenen Briefschaften in die Hände fallen. Bis dahin hatte sich ihre Geschwisterschaft als Ehehindernis für beide erwiesen. Über Sabine, deren Hand Gräsler durch sein Zögern praktisch zurückweist, und die Episode mit Katharina führt Schnitzler nach der psychoanalytischen Logik Freuds die Linie weiter, auf

---

[1] Josef Körner, Arthur Schnitzlers Spätwerk a. a. O., 153.

der die Aktionen des Triebs in ihrer inneren und äußeren Funktionalität dem Schlußpunkt zustreben: Frau Sommer. Aus dieser zunächst im Hintergrund gehaltenen Episodistin wird unerwartet eine Hauptfigur, das zwangsläufig gefundene Ziel aller Begehrungen, das jetzt, nachdem es gefunden, eine tragische Lösung, wie sie der Stoff erlaubt hätte, vermeiden läßt.

Den motivischen Ertrag seines fast ein halbes Jahrhundert umfassenden Werks (wenn man die unveröffentlichten Präludien der 80er Jahre dazurechnet), die beständig wiederkehrenden Elemente seines Erzählens, faßt Schnitzler in der „Traumnovelle" zusammen. Im Traum tritt das Ich in seiner Gespaltenheit gleichsam aus sich heraus und nimmt in der Verkleidung durch ein anderes Kostüm zugleich neue Gestalt und neues Wesen an. Trügerisch ist es, den Frieden des Alltags für die ganze Wahrheit zu nehmen, kann doch ein unmerklicher Anlaß die Verwandlung bringen, in ungeahnte Gefahren hineinführen. In der Doppelexistenz wird die Sphäre des Überwirklichen, die in das scheinbar ungefährdete Dasein eindringt, mit einem Mal durchlaufen. Sie tritt in der Dirne hervor, der Züge echter bürgerlicher Wohlgeratenheit eigen sein können, und ebenso in der bürgerlichen Frau, die — im Traum — zur Dirne wird. Es ist dies ein Urthema Schnitzlers, das im „Schleier der Beatrice" tragisch aufgelöst worden war und in auffallender Verwandtschaft, jedoch in seiner Spannung gemildert, in der „Frau des Richters" wieder auftaucht. Hier wird aus der um ihren Mann tief besorgten Agnes fast übergangslos die Geliebte des Herzogs, die dem Wunsch, ein „Gartenmägdlein" am Hofe zu werden, nachkommt und, als sei sie mit Künsten der Kurtisane von jeher vertraut, sich vom Herzog auf die anmutigste Weise und dabei stolz an ihrem Mann vorbeischreitend in die Karosse geleiten läßt. In der „Traumnovelle" werden die Aktionen des Eros freilich zu einem fortissimo gesteigert durch ihre Kollektivierung, die Schnitzler in dem Gruppengemälde der nackten Tänzerinnen und ihrer vermummten Partner symbolhaft zur Anschauung bringt. Fridolins Eindringen in den Orden der Bacchanten bedeutet Eindringen in ein Reich, zu dem ihm Zugang nicht erlaubt ist. Diese Tat kann nicht ungestraft bleiben oder fordert stellvertretende Sühne, wie sie der unbekannte weibliche Mund verspricht. Der lockende Frauenleib selbst wird das Opfer sein. Fridolins Schauder, als er den toten Körper der noch in der Nacht begehrten Frau in der Anatomie findet, läßt ihn durch den Gedanken an Tod und Verwesung aus der traumhaften Überwelt wieder heraustreten. In der Verwandtschaft seines nächtlichen Abenteuers mit dem Traum seiner Frau gelangt die „Realität" von Kräften zur Geltung, die sich in der Urfeindschaft der Geschlechter manifestieren, in ihr den Kampf um gegenseitige Vernichtung austragen. Albertines vorweggenommene Rache ist ihre Treulosigkeit im Traum. Zum Zeichen, daß sie sein Geheimnis entdeckt hat, legt Albertine die Maske auf das Bett, die Fridolin bei seiner Heimkehr neben der Schlafenden findet.

Auch in dieses Werk aus der republikanischen Ära, dessen Entstehungsgeschichte aber noch auf die Zeit vor dem Zusammenbruch der Monarchie hinweist, zieht der Autor längst gewohnte und oft geübte Linien nach, weil er sich nicht lösen kann von den gesellschaftlichen Spielregeln des ancien régime. Aber es gelingen ihm wie schon hier auch in einigen seiner späten Novellen bedeutsame Abwandlungen im Formgerüst. Sein „Spiel im Morgengrauen" ist mehr als eine Novelle im Sinne einer unerhörten Begebenheit; es enthält vielmehr, wie es Schnitzlers Prosa entsprach, eine dramaturgisch streng gebaute, mit immer neuen Wendepunkten im Ablauf der Handlung ausgestattete Fabel. Beklemmend wirkt die Pointe: Ein Leutnant, der einem ehemaligen Kameraden mit tausend Gulden aushelfen soll, versucht diese Summe, die er selbst nicht besitzt, im Spiel zu gewinnen. Dadurch gerät er schließlich ebenfalls in Schulden und begeht Selbstmord, nachdem er dem Kameraden den am Anfang erbetenen Betrag verschafft hat.

Über den Gehalt des Werkes ist damit noch wenig ausgesagt. Die in psychologischer Absicht entwickelten Motive werden in ihrer ganzen Realität erst aufgedeckt, wenn man ihre Herkunft vom Trieb näher beleuchtet. Schnitzler hat die reziproke Bezogenheit von Eros und Ökonomie, über die er ein tiefes, aus der spätbürgerlichen Welt hergeholtes Wissen besaß, in aller Schärfe und Schonungslosigkeit aufgezeigt und die Figuren der Handlung noch einmal wie Marionetten auf einer Bühne tanzen lassen, auf der der Zusammenstoß einer bereits geschwächten feudalen Wertwelt mit der viel robusteren kapitalistischen Bürgerlichkeit stattfindet. Wem seine Sympathie gehört, hat der Autor nicht verschwiegen, aber ebensowenig die Überzeugung, daß sich im objektiven Prozeß des gesellschaftlichen Wandels die Formen des versachlichten bürgerlichen Erwerbs gegen die harmlosen Anschläge eines schon angestochenen und zu Tode verwundeten Don Quichote als überlegen erweisen werden. Die inzwischen stattgefundene Verschiebung der Perspektive, etwa da, wo er das Thema des Duells berührt, zeigt sich noch deutlicher im „Sekundant". Hatte Schnitzler im „Freiwild" das Duell verworfen und im „Leutnant Gustl" diskret verhöhnt, so läßt er im Rückblick auf die Kaiserzeit nunmehr die Meinung gelten, daß durch das Duell „dem gesellschaftlichen Leben eine gewisse Würde" zukam, ein Stil, der aus einer stets vorhandenen Todesbereitschaft hervorgebracht wurde. Diese Anwort wird ihm aus der eigenartigen

Dialektik geliefert, die durch die Konstituierung der Republik entsteht und von Ferne an das Vertrauen erinnert, das Karl Kraus in das klerikale Regime Dollfuß setzte und womit er sich zu Formen der Restauration bekannte, an deren Zertrümmerung in seinem Kampf gegen die Monarchie er entscheidend mitgewirkt hatte.

Im „Spiel im Morgengrauen" ist die Krise aufgezeigt, in der die ökonomisch abgeschwächte und nur durch das äußere Formzeremoniell abgeschützte feudale Wertwelt sich gegen den Einbruch eines entwickelten Zweckdenkens nicht mehr zu wehren vermag. Der bestehende Ehrenkodex selbst ist es, der den Leutnant Kasda zum Opfer werden läßt. Daß ein solches Reglement den Offizier widerstandslos dem gesellschaftlichen Gegenspieler preisgibt, bezeichnet unter dem Eindruck der Verschiebung in den gesellschaftlichen Machtverhältnissen die Schwäche dieser Ordnung. Endete „Leutnant Gustl" noch als Standesparodie, so endet „Spiel im Morgengrauen" als Standestragödie.

Wie die unerhörte Begebenheit in den menschlichen Schicksalen, wie das Private und Intime unter die Herrschaft versachlichender Mechanismen gelangt, ist eine in den späten Erzählungen Schnitzlers immer wieder aufblitzende Erkenntnis. Der Leutnant Kasda ist weder am Spieltisch, wo er sich das Todesurteil holt, noch in seiner erotischen Libertinage, der er sich in Anpassung an die modischen Usancen überläßt, wirklich frei. Er ist in alledem ein Getriebener. Der Bruch innerhalb der geltenden Ordnung tritt — als unerhörte Begebenheit — in der Ehe des Onkels mit einer Dirne zu Tage, wo sexuelle Hörigkeit durch Verlagerung der ökonomischen Zuständigkeit das Menschliche in die Perversion umschlagen läßt. Wilram hat seiner Frau das Vermögen überschrieben und erhält von ihr eine Rente ausgezahlt. Diese eigentümliche Maßnahme besitzt für den Ablauf des Geschehens eine rückwirkende Funktion. Der scheinbar ausgeklügelte Fall — wenn man ihn als Symptom in die kritische Bestandsaufnahme der bürgerlichen Gesellschaft hineinnimmt — erhält sofort seine Glaubwürdigkeit. Kasda muß sich daher an Leopoldine wenden, die einmal flüchtig seine Geliebte war. Das Geld, das er von ihr bekommt, gibt sie ihm jedoch — und damit rächt sie sich für eine frühere Beleidigung — als Bezahlung für die Nacht. Es sind die tausend Gulden, die Kasda dem relegierten Bittsteller borgen sollte.

Im Vergleich dazu besticht der „Sekundant" durch eine virtuose Gruppierung der Figuren. Streng genommen haben wir es mit einem alten Schema Schnitzlers zu tun, das auch Wildgans in seinen Erzählungen und zweifellos unter dem Einfluß Schnitzlers wiederholt verwendet: Die Parallelität zweier Dreiecksverhältnisse. Loitberger betrügt Agathe mit der

Frau eines Rittmeisters; Agathe betrügt Loitberger mit der als Erzähler auftretenden Person. Der Ehebruch kommt allerdings nur zustande, weil der Erzähler Agathe verheimlicht, daß ihr Mann bereits tot ist. Dieses Verschweigen schafft zum Einen die Voraussetzung für den Betrug und hebt zum Anderen den Betrug wieder auf.

Als ein seiner ganzen Meisterschaft zutiefst bewußter Erzähler stellt sich uns Schnitzler noch einmal in seinem Alterswerk „Flucht in die Finsternis" vor. Die Stadien einer langsam ausbrechenden Geisteskrankheit, ihre ersten Anzeichen, die Anspielungen auf ein ähnliches Schicksal lassen das Ende Roberts schon früh ahnen. In allem wirkt ein Zusammenspiel nach den Gesetzen innerer und äußerer Zwangsläufigkeit. Wieder aufgenommen ist das Problem des alternden Mannes. Von der Vergangenheit Roberts, einem schwächlichen Vertreter der österreichischen Amtsstube, erfahren wir nur andeutungsweise, dagegen werden wir genauer informiert über seine Neigung, Entscheidungen auszuweichen und Bindungen zu meiden. Nach dem Tod seiner Frau ist Robert in eine Phase des Übergangs eingetreten. Seine Gewohnheit, sich ängstlich selbst zu beobachten, immer auf der Hut vor einem möglichenfalls hereinbrechenden Übel zu sein und wie mit einem Scheinwerfer den Raum der Seele abzusuchen, lassen nichts Gutes hoffen. Seine Entdeckung, daß sein linkes Augenlid geschwächt ist, leitet wie ein Gongschlag den Beginn des Schlußaktes ein. Durch die Episode mit der Klavierlehrerin, die in einem Gasthof am Stadtrand für ein paar Stunden seine Geliebte wird, nimmt die Fabel endgültig Richtung auf einen in Dunkel gehüllten Ausgang. Die Frau in ihrer notdürftig aufrechterhaltenen Bürgerlichkeit zeigt deutliche Zeichen des Niedergangs. In ihr begegnet er dem resignierten Naturell, der von sich selbst Enttäuschten. Damit ist für Robert die Bannmeile menschlichen Elends erreicht, aus der er hinfort nicht mehr heraustreten soll. Gestört scheint hier das Verhältnis zur Frau schlechthin durch das Mißverständnis von Schnitzlers Abenteurer, die in der Frau vorzugsweise das Werkzeug für den eigenen Genuß sehen. Darum fühlt sich Robert auch als Mörder seiner eigenen Frau, obwohl feststeht, daß sie eines natürlichen Todes gestorben ist. Wie ein Mord kommt ihm nachträglich sein Verhalten gegen Alberta vor, die er auf einer Reise an einen Amerikaner abgetreten hat. Ebenso muß er sich selbst nachdrücklich versichern, daß er die Klavierlehrerin nicht ermordet hat. Seine eigentliche Gefahr aber, die Entscheidung zu treffen „zwischen Schwäche und Stärke, zwischen Gesundsein und Kranksein" und den Knoten einer späten anatolschen Verwirrung durchzuschlagen, kommt mit der Gestalt Pauline Rolfs herauf. Vom Typenpersonal Schnitzlers her vertritt sie das Mädchen aus bürgerlichem Hause, das über die Schwelle der besten Jahre schon hinaus und noch unverheiratet ist. Wir erfahren auch die Gründe dafür, die Schnitzler aus der sozialen Wertordnung ableitet: Es ist wie bei Fräulein Else die gleiche ruinöse Leidenschaft des Vaters für das Börsenspiel und außerdem ihre verhängnisvolle Beziehung zum Künstlerstande. Paulines Verhältnis mit einem bedeutenden Komponisten und mehr noch die Vermutungen, die sich daran knüpfen, lassen sie in den Augen ihrer wohlgeratenen Umwelt bedenklich erscheinen. Aber gerade diese kleine Summe der Vorbelastungen macht sie mit Robert verwandt. Eben darum bietet sich auch von ihr her für Robert die einzige Aussicht auf Rettung an. Wie Leutnant Gustl ist er von den Verfolgern eingekreist: den Nachstellungen seiner Phantasie. Der Ring um ihn zieht sich zusammen. Sein Leben ist verwirkt, weil es von Anbeginn von Innen her erschüttert ist. Darum bleibt Pauline aus, als er ihre Ankunft erwartet. An ihrer Stelle kommt der Bruder, mit dem ihn eine Beziehung verbindet, an der gemessen alle anderen, sogar seine frühere Ehe, als „von geringerem Rang" erscheinen. Diese geheime Störung in der Natur hat über das Ende Roberts bereits entschieden. In seinen Wahnvorstellungen spielt der Bruder die Rolle des Todfeindes, gegen den es sich zu verteidigen gilt. In Wahrheit sucht der Kranke durch die Vernichtung des Bruders die gestörte Ordnung der Natur wiederherzustellen, aber gerade die Zwangsläufigkeit seiner Handlungen macht aus dem Mord eine Tat, die wie das Schlußglied einer langen, vom Erzähler sorgsam ausgebreiteten Kette ist.

Die Nachahmungen, die Schnitzlers Milieunovellen auslösten, reichen auch bei ben bedeutendsten Verwaltern dieses Genres, bei Wildgans und Stefan Zweig, nicht an die Zeichnung der klassischen Konturen ihres Vorbildes heran. Wildgans wie Zweig stehen namentlich in ihren Anfängen den Jungwienern nahe, sie besitzen, obwohl sie nicht mehr zur gleichen Generation zählen, ein inneres atmosphärisches Zugehörigkeitsgefühl zu dieser Gruppe. Andererseits wirkt in beiden der nachbiedermeierliche Traditionalismus Saars nach und zumal bei Wildgans die Mitleidstendenz der Ebner-Eschenbach, aber wir wissen, daß Schnitzlers psychologisches Raffinement ursprünglich als Gegensatz gedacht war, als avantgardistische Herausforderung ihrer verharmlosenden Redlichkeit, und gerade damit die indirekte Abkunft seiner urbanen Kunst aus der der Traditionalisten beweist.

Durch seine Herkunft aus dem kleinen Bürgertum hat Wildgans die soziale Problematik verlagert; er kannte sich besser als Saar und Schnitzler im Alltag aller durch wirtschaftliche Not am Boden Gehaltenen aus. Was aber mehr wiegt, ist dies, daß er ihnen nähersteht. Er sieht nicht kühl an ihnen vorbei, sondern betrachtet es als Geschäft des Dichters, im Menschlichen für sie Partei zu ergreifen. Stefan Zweigs Beschwörung „Alt-Österreichs" sucht noch über Schnitzler hinauszudringen, ist in Wahrheit aber äußerlicher, erregter, affektierter. Seine Erzählung „Angst" behandelt ein Thema Schnitzlers: Die Untreue einer Frau, die wie Emma in „Die Toten schweigen" von Furcht vor der Entdeckung ihres Betruges erfaßt und schrecklichen Zwangsvorstellungen ausgesetzt ist. Dem Gebot seiner impressionistischen Kunst folgend treibt der Verfasser die Spannung bis zum Exzeß und löst die Handlungswelt in viele kleine und in sich wieder zerrissene Einheiten auf. Was Schnitzler verschweigt, spricht Zweig unbekümmerter, aber auch indiskreter aus. War Schnitzler zumeist an allem, was außerhalb einer ständisch gegliederten Gesellschaft vor sich ging, uninteressiert, maß er, freilich mit der Skepsis eines aus dieser Gesellschaft selbst herausgelösten Richters, zu dessen Amt die Bewahrung des Menschlichen gegen das Unmenschliche in einer durch soziale und moralische Tabus entstellten Welt gehört, an den Maßen einer verbürgerlicht feudalen Wertordnung, so durchbricht Zweig die hierdurch aufgebauten Barrieren gelegentlich durch ein nachdrücklich hervorgekehrtes Mitleid. Er liebt die gleichen Schauplätze, auf denen sich auch Schnitzler so gerne aufgehalten hat. Was ihn fesselt, ist das mondäne Leben auf den Rennplätzen, die Courtoisie eines polyglotten Publikums in den Kurorten der Riviera oder des Gardasees, die Eleganz, mit der Aristokraten ihre Renten, arrivierte Bürger die Gewinne aus mehr oder weniger mühsamem Erwerb verzehren und heiratswilligen Mädchen auf Tennisplätzen oder in Hotelfluchten nachgestellt wird. Die verschärfte Radikalität der Fragestellung erwächst nicht zum wenigsten aus dem Umstand, daß Zweig, fast zwei Jahrzehnte jünger als Schnitzler, in einer Phase bereits fortgeschrittener Kapitalisierung aufwächst, in der sich die Gegensätze weiter zugespitzt haben. Es wäre indessen falsch, daraus für Zweigs Standort einseitige Folgerungen zu ziehen. In Wahrheit ist Zweig vom Wienerischen und zwar in seiner ganzen Weite und seiner ganzen Enge mitbestimmt worden, ist er gezeichnet von einer Wirklichkeit, die ohne Täuschung und Selbsttäuschung nicht existieren kann. An der Schönheit der „Welt von gestern" hat er bei allem Wissen von ihren Gefahren, dem Bedrückenden und Abtötenden, keinen Zweifel geduldet. Ihr Elend ist ihm nur die notwendige Kehrseite des Glücks. Wienerisch ist auch sein Freudianismus, den er nicht selten ins Spektakuläre abwandelt, seine Vorliebe für das Beschauliche, Genüßliche, Nichtstuerische als Etikett einer gehobenen Lebensart, sein Lobpreis alles dessen, was sich reif und müde fühlt und im Angekränkeltsein die Zeichen der Erwählung zu sehen glaubt. Damit ist seine Nähe zu Hofmannsthal angedeutet, dessen Streben, Fremdes sich zuzueignen, die Requisiten ferner Kulturen und alter Zeiten zu verwalten, unmittelbar und mehr als es Zweig von der Begabung her möglich gewesen wäre, auf die Bewältigung der dichterischen Formen und zwar in ihrer Vielheit gerichtet ist. Was Hofmannsthal mit Schnitzler verbindet, ist das Vertrauen auf den Mythos, weil er im Einfachen das „Urständliche" verborgen hält, das den Erscheinungen jenseits des Wandels der Zeit und des Lebensgefühls, der Sitte oder gar der Mode, zu Grunde liegt.

Bei aller Angleichung an den Apparat der feudal-großbürgerlichen Lebensordnung und der Erkenntnis, daß Klasse und Trieb die beiden einzigen im Spiel bleibenden Konstanten sind, endet Schnitzlers Kunst dennoch in der Luftleere der Illusion. Illusion darum, weil sie sich des Bodens nicht versicherte, auf dem die „Festidee" des absterbenden Österreich groß wurde. Karl Kraus, dem die Fäulnis das ureigenste Feld für seine Diagnose bedeutet, weil er hier jenen fruchtbaren Nährboden fand, auf dem für den streitbaren Kritiker paradiesische Früchte heranreifen, Kraus hat das Unwahre noch in seinen geheimsten Schlupfwinkeln aufgedeckt. „Schnitzlers Seichtigkeit", so weiß er gegen die schwache Flanke vorzustoßen, „war das Abziehbild eines Jahrzehnts der schlechten Gesellschaft... Schnitzlers Esprit war die Form der für ein Zeitalter maßgebenden Männerschwäche." Dieses Urteil ist gewiß ebenso auf seinen historischen Ort zurückzuverweisen und eine Produktion geballtester Subjektivität, die in der geringen Distanz zum Gegenstand befangen nur das Ärgernis bemerkt und die Symbolwelt und den vollendeten Formtechniker übersieht. Mit Schnitzler ist der auch in der Verwandlung der Formen, in Wachsen und Weiterwirken aufs Ganze gesehen unverändert gebliebene Gefühlshaushalt der Jungwiener verurteilt, mit ihm sind Hofmannsthal, Beer-Hofmann, Andrian, Salten gemeint, die „Verkünder" einer Spätzeit, deren Kunst der Zukunft nichts Tröstliches verheißt. Die Umstände, die Schnitzler dazu verhalfen, auf den Anspruch zu verzichten und sein künstlerisches Heil in der Beschränkung auf das Intime und dem Genuß Gewogene zu suchen, verfügten aber in einer Welt, die einer auf die Zukunft berechneten „sittlichen Weltordnung" so wenig abzuverlangen vermochte, über Zeichen von außerordentlicher Gunst. Daß er die Spuren seiner Zeit, die ein Ausbrechen aus dem Epigonentum nicht zuließ, daß er das Schicksal, ein Zuspätgeborener zu sein, nicht abwenden konnte, ist ihm als Schuld nicht zuzurechnen.

HOFMANNSTHAL –
EROS IN DER VERWIENERUNG II

Kunst, Kunstdiplomatie und die Harfe des Orpheus

Kühles Interesse am Werk Hofmannsthals brächte einen Literaturhistoriker in die gleiche ungünstige Lage eines Archäologen, der den weicheren Formen hellenistischer Fayencen seine Aufmerksamkeit versagte. Es hieße Verzicht darauf, die heftigsten Symptome für eine späte Verfallskunst wahrzunehmen, sich einer Zeit und einem Milieu aufzuschließen, wo die Bourgeoisie mit einem ganzen sardanapalischen Orchester aufspielt, das freilich da, wo es sich schickt, der allerleisesten Töne fähig ist. Wozu es ein „feudalisiertes" Bürgertum bringen kann, zu welchen Sehnsüchten, Täuschungen und Prätentionen es fähig ist, welchen Haushalt an Gefühlen und Einbildungen es verwaltet, läßt sich an der Dichtung Hofmannsthals als an einem für eine bestimmte historische Phase gültigen Sonderfall einprägsam ablesen. Das gehört zu den Voraussetzungen, ohne die dem Phänomen dieses Schriftstellers nicht beizukommen ist. Sie zeigen zugleich die materielle Basis an, auf der sein Werk in den Anfängen entsteht mit all den Zügen der von der hohen Rendite hervorgebrachten Ästhetizität der späten Gründerjahre.

Merkmal von Hofmannsthals Weltgefühl war von Beginn seines Schaffens an das grundsätzliche Mißtrauen in die Kraft des organisch-Gesunden, der unangefochtenen Natur, der unreflektierten Bemächtigung des Lebens. Das scheint als Erbteil der Romantik im biedermeierlichen Gestimmtsein sorgfältig behütet ein bloß Überkommenes zu sein, ein urtypisches Verhalten der Poesie, aber es war in Wirklichkeit eine Produktion der Zeit und des Zeitalters. Das Stimmungserlebnis der Wiener Jahrhundertwende ist hervorgebracht aus der Erfahrung eines bereits angebrochenen Leidens. Körper und Seele sind schon vergiftet von den Keimen einer immer weiter um sich greifenden Krankheit.[1] Der Kranke ist ein

---

[1] In dem „Gespräch zwischen Balzac und Hammer-Purgstall" heißt es: „Um 1890 werden die geistigen Erkrankungen der Dichter, ihre übermäßig gesteigerte Empfindsamkeit, die namenlose Bangigkeit ihrer herabgestimmten Stunden, ihre Disposition, der symbolischen Gewalt auch unscheinbarer Dinge zu unterliegen, ihre Unfähigkeit, sich mit dem existierenden Worte beim Ausdruck ihrer Gefühle zu begnügen, das alles wird eine allgemeine Krank-

Kranker von Geblüts wegen. Das weckt zugleich seinen Hochmut, weil es ihm Wissen beschert, aber auch Genuß und die Fähigkeit, sich diesem Genuß orgiastisch zu widmen. Das Leben wird so zum Exzeß der Leidenshingabe.

Diese Motive sind in die auf österreichischem Boden geschaffene Literatur zweifellos von außen hereingetragen worden: Nietzsches Apostolat vom neuen Menschen, der aus der Ablösung einer hoffnungslos mediokren Bürgerlichkeit hervorgeht, psychologisch wie biologisch mit den Ausgeburten künstlicher Lebens- und Bewußtseinszustände abrechnet, der darüber hinaus mit den raffinierten Sehnsüchten des Leidenden vertraut sich zu ihrer Überwindung hochringt und so zum Repräsentanten eines Menschentums höherer Organisation wird: dieser Botschaft wurde von den „Jungwienern" gläubig Gehör geschenkt. Das galt ihnen als Vermächtnis einer dunklen, verbotenen Wissenschaft, zu der Zugang nur durch die Zugehörigkeit zur Rasse der in der Krankheit Vereinten möglich war. Aus ebenso geheimen Kanälen empfing man die Versicherung vom Glück ekstatischer Besessenheit und dem ausschließenden Rang der nach dem Schmerz Süchtigen. Die Welt wird zwischen Rausch und Langeweile erlebt, wie es Dörmann's „Neurotica" in der Imitation der französischen Dissidents und Symbolisten den Zeitgenossen anbot. Die Gesinnung eines Verlaine, Rimbaud, Huysmans, rauschträchtig, chaotisch aufgewühlt und allem bürgerlichen Maß abhold, wird so der eigenen anverwandelt, wird Vorlage einer gerade sich installierenden Wiener Residenzpoesie der späten Gründerjahre.

Waren also die unterschichtigen Gefühlsantriebe und ihre Übernahme eher Entlehnungen, so stand die Bereitschaft, sich ihnen zu öffnen, unter außerordentlich günstigen Bedingungen. Die politische und soziale Verfassung des Kaiserreichs bot reichlich Raum zu ihrer Aufnahme. Der imperiale Machtabbau der Monarchie ist nicht zu leugnen: Ausscheiden aus dem Reich und Verlust Venetiens 1866, Ausgleich mit Ungarn 1867, Wirtschaftskrise 1873, die Ankündigung der böhmischen Wirren mit ihren Auswirkungen auf den slawischen Bevölkerungsteil, was zu einer Erschütterung der Stellung Österreich-Ungarns auf dem Balkan führt und die sich jetzt schon abzeichnende und fürderhin unvermeidbare Todfeindschaft Rußlands als der slawischen Schutzmacht mit den gleichen expansiv vorgetragenen politischen und ökonomischen Interessen in Südosteuropa befesti-

---

heit unter den jungen Männern und Frauen der oberen Stände sein." Vgl. Karl J. Naef, Hugo von Hofmannsthals Wesen und Werk, Zürich und Leipzig 1938, 13.

gen wird. Noch ist die äußere Machtstellung der Monarchie im Schutz einer mit den klassischen Mitteln hinlänglich vertrauten Diplomatie und einer schlagkräftigen Armee weithin unangetastet. Die Ankündigungen eines gewaltigen Erdbebens zeigen sich eher im Staatsorganismus selbst. Die Slawenfrage als künftig nicht mehr zu verharmlosendes Problem wird vom deutschen Bürgertum als Klassen- und Rassenfrage behandelt. In diese Auseinandersetzung greift die deutsche Sozialdemokratie, an deren Spitze 1888 Victor Adler getreten war, mit einem Lösungsversuch ein, dem die Partei angesichts der feudalen Herrschaftsverhältnisse und gegenüber der Allmacht der völkischen Sonderinteressen, die durch das geltende Wahlrecht gestützt werden, natürlich nicht gewachsen ist. Der Entwurf muß in diesem Stadium aber auch an der aus der nationalen Klammer noch nicht herausgelösten Arbeiterschaft scheitern. Die achtziger Jahre stehen ganz im Zeichen der Herrschaft des Liberalismus, in der das deutsche Bürgertum noch einmal sein ganzes völkisches Selbstbewußtsein zu entfalten versucht und dabei als unmittelbare Folge von Königgrätz seine eigene Aufsplitterung betreibt.

Der Eintritt Hofmannsthals in die Literatur wird begleitet von der ganzen Polyphonie der gesellschaftlichen Stimmen um ihn. Der Gymnasiast, der unter scheu gewähltem Pseudonym seine ersten Verse und Essays veröffentlicht, fühlt sich selbst schon in der Ausklangsära des Wiener liberalen Bürgertums, lebt unter Bedingungen hoher ökonomischer Gunst und in der Sicherheit der Formen, wie sie hier noch lebendig sind. Schon die frühesten Zeilen sind Produktionen mit Spätzeiterfahrung. Daß einige von ihnen überhaupt und in solcher Vollendung der Sprache und des Stils zustande kommen, weist auf die hochgetriebene Züchtung, in der das gelebte Leben zu Gunsten der Kunst und auch der Künstlichkeit verabschiedet ist. Der frühe Lebensverzicht schenkt dem jungen Dichter inmitten einer sorgsam ihn behütenden Umwelt Weisheit vor der Zeit und seiner Sprache eine gläserne Durchsichtigkeit, die in der Vorwegnahme des großen Themas Thomas Manns den Blick freigibt auf die unaufhebbare Kluft zwischen Kunst und Leben. Der Weg zur Klassik ist dieser Sprache und ihren Klängen versperrt, weil sie sich weigert, dem Maß und der Ordnung einer Halt gebietenden Harmonie zu vertrauen, weil sie stattdessen zum Übermaß der Leidensbereitschaft neigt und sich in weichen Tönen, in der Überreife kunstvoller Fayencen kundtut. Als Absolutes bleibt das ästhetizistische Schwelgen, Empfindsamkeit gegenüber dem sensitiven Angebot, anspruchsvolle Trauer und Genuß eines zum Rausch Geborenen.

Seine ersten Verse sind in ein erstes Ertasten der Formen, ein Erproben dessen, was sie zu geben haben und ein Prüfen der eigenen Kraft. Dem

Dichter stellt sich die Welt als eine Frage: „Was ist die Welt?" — aber auch schon als Antwort, die er als D i c h t e r gibt:

> ... ein ewiges Gedicht,
> Daraus der Geist der Gottheit strahlt und glüht,
> Daraus der Wein der Weisheit schäumt und sprüht,
> Daraus der Laut der Liebe zu uns spricht

Zeilen von früher Klugheit, in einem Bouquet von Metaphern vereint, reimsuchend und dem „Geheimnis" auf der Spur ohne leichtfertigen Mut, es zu ergründen. Denn nur wo der Nebel nicht vom Blitz des Wissens durchstoßen wird, bleibt er dicht genug, zu verhüllen und das Unaussprechliche als immerwährenden Anlaß des Forschens zu bewahren. Das Ich drängt sich vor als das Tor zur Erfahrung, es wird sein scheues Wesen bald ablegen und stark werden, sich als Planet fühlen, der alles Licht auf sich zieht und es zurückwirft. Alle Zartheit erwächst dem jungen Hofmannsthal aus dem mächtigen Ich-Bewußtsein des Lyrikers. Beim ersten Gewahrwerden des eigenen Künstlertums ist es gar keine Frage:

> Es singt der Sturm sein grollend Lied für mich,
> Für mich erglüht die Rose, rauscht die Eiche.
> Die Sonne spielt auf goldnem Frauenhaar
> Für mich — und Mondlicht auf dem stillen Teiche.

Unfertiges wie die dem Grillparzergedächtnis gewidmete „Denkmal-Legende" steht neben Vollendetem. Eine Vorliebe für das Sonett ist unverkennbar, das Gasel meldet sich früh, Distichen fehlen nicht. Im Klang, in den Tönen, lebt eine Vorliebe für das Dunkel, die Trauer: Überreiche Erkenntnis lastet — wie es scheint — schwer auf diesem empfindsamen jungen Mann. Ist es durchlebter Gehalt, Aneignung von außen? Der Wortreichtum weist auf spielerischen Umgang mit der Sprache hin, auf die Rezeptivität des Virtuosen. Im „Gedankenspuk" spricht der Sammler von Worten, die zusammengetragen sind nach ihrem äußeren Ansehen und zweifellos durch ausgewählte Melodien bestechen:

> Vernichtunglodernd
> Tödlich leuchtend
> Lebenversengend
> Glüht uns im Innern
> Flammender Genius.

Die Beschwörung Nietzsches am Kopf des Gedichts („Könnten wir die Historie loswerden") sagt uns, welche Gewichte den Flug des Geistes behindern: die Macht der Vergangenheit.

Die Toten dreier Jahrtausende,
Ein Bacchanal von Gespenstern.
Von andern ersonnen, von andern gezeugt,
Fremde Parasiten,
Anempfunden,
Krank, vergiftet. —

Hier schon läßt sich Hofmannsthals Auffassung vom Gedicht als „gewichtsloses Gewebe aus Worten" ablesen, die er 1896 in seinem Aufsatz „Poesie und Leben" vorträgt. Darin liegt zugleich Huldigung an das Wort wie auch Mißtrauen in seine verführerische Kraft.[1] Im Wort trägt der Dichter an der Last eines schweren Erbes, und gerade jetzt in einer Zeit, die so tief bewußt sich ihm durch das Medium der „Bildung" nähert, spürt er eher seine Macht, zu lähmen als zu beflügeln. Im „Gedankenspuk" kann in der bloßen Reihung der „Bildungsreminiszenzen"[2] dieses Erbe nur durch seinen äußeren Eindruck bestechen. Wirklicher Besitz des Künstlers ist es noch nicht geworden. Die Fülle der Gehalte läßt das Ich zerspalten:

Wir tragen im Innern
Den Träumer Hamlet, den Dänenprinzen,
Den schaurig klugen,
Den Künstler der Lebensverneinung.

Über eine Kette von Bildern, die den Umweg der Gedankenführung anzeigen, erscheint am Ende der „deutsche Professor": Hamlet und Professor, funkelnder Witz und „Mönchsfleiß", Faust und „Bedientenseele", Werther und Voltaire, sehen sich gegenübergestellt. Undeutbares, weil in die Dithyrambik des Lebensrausches getaucht, der am Stichwort „Tod" orientiert ist und sich an den Signen verschiedener Seinsschichten entzündet, an „Adler, Lamm und Pfau", bleibt als arationaler Rest im „Lebenslied", dem schwierigsten von Hofmannsthals Gedichten, zurück. Hier herrscht das zufällige Stimmungserlebnis noch über die barocke Weltangst, die sich später im „Jedermann" ihre allegorischen Trägerfiguren schafft. Die motivischen Keimlinge des Sinnspiels sind jedoch unverkennbar: „Das Salböl aus den Händen der toten alten Frau" korrespondiert unmittelbar mit dem „Schreiten der Tänzerinnen" und weist auf die Tiersymbole als den Formen der Lebenshingabe und die Ankündigung, sie als

---

[1] Über die doppelte Verwendung des Begriffes „Wort" vgl. Wolfram Mauser, ser, Bild und Gebärde in der Sprache Hofmannsthals. Sitzungsberichte d. Österr. Akad. d. Wissensch. phil.-hist. Kl. Bd. 238, Wien 1961, 5.

[2] Karl Pestalozzi, Sprachskepsis und Sprachmagie im Werk des jungen Hofmannsthal (= Zürcher Beiträge zur deutschen Sprach- und Stilgeschichte Nr. 6) Zürich 1958, 43.

vanitas grundsätzlich in Frage zu stellen. Schon früh ist das Vermögen Hofmannsthals zur rationalen Aufgliederung des Bildes entwickelt. Architektonische Strenge, die sich den zarten Stoff der Empfindung unterwirft, spricht aus den Anfangsversen des Gedichtes „Vorfrühling":

> Es läuft der Frühlingswind
> Durch kahle Alleen,
> Seltsame Dinge sind
> In seinem Wehn.

Das verhältnismäßig leicht einsichtige Verfahren, aus der knapp entworfenen „Landschaft" und dem in sie hineinverlegten „Vorgang" ein innerlich erhöhtes und verfeinertes Geschehen abzuleiten, ist bereits voll ausgebildet. Es entspricht der bei Hofmannsthal immer wieder nachweisbaren lyrischen Technik, an der Rationalität der liedhaften „These" durchgängig festzuhalten und sie durch ihre metaphorische Auflösung wieder zur Geltung zu bringen:

> Er hat sich gewiegt,
> Wo Weinen war,
> Und hat sich geschmiegt,
> In zerrüttetes Haar.

Der Bezug zum Thema ist auch in dem selbständig von der Not des Bildes und dem Zwang des Klanges vorangetriebenen Satz nicht gestört. Die Unendlichkeit metaphorischen Sprechens erinnert an die Endlichkeit des vorangestellten Vorgangs. Im Rhythmischen sind die Zügel gelockert. Es stellt sich der Eindruck maßvoll gebändigten Dahintreibens ein. Erst eine kühne Kontrapunktik in der vierten Stophe läßt die straffe Führung sicher erscheinen:

> Lippen im Lachen
> Hat er berührt,
> Die weichen und wachen
> Fluren durchspürt.

Zum Wechsel im Takt kommt die Alliteration. Der syntaktische Bruch durch den Reimzwang im dritten Vers zeigt die Freiheit eines sich seiner technischen Vollmacht bewußten Künstlers. Es geht auch in diesem Gedicht nicht um die grenzenlose Hingabe an das „Du". Was den Lyriker immer wieder bewegt, ist ein Allgemeines, hinter dem sich verschiedene Gesichter verbergen. In einer solch distanzheischenden Schicht spielt sich die Erschütterung des Dichters über das Schicksal des „Menschen" ab. Ebenso wird Hofmannsthal selbst niemals ein Leben mit streng wahrnehmbaren

Konturen führen. Leben heißt für ihn — und darin liegt sein Geschenk an die Zeit —, die Krise der eigenen Existenz auf die Dichtung zusammenzuziehen. Biologische Schwächung rät zur Anpassung. Die Ahnung von der Heraufkunft neuer Mächte, gegen die sich das Persönliche als kraftlos erweisen könnte, läßt ihn schon früh Anlehnung bei jenen suchen, die sich als die Bewahrenden glauben. Seine Selbstaussage ist am stärksten, wo er die Schwäche der Epigonen verkündet, die seine eigene Schwäche ist.

> Ganz vergessener Völker Müdigkeiten
> Kann ich nicht abtun von meinen Lidern

ist sein leises Bekenntnis zum Absterbenden, seine Trauer über das Schicksal, im Innern selbst von der Lähmung der Zuspätgekommenen betroffen zu sein.

Mitte Dezember 1891 kommt es zur ersten Begegnung mit George im Stadtcafé des Palais Herberstein. George hatte schon einige Monate einsam arbeitend in Wien verbracht. Es war bei George sicherlich keine Courtoisie im Spiel, wenn er Hofmannsthal zu erkennen gibt, nur seinetwegen nach Wien gekommen zu sein.[1] Unter der Schar der Wiener Poeten hatte er in ihm den einzigen ihm würdig scheinenden Genossen herausgespürt.

Angezogen und unheimlich erschreckt von der „Dämonie" Georges ist sich Hofmannsthal bald der Bedrohung der eigenen Art bewußt geworden. Der Konflikt bleibt nicht aus. Vor seiner Abreise nach München gibt George in einem Brief (16. Jan. 1892) an Hofmannsthals Vater beschwichtigende Gründe, die auch seine eigene Kränkung nicht verbergen können: „für mich bleibt er immer die erste Person auf deutscher seite die ohne mir vorher näher gestanden zu haben mein schaffen verstanden und gewürdigt — und das zu einer Zeit wo ich auf meinem einsamen felsen zu zittern anfing es ist schwer dem nicht-dichter zu erklären von wie grosser bedeutung das war. Das konnte denn kein wunder sein dass ich mich dieser person ans herz warf (Carlos? Posa?) und habe dabei durchaus nichts anrüchiges gefunden." Es ist bezeichnend für den von George im gleichen Brief erwähnten „zusammenhang" seines Schaffens mit dem des Freundes, daß er sich auf Hofmannsthals dramatische Etüde „Gestern" bezieht. Sein Algabal und Andrea, so spricht er es aus, seien „trotz allem verschiedene kinder eines geistes". Sicher ist dieses Stück in jenen Tagen Hofmannsthals bedeutendster fertiger Entwurf: ein durch und durch liedhaft gedachtes

---

1 Vgl. Hofmannsthals Brief an Carl J. Burckhardt v. 28. 10. 1922.

Drama, von nervösen Impressionen durchzogen, ein Stimmungsbild mit einem kulturgeschichtlich großangelegten Rahmenwerk, das Raum gibt für eine mächtige Gebärde, in die feinste, ganz nach innen schlagende Erregung abgeleitet ist. War in dieser Handschrift nicht die Selbstbezogenheit des Künstlers ausgesprochen?

> Es ist ja Leben stummes Weiterwandern
> Von Millionen, die noch nicht verstehn
> Und, wenn sich jemals zwei ins Auge sehn,
> So sieht ein jeder sich nur in dem andern.

Es scheinen sich Welten zwischen dieser verspielten Miniaturdramatik und der Unbedingtheit Georges aufzutun. Und doch konnte der Dichter der „Hymnen" die Vorwände in diesem impressionistisch Zerstreuen und die kühle Tarnung heraushören. Der Konflikt wird nach der Abreise Georges aus Wien noch einmal beigelegt. Im ersten Band der „Blätter für die Kunst" (1892) läßt Hofmannsthal seinen „Tod des Tizian" erscheinen. Wem die unausgesprochene Widmung dieses bezeichnenderweise als Bruchstück veröffentlichten Gedichts in Wirklichkeit gilt, ist nicht schwer zu erraten: Der große Künstler als das Verehrung fordernde Vorbild seiner Schüler weist hier auf die Georgesche Haltung des Gebietens. Der Page am Eingang des Stückes zeigt Züge des Infanten in Georges „Hymnen". Es wird kultisch zelebriert mit einer dunkel getönten Sprache voll Ehrfurcht, mit schweren Farben und weichen Gesten, die Verneigung vor der „Schönheit" ausdrücken und sie selbst in die Entwürfe farblich aufgeschwollener Landschaften mit akademisch-mythologischen Figuren und Szenen der Italienromantik der Gründerjahre hineinprägen. Wieder, wie in „Gestern", ist der Hintergrund der italienischen Renaissance gewählt, aber an die Stelle Andreas, des ästhetisch gebrochenen uomo universale, tritt der große Künstler. Seine Gestalt ist so mächtig, daß das Auge versagen muß, seine Größe wahrzunehmen. Tizian selbst betritt die Bühne nicht. Die Szene zeigt nur den vom Wind bewegten Vorhang, hinter dem sich das eigentliche Geschehen des Stückes abspielt: Das Sterben des Malers. In den szenischen Vorgängen deutet sich das „Ganz Andere" an, das dem Theater, dem Spiel, entzogen ist. Die Stimmen der Akteure fangen sich in den Polstern und Teppichen der Bühnendekoration und brechen sich an den Stufen des Szenariums. Es gibt hier kein Hinüber und Herüber, kein leichtfertiges Wandern zwischen zwei Welten. Daß das Reich des Genius den Lauten in der Menge versperrt ist, war georgisch bedacht. Mit diesem Bekenntnis setzt Hofmannsthal zugleich die Initialen Georges unter dies seltsame Gedicht.

Sicher war in dieser frühen Hinneigung zur Todesmotivik viel modische Lust, die er aus der Luft seiner Umwelt aufnahm und die ihn auch später immer wieder befallen wird. Im Grunde ist er sich immer bewußt gewesen, auf der Sonnenseite des Lebens zu stehen, auch wenn ihn das mit Sorge erfüllte. In Andrea hatte er „das Wunschbild oder Wahnbild einer reichen und seligen, ungestörten und unbeirrten, traumwandelnd durchs Leben schreitenden Jugend beschworen, der weit und breit nichts als Segen bereitet zu sein scheint."[1] Ebenso mondän und poetisch sind Wunsch und Wahn von Schnitzlers Anatol, ebenso todessehnsüchtig läuft Andrians Erwin von diesem Gipfel eingeborener Gunst die Bahn seines Rausches ab: Sie alle sind Naturen aus verwandtem Stoff: Ruhelose und darum Bedrohte und Betroffene. Sie alle sind — wie es die vierte Terzine Hofmannsthals sagt — „Vor tiefer Ahnung, die das grosse Leben Begreift" und gerade darum dazu verurteilt, am Leben vorbeizuleben. Hier war das Thema angeschlagen, das im „Tor und der Tod" in die Allegorie des Sterbens ausklingt, das Sterben des Aestheten, der in der Distanz zu den beseelten Gehalten sich narzissisch in sich eingezogen hat. Genießen aus der Ferne, Auskosten der Menschen und Dinge ohne Teilnahme an ihrem Schicksal, Aufsage an die Tat, willenlose Hingabe an die impressionistischen Reizungen haben Claudio in die Isolation hineingetrieben. Sein Versäumnis aber bedeutet Schuld, freilich eine solche, die der Dichter mit dem Raffinement des Esoterikers ausstattet und für die die Verse aus „Gestern" stehen könnten:

> Eintönig ist das Gute, schal und bleich,
> Allein die Sünde ist unendlich reich.

Damit ist aber nur die äußere Aneignung der Parolen des literarischen Immoralismus umschrieben. Im „Tor und der Tod" hat Hofmannsthal den Knoten der Schuld fester geknüft; aus der verspielten Form des Rondeau, in der das Geschick Andreas und Arlettes noch gleichsam abgetanzt wird, ist sie herausgenommen. Nicht mehr bloße Laune bestimmt ihre Folgen, sondern durchgängige Lebenshaltung. Gespenstisch treten die Gestalten im Garten auf und ziehen später in der Reihenfolge von Claudios Verschuldung über die Bühne: Allen voran der Tod als der Mahner, daß die Uhr abgelaufen ist, dann die Mutter, das Mädchen, der Freund: Sie alle als Bedrängnisse, die sich auf eine kurze Zeitspanne zusammenziehen, Gebende, deren Hand ausgeschlagen wurde und die nun als Ankläger auftreten. In ihrer Anklage kommt ein Gerichtstag über den Menschen, der sich der „Schönheit" verschrieben hat und nun seine ganze Armut erfah-

---

[1] Richard Alewyn, Über Hofmannsthal, Göttingen 1958, 50.

ren muß.[1] Der Aesthet lebt auf einer fortwährenden Flucht; er will die Dinge nicht ergreifen, sondern begnügt sich mit dem Tasten. Sich nicht in die Gefahren zu verwickeln, sie vielmehr wie ein Schauspiel an sich vorüberziehen zu lassen, ist ihm zum Lebensgesetz geworden.

In Hofmannsthals frühem dramatischen Gedicht ist das Schwanken zwischen esoterischer Wonne und Schaudern deutlich gemacht. So wenig sich Hofmannsthal in Claudio selbst wiedergab, so sehr war ihm die Genußskala eines radikal ästhetisch bezogenen Lebens bewußt, so sehr empfand er sich selbst in einem solchen atmosphärischen Umkreis beheimatet. Sich zur Einsamkeit in verschlossenen Parks, zur vornehmen Scheu des Kranken und Angekränkelten zu bekennen, war Kennzeichen für „höhere Art" und stand für eine Kunst, die sich mit Anspruch vom Boden des Volks und der Masse abhob. Die Übernahme des christlichen Sinnspiels bleibt darum noch im Äußerlichen stecken, beim dramaturgischen Gerüst. Er kokettiert mit der Areligion wie künftig mit der Religion. Der Bruch, der sich mit der Parteinahme für den Zauber der Amoral und dem leisen Anflug einer interpretatio christiana ergibt, ist nicht wegzudenken, aber eher ein Produkt der artistischen Technik.[2] Immerhin ist das Modell für das „Welttheater" und den „Jedermann", die Revue, in der die allegorischen Figuren ihr Sprüchlein aufsagen und wieder abtreten, schon jetzt vorgebildet worden. Die Maschinerie, die in den christianisierten Symbolstücken ein erweitertes Personal bewältigt, wird die gleiche bleiben.

Wie Schattenrisse treten die Figuren im „Weißen Fächer" auf. Schatten aber sind nicht nur die Handelnden und Empfindenden, sondern auch die Gedanken und Wünsche, denen sie nachjagen. So zerfließt alles, was g e t a n werden könnte, im Reich der Phantasie. Hier ist Stifters Be-

---

1 Alewyn bezieht sich in seiner Deutung auf eine Briefstelle Hofmannsthals (an Andrian v. 4. Mai 1896): „Ich glaube, das schöne Leben verarmt einen" und rechtfertigt das Verfahren des Gerichts mit dem Resumé: „Die ganze Zweideutigkeit eines allein auf das Aesthetische gestellten Lebens wird hier schonungslos enthüllt." a. a. O. 67 f.

2 Selbst wenn man Leopold Andrian keinen Glauben schenken will, daß Hofmannsthal mit „Härte" selber darauf bestanden habe, die „Elemente seiner Dichtung ... nur als dichterische Requisiten und keineswegs als Beweise persönlicher Überzeugung zu werten", wodurch sich die moderne Annahme, Hofmannsthal „sei als christlicher, als katholischer Dichter gestorben" als fromme Legende erweist (Erinnerungen an meinen Freund Hugo von Hofmannsthal, Der Dichter im Spiegel der Freunde, Bern und München 1963 S. 79) wird es schwer sein, die ins Unendliche gesteigerte „Prätention" des Dichters für „Religion" zu halten. Oder „Religion" ist hier schon zum höchsten Komfort geworden.

kenntnis zum eigenen geworden. Es lebt eine Macht in den kleinen Dingen und sie ist größer als das Laute und kühn sich Gebende. Dieser Gedanke ist bei Hofmannsthal wieder aufgenommen und radikalisiert: „Man muß sich in acht nehmen, denn Fast-nichts, das ist der ganze Stoff des Daseins. Worte, gehobene Wimpern und gesenkte Wimpern, eine Begegnung am Kreuzweg, ein Gesicht, das einem andern ähnlich sieht, drei durcheinandergehende Erinnerungen, ein Duft von Sträuchern, den der Wind herüberträgt, ein Traum, den wir vergessen glaubten... anderes gibt es nicht." So begegnen sich Fortunio und Miranda, der junge Witwer und die junge Witwe, gereizt durch das „Fast-nichts", und handeln, wie es ihre geschwächten Nerven ihnen vorschreiben: Trauriges Assoziieren von Bildern und Gedankenreihen, deren Weisheit aus dem Vertrautsein mit dem Tode stammt: Menschen, denen der Körper fehlt, um ihre Empfindung in ein Wirken der Liebe umzusetzen, entstellt durch ein Übermaß an Traumhingabe. Tatenlos wie Andrea und Claudio leben sie gespannt nur in der unablässigen Reflektion über das eigene Ich. Das leibliche Bedürfnis ist hier geleugnet. Laune und Einfall regieren und regen den Rückfall ins Aetherische an. Man setzt auf den Stil und die Form und nicht auf den Stoff. In ihrer Beziehung zur Welt sind diese „Künstler" ohne Werk gestört wie Goethes Tasso, der in der Maßlosigkeit der Empfindung das Stichwort der Prinzessin verfehlt und durch sein Mißverständnis in den Untergang getrieben wird.

Den Rausch der tatenlos vor sich hin lebenden Empfindler hat Hofmannsthal als eine Grenzsituation gestaltet, die jedoch in Wahrheit niemals aus der Welt herausführt. Es bleibt alles noch Figuration in einer vom Mythos her lebenden Welt, die zwar über strafende oder versöhnende Mittel verfügt, aber nicht vom Verständnis einer christlichen Metaphysik her gedeutet werden darf. Das Mißtrauen in Andrea, Claudios maßloses „Ich", Fortunios Trauer als Mittel zur Selbstbespiegelung höhlen ihre menschliche Existenz von innen aus. Wo den Giften das Eindringen in die Blutbahn gelingt, spielt der Mechanismus des Leidens sein Spiel von selber. Das kann wie im „Kaiser und die Hexe" als Begegnung mit dem gefährlichen Zauber des Weibes vor sich gehen. Der Moment, wo der Untergang einsetzt, ist unbestimmbar:

> das Leben
> Hat die rätselhafte Kraft,
> Irgendwie von einem Punkt aus
> Diesen ganzen Glanz der Jugend
> Zu zerstören, blinden Rost
> Auszustreuen auf diesen Spiegel
> Gottes...

Dem Kaiser gelingt die Überwindung der zerstörerischen Macht durch sein Widerstreben. Der von außen dringenden Gefahr ist leichter zu begegnen. Aber daran, daß die Krankheit dem Menschen im Entscheidenden mitgegeben ist, läßt Hofmannsthal keinen Zweifel.

> Das Übel tritt einher aus allen Klüften;
> Im Innern eines jeden Menschen hält
> Es Haus und schwingt sich nieder aus den Lüften:
> Auf jeden lauert eigene Gefahr,
> . . .
> Denn eingeboren ist ihr eignes Weh
> Den Menschen . . .

Mit diesen Worten des Arztes im „Kleinen Welttheater" wird an das immer als „System" auftretende Leiden des Menschen erinnert. Die Menschen aber werden vor dem Hintergrund der barocken vanitas zu Personen, in denen menschliche „Urtypen" sentimentalisch agieren, reflektieren, spekulieren: Dichter, Gärtner, Junger Herr, Fremder, Mädchen, Bänkelsänger, Diener, der Wahnsinnige. Jeder erfaßt die Welt vom Zipfel seines Weltverständnisses, den er in Händen hält. Das Chaos, das den Wahnsinnigen in das Fieber hineintreibt, ist der Aufruhr des Nichtgeordneten. Aber das manische Vorbeigreifen an den Dingen der Wirklichkeit wird hier als Zeichen des Charismatikers gesehen. Die Räume des Bewußtseins werden mit Fackeln ausgeleuchtet. Organische Schwächung bereitet zum „Auserwähltsein" vor ebenso wie das Schicksal, als „Opfer" figurieren zu müssen. Hofmannsthal hat das Thema später im „Turm" mit der Gestalt des Sigismund weiterbehandelt. Der „Erwählte" steht selbst als Symbol für das flüchtige Dahingleiten des Lebens und für die Auflösung des Menschen ins Schattenhafte. Eben darum wird der A u g e n b l i c k zu einer Kostbarkeit für alle, die in seinen Bannkreis gelangen. Es lebt in ihm die Sehnsucht, sich für das Geliebte zu vergeuden. Seine Einsamkeit ist die eines Königs, für ihn werbend und ihm die Herzen kühner Freunde, „Herrliche Gesichter schöner Frauen" eintragend, den Künstlern ein Anstoß zu neuem Wirken. Aber der, der allem Geheimnisvollen auf der Spur ist, geht an ihnen vorbei: es ist die Grazie, die ihn leitet und ihm eingibt, nirgendwo zu verweilen. „Mit dem Heben seiner langen Wimpern Sind sie schon bezaubert." Manie und Charisma fallen im Wahnsinnigen zusammen. Das eine lebt durch das andere und beides wird erzeugt und bestätigt durch das Wissen von der Gewalt des Augenblicks und zugleich seiner Vergänglichkeit.

Gleichzeitig mit dem Lyriker und Dramatiker ist in Hofmannsthal der Zeitkritiker erwacht. Neben dem lyrischen Erfühlen der Welt und ihrer

Formen, dem Einatmen ihrer Düfte und dem Erfahren ihrer Farben bildet sich früh seine Leidenschaft für die intellektuelle Wahrnehmung aus. Aber diese Leidenschaft in ihm äußert sich nicht im streng analytischen Urteil, sondern lebt von der Reizbarkeit des Wortes, der Stimmung des Augenblicks, der Atmosphäre der Umwelt. Mit seiner Frühreife hat der junge Autor gleichsam die Unschuld verloren. Er schickt sich schon bald an, mit anspruchsvoller Geste selber Wege zu weisen. Strenggenommen sind die Aufsätze und Rezensionen, deren früheste noch unter Pseudonym erscheinen, Veranstaltungen eines Verfassers, der mit auffälligem Wohllaut den Ertrag seiner eigenen „Bildung" feiert. Gelesenes wird durch die diskret vorgenommene Auswahl zum Erlesenen. Ein erstaunlicher Wissensstoff ist von allen Enden der Welt zusammengetragen, seine Teile werden wie Steinchen nebeneinandergesetzt und zum Funkeln und Glitzern gebracht. In die Gußformen der Sprache hineingepreßt wird aus dem Heterogenen ein Homogenes. Aber es ist der Triumpf der Form, der sie verdächtigt.[1]

Hofmannsthals Beobachten und Abwägen des Beobachteten wird geleitet von einer grenzenlosen Aufnahmewilligkeit; die kritischen Geschäfte des Richtens im Sinne des Aufrechnens von Plus und Minus treten zurück hinter das Verfahren des Duldens und Verstehens. Sicher ist ein solches Richteramt bestechlich, weil es seine Urteile nicht ohne Ansehen der Person fällt, sondern empfänglich bleibt für das Geschmeide, das sich Kunst und Künstler des diskreten Effektes wegen zulegen. Hofmannsthals Wille zum Protest ist durchgängig geschwächt durch zweifellos angeborenen Takt, aber ebenso durch die dem Kritiker nicht gut anstehende Neigung, sich vom Duft einer oft nur artifiziellen Geste betören zu lassen. Mit der Jugend des Autors allein läßt sich dieser Hang zur Illusion nicht erklären, spricht daraus doch ein lebenslang andauerndes Bedürfnis. Unter dem Zwang, sich einzufühlen in die tiefsten Schichten des künstlerischen Bewußtseins seiner Zeit, bleibt ihm das Gefühl für Widersprüchliches fremd. Eine eigentümliche Richtungslosigkeit läßt ihn Barrès verehren, verständnisvolle Worte für Saars „Schloss Kostenitz" und fast überschwängliches Lob für Swinburne finden. Ganz zu Hause ist er in der Atelierwelt Franz von Stucks, wo die Geschmacksideale einer „resignierten Halboriginalität" gepflegt werden, denen Hofmannsthal im frühen Dramenwerk selber huldigt. Sogar die „Abbreviatur des feuilletonistischen Weltbildes", wie sie

---

[1] Wie denn „eine sofortige, spontan überwiegende Formwirkung... zumeist ein Zeichen der geringeren weltumfassenden Substantialität der Dichterpersönlichkeit ist" — was Georg Lukács unter direktem Bezug auf Hofmannsthal gesagt haben möchte. Die Eigenart des Ästhetischen, Neuwied, I, 802.

die Malerei Stucks bietet, wird hier noch bejaht, steht sie doch mit ihrer Vorliebe für das mythologisch-Phantastische in unmittelbarer Nähe zu Hofmannsthals symbolisch geladenen Klangbildern. Wie Stuck in der Nachahmung Böcklins seine Landschaften mit den aus der Antike herausgelösten Fabelwesen wie Pan, Faune, Zentaur und Zentaurin bevölkert, so wird auch bei Hofmannsthal die geschmackliche Aneignung der alten Mythologie von einer großflächigen Repräsentationskunst und dem Gobelinakademismus innerhalb der arrivierten Bourgeoisie vermittelt. Seine „Idylle" sind aus diesem Zusammenhang zu verstehn. Ein antikes Vasenbild gibt die Vorlage ab, um den alten Stoff ins „Zeitlose" zu übertragen: Die Frau sehnt sich aus der Welt des einfachen handwerklichen Erwerbs heraus; der Zentaur ergreift und entführt sie und verheißt ihr die Teilnahme an göttlicher Lust. Das Vagantentum bedeutet Unheil für den Schmied, Traumerfüllung aber für sie, die ihrer Disposition zur Untreue wegen hier ihre eigene Bestimmung zu finden glaubt. Der Speer, der ihr in den Rücken geschleudert wird, hindert sie am Entkommen.

Hofmannsthal läßt die Gestalten des kleinen Spiels aus den Figuren eines antiken Vasenbildes hervorgehen. Der Umgang mit der kleinen Form wird hier vom Vermögen des Essayisten bestimmt, der das Mächtige und Gefährliche in eine Kette bloßer Reize auflöst und dem Laune und Eindruck alles bedeuten. Im gleichen Jahre 1893, in dem die „Idylle" und die Nachdichtung von Euripides' „Alkestis" entstehen, verfaßt er auch die kritische Studie über „Die Menschen in Ibsens Dramen" und eine Besprechung von Bauernfelds dramatischem Nachlaß. Seine schnell gewonnene Verfügungsgewalt über Kulturen, Zeitalter und Stile, seine Kenntnis und Beherrschung fremder Techniken, führt ihn bald zu einem Wertrelativismus. Spielend die Gehalte verwalten, dem festen Standort mißtrauen, war dem impressionistischen Weltgefühl seiner Natur nach eingegeben. Eine eigentümlich schöne Unordnung lebt in den Erscheinungen; wer mit ordnender Hand hier einzugreifen sucht, verengt, beschränkt, verharmlost die Dinge. Dem Dichter ist es aufgetragen, das Schaudern zu wecken und dabei zugleich vor dem Aufruhr zerstörerischer Mächte zu bewahren. Freilich unterliegt der Dichter der Selbsttäuschung, wenn er sich zum Deuter des Allgemein-Menschlichen berufen fühlt. Bewahren im Sinne Hofmannsthals heißt in der Sache, den Mechanismus der Klassen, der durch die Macht der Besitzverhältnisse an der Hervorbringung der Kunst mitwirkt, unversehrt zu halten, heißt, mit dem Zauberstab des Poeten die bunte Schar der Komödianten auf die Bühne zu kommandieren und sie ihr Spiel nach der Vorlage der alten gesellschaftlichen Vorstellungswelt spielen zu lassen. Das sozial Eindeutige von Hofmannsthals Schaffen reicht bis in die Nuance. In seiner Bauernfeldstudie wagt er den Satz, der den Stilwandel seit der Jahrhundertmitte verdeutlichen soll: „Elegante Frauenhände von heute haben nicht diese unerwachsenen naiven Finger, nicht diesen weichen und doch festen, schwellenden Handrücken; ich meine, die von heute haben mehr Nervösität und weniger Kindlichkeit, sie sind minder lieblich, aber ausdrucksvoller."

Die Erkenntnis, daß es mit der vorausgesetzten Schöpfungsordnung nicht zum Besten bestellt ist, hat sich im Todeseroten[1] Bahn gebrochen. Sie ist eine auf lange Sicht tötende Erkenntnis. Sie steht in engem Verhältnis mit der durch die eigentümliche soziale Konstellation veränderten Funktion der „Zeit". Denn wo der Mensch bei Hofmannsthal aus der Verstrickung in die Welt und ihre alltäglichen Händel herausgelöst ist und sich in wirkliche oder erträumte Gärten zurückzieht, um sich darin im Genuß der eigenen Grazie zu ergehen, erhält die „Zeit" für ihn einen anderen Sinn. Unbegrenztes Verfügen über die „Zeit" weckt in ihm die Todeserwartung oder ein wenn auch unbewußtes Todesstreben. Zwischen das Jetzt und dem Tod ist keine Tat mehr eingeschoben. Er steht darum zum Tod im Verhältnis der Unmittelbarkeit. Es gibt für ihn keinen Augenblick des Selbstvergessens mehr, sondern nur ein Sich-Selbst-Abhorchen, ein Reagieren auf die Stimmen in sich und um sich und schließlich ein Verliebtsein in den Tod. Und während er noch bei sich selbst verweilt, eilt er auf ihn zu mit der gleichen Besessenheit wie der Führer einer Quadriga, der seine Rosse zum Ziele peitscht. So ist das tatenlose Leben Claudios seinem Wesen nach todesbezogen. Vom gleichen Naturell, wenn auch inniger seiner Umwelt zugetan, ist der Kaufmannssohn im „Märchen der 672. Nacht". Sein Reichtum läßt die Jugend in ihm hinfällig werden; denn er zieht sich nach seinem fünfundzwanzigsten Jahr von aller Geselligkeit zurück und ergibt sich der Betrachtung der „Formen und Farben der Welt", dem Nachsinnen über die Schönheit, wie sie in die Felle wilder Tiere, die Gesichter der Völker, die Edelsteine und den Lauf der Gestirne hineingelegt ist. Aber mit dem Gedanken an die Vergänglichkeit tritt die Erwartung des Todes an ihn heran. Er ist das Einzige, das noch aussteht und auf das hinzueilen zum Gebot wird. Mögen die Anlässe, die den Kaufmannssohn in den tötlichen Schlag des Pferdehufs hineintreiben, nichtig sein, so liegt in ihnen und den Stationen seines Weges dennoch eine nicht wegzuhandelnde Zwangsläufigkeit. In der „Frau im Fenster" sticht ein nervöser Impressionismus hervor. Wie die Frau des Schmieds in der „Idylle" drängt die Madonna Dianora aus ihrer Ehe heraus. Ihre eigent-

---

[1] Ausführliche Typenbestimmung bei Naef a. a. O. 62 ff.

liche Gegenspielerin ist wie bei den Todeseroten die „Zeit", die sie noch vom Tode trennt. Das Schema jedoch, nach dem diese Gegenspielerschaft wirksam wird, ist hier kunstvoll abgewandelt. Dianoras Erwartung ist auf den Geliebten gerichtet, sie zählt die Stunden bis zu seiner heimlichen Ankunft.

> Wenn dieser Tag nur schnell hinuntergeht.
> Denn er ist gar zu lang, ich meß ihn schon
> Mit tausendfachen kleinen Ketten ab.

Dazwischen steigt verborgenes Todesbegehren auf und schafft sich in seinen Gedanken eigene Bilder:

> Fiel' ich ins Wasser, mir wär wohl darin:
> mit weichen, kühlen Armen fing's mich auf.

Während sie zwischen Glück und Vorahnung schwankt und im Spiel mit ihren Haaren ganz im eigenen Ich befangen bleibt, ist ihre Wachsamkeit gegenüber der wirklichen Gefahr bereits geschwächt, bedeuten ihre Maßnahmen für den eigentlichen Akt der Untreue Vorkehrungen für den eigenen Tod. Sie vergleicht sich mit dem Wild, das den eigenen Jäger herbeisehnt. Die hier ins Spiel gebrachten Anschläge des Triebs werden verschleiert durch ein Bouquet schwärmerischer Empfindungen. Kein Wort, nur die Geste, die planende Hand, die die seidene Strickleiter am Eisenhaken des Balkons befestigt, verrät die Absicht. Gewiß ist der Tod für die verbotene Liebe einberechnet. Das Wild wird seinen Jäger finden, aber einen anderen als es erwartet. Von ihrem Mann zur Rede gestellt, an ihrer Gebärde erkannt und entlarvt, setzt Dianora sich nicht mehr zur Wehr: „Du kannst mit ein Vaterunser und den englischen Gruß sprechen lassen und mich dann töten, aber nicht so stehen lassen wie ein angebundenes Tier." Als Fremdling auf dieser Welt drängt sie wie der Todeserote auf den beschleunigten Ablauf der Zeit. Aus der Strickleiter, dem Mittel für Dianoras Plan, knüpft Braccio eine Schlinge und wirft sie ihr über den Kopf.

In den Kreis einzutreten, der unentrinnbar zum Tode führt, wo die Berührung mit dem Eros den Zustand der Unordnung herstellt — dieser Gedanke ist von Hofmannsthal in seltsamer Übereinstimmung mit Schnitzler, aber auch mit Beer-Hofmann und Andrian immer wieder zur Darstellung gebracht worden. Der freudianistischen Konsequenz, daß dem Leben selbst ein Trieb zur Selbstvernichtung innewohnt, ist Schnitzler in den Dichtungen der neunziger Jahre nicht immer streng gefolgt. Die Anatol-Galanterie gefällt sich im Auskosten der Episoden und in zufälligen und mit Plan erarbeiteten Abenteuern, ohne daß dabei gleich ein Leben geopfert werden müßte. In Andrians „Garten der Erkenntnis" jedoch läßt sich schon die Todeswut des Fürstensohns herausspüren, der in fiebrigen Ekstasen, die freilich über das geschlechtliche Anliegen weit hinausgehen und auf ein schwärmerisches Umfassen aller durch die Schönheit Vereinten dringen, dem unvermeidlichen Ende mit Ungeduld entgegeneilt. Beer-Hofmanns „Tod Georgs" behandelt den Tod als mystisches Ereignis, das bei aller bestürzenden Plötzlichkeit dennoch durch das physiologische Versagen aus eingeborener Lebensschwäche gewollt und darum hinreichend motiviert ist.

Der Todeserote bei Hofmannsthal, Beer-Hofmann, Andrian ist seinem Wesen entsprechend in einem hohen sozialen Milieu angesiedelt und verfügt durch Herkunft und ökonomische Sicherheit, an die als unerläßliche Voraussetzung gar nicht nachdrücklich erinnert werden muß, über Kennzeichen außerordentlicher Begünstigung. Aber gerade dadurch ist er aus der Welt, aus dem „Leben", schon zu Lebzeiten herausgenommen. Wie sehr dieser Typus sozial lokalisiert werden muß, zeigt sich da, wo ein zum Tode Bestimmter niederen Standes ist: am Schicksal des Wachtmeisters Lerch in der „Reitergeschichte".

Das Illusionäre dieser Vorstellungswelt ist dem davon erfüllten Jungwiener Autorenkreis zu dieser Zeit nicht bewußt geworden. Zumal ihre jüdischen Vertreter, die durch ihre Erwerbsverhältnisse mit der Bourgeoisie koalisierten und darauf bedacht waren, im feudalen Wertregister mitbedacht zu werden, ahnten nicht, daß sie hier auf die falsche Seite gerieten. Durch die kapitalistische Entwicklung seit den sechziger Jahren waren in den Liberalismus Elemente hineingewachsen, die sich auf dem Boden des Bürgertums ausgebildet hatten und getragen wurden von den in der Agrarverfassung der Monarchie vernachlässigten industriell-unternehmerischen Schichten. Neugründungen von Aktiengesellschaften, Versicherungen und Banken, Erweiterung des Eisenbahnnetzes, Einrichtung von Schiffahrtslinien usw. bereiten durch die damit verbundenen Personalbedürfnisse einen allmählichen Strukturwandel vor. In die Fabriken, vor allem in die Bergbaugebiete Nordböhmens ziehen Arbeiter von völkisch heterogener Herkunft ein. Der Wandel der Produktionsverhältnisse schafft veränderte Genuß- und Leidensformen. Ferdinand von Saar hat in seiner Novelle „Die Steinklopfer" diesen Übergang in eine neue Phase der Produktionstechnik festgehalten und führt damit aus der Welt der agrarisch gebundenen Feudalaristokratie heraus, die zugleich das Milieu der Ebner-Eschenbach war und der auch er trotz formaler Einwände immer seine Sympathie bezeugt hat. Revolutionäre Thematik war seine Sache nicht, und wenn er auch in dieser Erzählung sein Mitgefühl mit dem harten Los der Arbeiter beim Bau der Semmeringbahn nicht verbirgt, so liegt ihm doch jeder Versuch fern, die soziale Frage des Proletariats aufzuwerfen. Seine Begabung, den großen gesellschaftlichen Ablösungsprozeß darzustellen, hat in Deutschland vor dem Aufkommen der naturalistischen Bewegung nur Fontane, aber auch er nicht in der gleichen Stärke besessen. In der „Familie Worell" läßt Saar den Grafen Erwin von Roggendorf sagen: „Dass die alte Gesellschaft im Absterben begriffen ist, erkenne ich sehr wohl, und es fällt mir nicht leicht, für sie eine Lanze brechen zu wollen." Aber die Macht der Institutionen will er nicht angetastet, die Autorität der Kirche nicht beschränkt wissen. Damit geht Saar weit hinter die antiklerikal-fortschrittliche Linie Anzengrubers zurück. Durch die Abhängigkeit von seinen fürstlichen und großbürgerlichen Gönnern war es ihm verwehrt, der eigenen Natur, die eher auf Verharren drang, eine Entscheidung für die soziale Mitleidsdichtung abzuringen. Seine schwache Stellung als österreichischer Schriftsteller und sein der Anerkennung im eigenen Kreise zutiefst bedürftiger Charakter erlaubten ihm nicht, sich anders als bescheiden in den Lauf der Dinge zu fügen und legten ihm auf, den Geschmack seiner Wohltäter möglichst nicht zu beleidigen.

Mit dem Tode Grillparzers 1872 war einer der letzten Josefinisten Österreichs gestorben. Das Unzeitgemäße dieser Tradition ist in den achtziger Jahren unverkennbar. Liberalismus, Sozialismus, das Erstarken der nationalen Bewegungen, das langsame Anschwellen der christlich-sozialen Kreise lassen das rationalistische Erbe, dem Verwaltung, Armee und Universitäten einiges verdanken, bereits als Zopf erscheinen. Viele josefinistische Elemente kehren nunmehr in veränderter Form in den liberalen, radikalen und sozialistischen Vorstellungen wieder. Im Zuge der kapitalistischen Expansion, die das Vordringen der Monarchie auf dem Balkan begleitet, gelingt es den ökonomisch überlegenen Kräften, die diese Industrialisierung fördern, sich durch die liberale Presse mächtige Sprachrohre zu schaffen und sie gegen die Krone und ihre Verfügungsorgane zu verteidigen, was durch die wachsende wirtschaftliche Abhängigkeit der Monarchie von diesen versachlichten Erwerbsformen erleichtert wird. Diese sozial-ökonomische Konstellation hat das „Goldene Zeitalter" der freien Presse herbeigeführt, dessen Anfänge Ferdinand Kürnberger noch mitbegründet hatte, in dem Theodor Herzl heranwächst, der junge Hermann Bahr sich entfaltet und das am Ende der liberalen Ära mit Karl Kraus einen der größten politischen Publizisten der Weltliteratur hervorbringt. Das höhere liberale Bürgertum, gebildet und noch mehr informiert, den Freisinn als eine Quelle seiner Kultur betrachtend, mit gelegentlich großzügigen Lebensverhältnissen vertraut, hat diese Bedingungen maßgeblich schaffen helfen und ist aus diesen Bedingungen als die am meisten nutznießende Schicht und als eigentlicher Träger der industriekapitalistischen Fortschrittstendenzen siegreich hervorgegangen. Als Hofmannsthal, von dieser Welt und ihren Vorstellungen erzeugt, mit seinen ersten dichterischen Versuchen an die Öffentlichkeit tritt, hat bereits die Schlußphase des liberalen Regiments begonnen. Seine Frage, jetzt und auch später, als er sie programmatisch aufwirft, ist die Frage nach dem Ort des Dichters in dieser vieldeutigen Gegenwart. Wo steht er, dessen Geist sich nicht fügen will in das Wechselhafte und Unstete seiner Zeit? In seinem Vortrag „Der Dichter und diese Zeit" sind die Einwände der Gesellschaft gegen die Existenz des Künstlers, des Dichters, schon stillschweigend vorweggenommen; seines geringen Gewichts wegen ist er auf einen Anwalt angewiesen, der seine Sache vorträgt und sich nicht scheut, für seinen Schutzbefohlenen zu werben, die Dringlichkeit seines Anliegens behutsam einem größeren Publikum nahezubringen. Das Amt der Kunstverwaltung rät hier zur Geste des Diplomaten, der nicht mit Anspruch auftritt. Hofmannsthals Krisenbewußtsein, wie es der Brief des Lord Chandos zeigt, spricht sich in dieser Standortbestimmung aus. An eine eigentliche Unproduktivität, ein allgemeines Nachlassen der dichterischen Kräfte, will er nicht glauben. Die Tragik des Geistes ist für ihn dadurch begründet worden, daß es eine Kunst und Leben einträchtig verbindende Form nicht mehr gibt. Das Gewölbe einer solchen Ordnung ist zusammengebrochen. „Es fehlt in unserer Zeit den repräsentativen Dingen an Geist, und den geistigen an Relief." Die Vereinsamung des Dichters ist nicht von Natur aus seinem Amt beigegeben. Zeiten, in denen der Sänger in seinem Volke mitlebte, wo er wie Homer sein Gedicht im Schoß der eigenen Sprach- und Kulturgemeinschaft schuf und von ihr als ein organisch gewachsenes Glied und als Erfüllung seiner Welt empfunden wurde, geben den Zusammenklang von Kunst und Leben in einer Harmonie wieder, an die zu glauben im Grunde jedem Zeitalter aufgegeben ist. In Deutschland war die Klassik jener Augenblick höchstmöglicher Annäherung. In ihm wird dem Dichter eine anerkannte Würde zuteil. Hier zeigt sich der Zeitkritiker Hofmannsthal als empfindliches Instrument, die Tonschärfe der Dissonanzen in der Beziehung des Dichters zu den ihn umgebenden gesellschaftlichen Mächten zu messen. Hofmannsthal ist dabei, sich vom stilisierten Immoralismus in seinem Jugendwerk zu entfernen und schon auf dem Wege zur Aneignung christlicher Gehalte, wenn er das Gleichnis der „alten Legende" wählt, um den Ort des Dichters im Gefüge der Gesellschaft zu bestimmen. Der Dichter gleicht dem fürstlichen Pilger, der sein Haus verläßt und ins Heilige Land zieht. Als er zurückkehrt, wird ihm auferlegt, als Bettler seine Heimstatt zu betreten und sich vom Gesinde den Platz bei den Hunden weisen zu lassen. „Dort haust er und hört und sieht seine Frau und seine Brüder und seine Kinder, wie sie die Treppe auf und nieder stiegen, wie sie von ihm als einem Verschwundenen, wohl gar einem Toten sprechen und um ihn trauern. Aber ihm ist auferlegt, sich nicht zu erkennen zu geben, und so wohnt er unerkannt unter der Stiege seines eigenen Hauses."

Ein solcher Ton hat eine umständliche Vorgeschichte. Ohne sie wird die problematische Stellung des Dichters in Österreich nicht verständlich. Als Folge des Revolutionsversuches von 1848 war zwar ein Luftzug gemäßigter Gesinnung in die Staatsverfassung eingedrungen, aber bereits das Ministerium Schwarzenberg suchte doch sogleich die alten zentralistisch machtstaatlichen Ideen unter leicht verändertem Etikett wieder zur Geltung zu bringen. Die nachfolgenden konstitutionellen Kämpfe führen bald zu einem Neoabsolutismus, wobei die „äußerste Konzentration rein bürokratischer Verwaltung in den Händen der Regierung, des Ministeriums, gestützt auf eine modernisierte Staatspolizei mit einem starken Korps der neugeschaffenen Gendamerie"[1] liegt und darum an den überlieferten Machtverhältnissen praktisch nichts geändert ist. Eine leichte Aufweichung, die zuzulassen Schwarzenberg nicht umhin konnte, hat am Geist dieses Regiments nicht viel zu ändern vermocht. Das alte Patrimonialwesen ließ sich freilich nicht länger halten. Aber das Werk der Bauernbefreiung war weniger eine Gabe der Großmut gewesen als das Resultat eines umfassenden sozialen Prozesses, in den sich zu fügen die Monarchie nicht umhin konnte, wenn sie nicht auf ihren Anspruch verzichten wollte, als zivilisierter Staat zu gelten. Im gesellschaftlichen Ablösungsvorgang ist die ganze Systematik dieser Gentilverfassung unmittelbar abzulesen, wenn an die Stelle des Patrons der Beamte als Werkzeug der Regierungsbehörde tritt. Es war eine Folge des erstarkten Zentralismus, daß mit der fortschreitenden Entmachtung des Adels durch den Entzug der Patrimonialgerechtsame die Krongewalt mehr und mehr auf den Beamten delegiert und damit eine Machtkonzentration durch anonyme Träger erfolgt. Dies hat zu einer Diktatur der Amtsstube geführt, die nirgendwo sonst — Rußland vielleicht ausgenommen — ihresgleichen kannte. Das galt nicht zuletzt für die berüchtigte österreichische Zensur, deren Liebhaber auch nach dem Abtreten Metternichs nicht totzukriegen waren. Auf das bedauernswerte Los des österreichischen Schriftstellers hatte Karl Postl in einer in Westeuropa viel gelesenen Schrift „Austria as it is" hingewiesen. Seine Kritik ist oft zurückgewiesen worden. Sicher zu Unrecht! Postl hatte kaum

---

1 Hugo Hantsch, Geschichte Österreichs 1648-1918, Graz, Wien, Köln 1953², 368

zuviel gesagt, wenn er den österreichischen Schriftsteller das meistgequälte Geschöpf der Erde nennt. Hier war ausgesprochen, was den Gram Grillparzers über ständige Zurücksetzung im Amt und seine Beargwöhnung durch die Behörde, die lautlos und darum umso wirksamer das Genie zermürbt und herunterzwingt, nicht mehr als bloße Einbildungen eines Hypochonders erscheinen läßt. Lenau, der ebenso wie Postl in Amerika Fuß zu fassen sucht, wird hier von der Vision überfallen, zum Ahasver verurteilt zu sein, vertrieben durch die Büttel eines Systems, das seine durch die Melancholie geschwächten Nerven später vollends ruinieren wird. Raimund ist in diesen Verhältnissen über einen bescheidenen Weltaspekt nie hinausgekommen und Stifter immer bedrückt worden von der Aufgabe, seine schriftstellerische Existenz mit der Funktion des Beamten teilen zu müssen. Für den Dichter im Habsburgerreich war es ungleich schwieriger, dem peinlich verwalteten Register der Bürokratie einen Nachweis seiner Existenznotwendigkeit zu erbringen als im duodezstaatlichen Deutschland, das immerhin bedeutende Beispiel fürstlichen Mäzenatentums kennt oder in der Kleinstadt und auf dem Lande noch leidlichen Unterschlupf gestattete. Die Mühsal des Dichters, sich gegen die Allmacht des Regiedenkens zu behaupten, hat Grillparzer zutiefst zu spüren bekommen. Aber auch der Pflege der Musik und des Musikantentums, auf die man sich in Wien so viel zu Gute tat, lag im höfischen Bereich vor allem das äußere Bedürfnis zum Delektieren zu Grunde; die Aufwendungen, die für den gesellschaftlichen Nutzen dieser Kunst flossen, waren freilich so spärlich bemessen, daß sie in keinem Verhältnis zum Enthusiasmus jener feudalen Gönner standen, die wie die Schwarzenbergs, Lichnowskys, Esterházys u. a. über die seigneuriale Dotierungsapparatur ihre Schützlinge zur Dienstbarkeit bewegen konnten, ihnen Widmungen abnötigten und den ökonomischen Mechanismus, der diese Kunst hervortrieb, gegebenenfalls mit Courtoisie verschleierten. Beethovens gelegentlich robustes Aufbegehren gegen die herkömmliche Übung, den Künstler im geselligen Kreis zum Aufspielen anzuhalten, ihn durch feine Fäden zu leiten und unmerklich zu verpflichten, war hinreichend motiviert. War der Musik und der mimischen Gebärde auf den Gassen und Plätzen, in den Weinhäusern der Vorstädte wie in den Salons des Bürgertums eine ursprüngliche Freistätte gegeben, galten der Musikant, der Sänger, der Schauspieler dem Volk, aus dem sie herauswuchsen, als fest eingefügte Glieder, so war dem W o r t , das auf sich selbst vertraute und der Verzauberung durch das Theater entriet, solcher Vorzug hier nicht beschieden. Der Komiker, der Possenreißer und -schreiber, der Librettist, gewiß auch der Tragiker, der sein Handwerk verstand und das Bedürfnis der Bühne und eines schaulustigen Völkchens nach prunkenden Gewändern, glitzernden Kronen, dem Aufschrei der Heroine, dem Schreiten und Streiten großer Herren, aber auch dem Aufwand an Maschinerie zu stillen vermochte – sie alle konnten des Beifalls gewiß sein. Der Vers, gleichgültig ob er von Grillparzer oder Adolf von Wilbrandt stammte, lebt hier in einer natürlichen Eintracht mit dem Theater. Diesem Theater mit den bedeutenden Direktoren, namentlich an der Hofburg, wo ein klassisches Repertoire verwaltet wurde und Laube, Dingelstedt und nicht weniger mächtig Bauernfeld mit seinen Lustspielen in Adel und Bürgertum hineinwirkten, ist ein Erziehungsauftrag nicht fremd, aber es existiert doch vor allem von der Gewalt des Spiels, das den tragischen Knoten lockert, dem Unbedingten seine Schwere nimmt. Im höfischen Bühneninstitut ist der Schauspieler der Herr und seine Persönlichkeit Maß und Vorbild für hoch und niedrig, alt und jung. An seiner Majestät gemessen tritt der lebende Dichter bescheiden zurück. Das Proträt des Bühnendichters, der sich Eingriffe in sein Werk gefallen lassen muß, der gekränkt, aber vergeblich aufbegehrt, um sich am Ende der höheren Einsicht des „Praktikers" zu fügen, ist von Schnitzler im „Großen Wurstel", von Hofmannsthal in der „Ariadne auf Naxos" nachgezeichnet worden. Geschieht dies offen, steht er sich besser dabei als Grillparzer, der die Widerstände des verwalteten Bühneninstituts zusammen mit der Macht der Zensur in allen ihren Tarnungen kennengelernt hat und schließlich weise Maßnahmen trifft, um aller Unbill zu entgehen. „Libussa", „Ein Bruderzwist im Hause Habsburg" und „Die Jüdin von Toledo" verschließt er schon zu Lebzeiten in sein Schreibpult und überläßt sie der Nachwelt als Vermächtnis, mit dem sie nach Belieben schalten und walten möge. Als sich zur Feier seines achtzigsten Geburtstages Ehrungen einstellen, in Österreich und dem Reich Stimmen begeisterten Zuspruchs laut werden, kann er dem allen nur ein mattes „Zu spät" entgegensetzen.

Auch die bedeutende österreichische Erzählertradition hat sich im 19. Jahrhundert gemessen am Herrentum der großen Schauspieler und der bevorzugten Stellung des Theaters überhaupt eher auf abseitigen Wegen entwickeln können. Die geringe Stellung des Erzählers war dazu angetan, wie es sich bei Adalbert Stifter zeigt, im Dichter das Gefühl des Künstlertums gar nicht erst aufkommen zu lassen. Stifter sah sich selbst als Erzähler – hierin Gotthelf verwandt –, der in moralischer und menschenbildnerischer Absicht zur Feder greift und bei der Erfüllung seines Auftrags, weimarisches Erbe auf österreichischem Boden weiterzuverwalten, vom genialischen Ausnahmebedürfnis nicht im geringsten erfüllt war. Die Verfassung der Gesellschaft hat in Österreich weit mehr als in Deutschland den

Dichter an der Ausbildung seines Persönlichkeitsgefühls gehindert. Die polizeistaatlichen Eingriffe in die Literatur hörten auch im nachmetternichschen Österreich nicht auf; der Verdacht, daß nicht artikuliert genug hervorgekehrter patriotischer Eifer bereits ein Anzeichen für gefährliche Konterbande sei, die den Staat bedrohe, konnte dem engmaschig operierenden Verwaltungsapparat nicht ausgetrieben werden. Im Vormärz waren davon vor allem die ausländischen Schriftsteller betroffen. Constant von Wurzbachs Biographisches Lexikon des Kaiserthums Österreich (1875 Bd. 30, 73) erhebt gegen Friedrich Schlegel, der der Meinung war, mit seinen Vorlesungen über Literatur und Geschichte seine österreichischen Gastgeber reichlich genug beschenkt zu haben, den Vorwurf der „Gelegenheitsmacherei": „wie denn die Mehrzahl der in bedrängten Tagen nach Österreich berufenen Ausländer nichts weniger als Patrioten, sondern meist einfach Plusmacher sind, welche sich mit österreichischem Gelde mästen und wenn nichts mehr zu holen, sich auf die Strümpfe machen, zeigte sich auch bei Herrn Friedrich Schlegel, der eben ein Gutschmecker war, und als die Rebhühner und andere Leckerbissen rar wurden in Wien, sie wo anders aufsuchte." Solcher Meinung eines offiziellen Lexikons war der Beifall sicher.

Dieser Hintergrund bleibt auch bei Hofmannsthals Rechtfertigung des Dichters im Bild. Im Brief des Lord Chandos hat Hofmannsthal sein Bekenntnis zum impressionistischen Kunstideal ausgesprochen, zu jener Form einer grundsätzlich sensualistischen Erfahrbarkeit der Dinge, die in der Philosophie Machs gelehrt wurde und hier in geklärter Weise jenes chaotisch aufgewühlte Ich-Gefühl bezeugt, von dem die Kunst im ausgehenden Jahrhundert mitbestimmt war. Hofmannsthal läßt den Lord in diesem Brief an Francis Bacon die Gründe für seinen Verzicht auf die weitere schriftstellerische Tätigkeit mitteilen. Damit ist ein Thema aufgeworfen, das Hofmannsthal um diese Zeit selbst beschäftigte. Es ist die Frage nach dem Versiegen der Quelle für das künstlerische Vermögen als Folge übermäßiger Rezeptivität, der Gedanke, daß sich die Dinge in ihren Gewichten aufheben und die Einsicht in den ewigen Schwebezustand dem Künstler die Schwerkraft nimmt. Der literarische Wert dieser Schrift besteht wesentlich in der Dokumentation eines der Zeit verpflichteten Lebensgefühls; es dokumentiert die Ohnmacht, versucht das Versagen des Künstlers mit seinem überentwickelten ästhetischen Gewissen, seine Resignation im Schaffen durch ein Alles-Verstehen und Alles-Verzeihen zu entschuldigen und kommt damit dicht an die Grenze des l'art pour l'art heran. Als Apologie der Unfruchtbarkeit führt er die Vorwände ins Feld, die jenes Aufgehen in tatenloses Spekulieren rechtfertigen. Es gilt hier, Hofamnnsthals eigenen Bezug zu diesem Problem zu verstehen. Als Lyriker hat er um diese Zeit schon das Bedeutsamste gesagt, aber auch die Epoche der liedhaften Dramen liegt hinter ihm. Der Dichter muß sich wohl bewußt gewesen sein, daß bei einem so großen Beginnen an ein Weiterwachsen nicht leicht zu denken und alles auf den Goetheschen Glauben an die Verwandlung zu setzen sei. So fühlt sich Hofmannsthal unmittelbar in die Krise hineinversetzt. Den Urteilen über den Menschen und die Gesellschaft, über Moral, Kunst und Natur, liegen Gewohnheiten zu Grunde, die das Entscheidende oft nicht erfassen. Man muß alles in seinem Zusammenhang und also in ständiger Bewegung wahrnehmen, man muß sich als Erkennender selbst auslöschen und muß eintauchen in den Strom, der alles Lebendige mit sich fortreißt. Das unrettbare Ich Machs gestattet nicht, den festen Punkt zu suchen, von dem aus ein endgültiges Wissen aufsteigen könnte. Darum auch das einleitende Geständnis des Briefschreibers: „Es ist mir völlig die Fähigkeit abhanden gekommen, über irgend etwas zusammenhängend zu denken oder zu sprechen." Da gibt es quietistisches Verweilen bei den kleinen Begebenheiten des Landlebens neben der Naturempfindung, Gedanken über Autoren des klassischen Altertums neben flüchtig dahingeworfenen Aufzeichnungen des Herzogs von Exeter „über seine Negoziationen mit Frankreich und Portugal", unklare Ich-Spekulationen neben wacher Bereitschaft, die „Seele" dem unendlichen Angebot von Reizen und Stimmungen zu öffnen. So nichtig der Ertrag dieser Erkenntnis ist, so gewaltig ist der Anspruch, mit der sie verfochten wird: „Eine Gießkanne, eine auf dem Feld verlassene Egge, ein Hund in der Sonne, ein ärmlicher Kirchhof, ein Krüppel, ein kleines Bauernhaus, alles dies kann Gefäß meiner Offenbarung werden." Es spricht daraus ein Vertrauen auf das „Fluidum", das alles durchdringt und damit den Zustand einer einzigen Einheit herstellt.

Hofmannsthal hat mit der sozialen Lokalisation des Briefschreibers dem „Tory" seine Referenz erwiesen, dessen Ideal in Österreich hoch im Kurse stand und Anhänger fand, die es in der Imitation ziemlich weit brachten. Sein zäh prätentiöser Eifer, sich als Schriftsteller wie als Privatier über die Kluft, die ihn von diesem Stand immerhin noch trennt, diskret hinwegzusetzen, steht in auffallendem Einklang mit seinem Vermögen als Künstler, die Formen zu verwalten, sie bereitzuhalten wie der Schütze die verschiedenartigsten Pfeile im Köcher. Darum wird auch sein Streben, zu einer Kommunikation der Nationalliteraturen zu gelangen, ganz anders geleitet als das dynamische Herders, der dazu einen theologischen Auftrag empfindet und damit die Form- und Übersetzungsleistungen der Romantik noch nachdrücklich beeinflußt. Bei Hofmannsthal hingegen regiert die kluge Intention, Literaturen wie Farben gegeneinander abzutönen, Spanisches neben Englisches, Italienisches neben Französisches, Deutsches und Orientalisches zu stellen, kurz, eine Herrschaft über die Formen zu zeigen, die sich „Fremdes" leicht aneignet und mit dem neuen Besitz vielsagend zu prunken nicht unterläßt. Karl Kraus hat diese Regungen in Hofmannsthals oeuvre mit scharfsichtigster Aufmerksamkeit verfolgt; sein Urteil in der „Demolierten Literatur" über den „Perlenfischer" ist boshaft und einseitig, muß aber für jedes Hofmannsthal-Bild herangezogen werden. Hofmannsthals Verwandlungsvermögen, sein magisches Inbesitznehmen der aparten Form, die ihm unter der Hand zur eigenen wird, aber auch die Mühelosigkeit im Prozeß der Aneignung, zeigt sich vielleicht am deutlichsten in den essayistischen Entwürfen. In ihnen wird, wie in seiner Skizze über die Madame de la Vallière, deren Schicksal er durch zwei Briefe der Pfalzgräfin Elisabeth Charlotte an die Prinzessin von Wales beleuchtet, sein Interesse für die „Episode" herausgestellt. Grillparzer feiert er als poeta laureatus mit dem sprachlichen Aufwand dessen, dem die Traditionsverwaltung durch einen Akt hohepriesterlicher Weihe anvertraut worden ist. Vertraulicher geht er mit Balzac im fingierten Gespräch mit Hammer-Purgstall um. Der Duse hat er, der Zeitmode entsprechend, einige ehrende Seiten gewidmet, das Schicksal Oskar Wildes in ebenso mitfühlenden wie pathetisch gezierten Sätzen erstehen lassen. Als Leistung der Sprache, kaum als bereichernder Ertrag und ohne das Gewicht eigenen Forschens ist sein Essay über „Shakespeares Könige und große Herren" zu werten; hierin ist er dem Aufsatz über Schiller verwandt, wo sich der Stil der akademischen Festrede einen Anflug von patriotischem Stolz beilegt und er zugleich großzügige Lockerungen in der Wahl der Vergleiche zeigt. Der Entwurf eines europäischen „Schiller", dem Schüler des Euripides und Rousseaus, „ein antizipierter Balzac", dem als Protestant und Kantianer die Welt des Katholizismus vertraut war, mutet gegenüber der professionellen zeitgenössischen Literarhistorie modern an. Kühn sind von Corneille her die Bogen zu dem Gewölbe des Schillerschen Dramas geschlagen und in den Pfeilern der Tragödie Hebbels und Wagners wieder zu Boden geleitet. Ein mutiges Unterfangen ist es, Ausstrahlungen Schillers bei Victor Hugo, Sardou und Scribe wahrzunehmen, was dem Verfasser der „Räuber" das unausgesprochene Lob artistischer Meisterschaft einbringt. Dieser historisch geleitete Versuch, zu porträtieren und zu skizzieren, veranlaßt ihn, den „Dichter" als außerständische Erscheinung zu verstehen und ihn repräsentativ zur Geltung zu bringen. Wem hätte dazu auf österreichischem Boden das Recht eher zugestanden als Hofmannsthal, wer wäre dazu von Amts und Neigung wegen berufener gewesen? In der vorgeschobenen Unaufdringlichkeit des „Kleinedelmannes" und auf eine dezent werbende Mittlerschaft bedacht, verbirgt Hofmannsthal freilich sein Berufungsbewußtsein, wenn er sich in dem Vortrag „Der Dichter und diese Zeit" seines Auftrags entledigt. Es ist schließlich nichts geringes, sich für den „Dichter" zu verwenden in einem Lande, das ihm ein eingeborenes Mißtrauen entgegenbringt.

Die gewaltige Erschütterung des Harmoniedenkens, wie es im Griechenbild der deutschen Klassik ausgebildet worden war, hat Hofmannsthals Verständnis der Antike und die Entwürfe seiner Griechendramen bestimmt. Der Glanz eines ewigen olympischen Frühlings ist verscheucht vom Gewittersturm. Jacob Burckhardt sah bekanntlich in der Idealisierung des Griechischen eine der größten Verirrungen des menschlichen Geistes. Im schönen griechischen Körper hat die Krankheit ihre Spuren bereits hinterlassen. Das Glück ist in Wahrheit aus dem Griechen verbannt; seine Seele ist von Unruhe erfaßt, die den Frieden, den man ihm zuschreibt, von Grund aus zerstört hat. Diese totale Desillusionierung hat die optimistische Biedermeiergläubigkeit auf das heftigste getroffen, auch wenn sich die Umrisse dieser neuen Kulturmorphologie im bürgerlichen Bewußtsein der Zeit noch nicht tief eingegraben haben. In der klassischen Philologie konnte sich dieses Denken aus seiner Außenseiterposition lange nicht herausheben. Bachofens „Mutterrecht" und Rohdes „Psyche" sind auf dem gleichen Boden der Skepsis entstanden und wurden von der beamteten Philologie oft als Werke einer mehr oder weniger illegalen Beschäftigung mit dem Altertum angesehen. Nietzsche mußte erst aus seiner Basler Professur ausscheiden, um sich der genialisch-dionysischen Anlage seines Denkens, das keine Übereinkunft mit der institutionalisierten Philologie duldete, ohne Einschränkung widmen zu können. Hier zieht sich die Absage an die überlieferte Ordnung der Werte in einen Feuerstrahl des Geistes zusammen, der hochschießt und in seiner Leuchtkraft nur von einigen wenigen wahrgenommen werden konnte. Aber immer da, wo die Literatur in seinen Bannkreis geriet, prägten sich seine Ideen ein, den Fortschritt befruchtend, die Reaktion stabilisierend. In Österreich konnte sich Bahr nicht versagen, zeitweilig als Nietzscheaner aufzutreten, doch war dies eher modische Manier und allenfalls eine Form der Literarisierung der Philosophie, die neue Nuance eines Avantgardisten, die zur Nachahmung aufrief, ohne daß sie darum weniger ernst genommen sein wollte. Mächtiger dringt das dionysische Rauschdenken Nietzsches und sein schroffster Gegensatz, der rationalisierte Mythos, in dem das Menschliche auf „Urformen" zusammengezogen ist, durch die Kanäle des Wiener Psychologismus. Mit ihm wird die Neudeutung der antiken Mythologie eingeleitet, zunächst in der szientifischen Absicht, Rückschlüsse aus den Veranstaltungen des Triebs und seiner Rolle als Motor höchster menschlicher Leistung wie auch als Herd verborgener Krankheiten zu ziehen, dann aber ebenso, um den Entwurf eines neuen Weltbaus vorzubereiten, in dem die Metaphysik der Natur und der Vernunft weichen muß. Bei Freud ist vom Mythos vornehmlich das System sexueller Verhalte übriggeblieben. Das Immerwiederkehrende in Sage und Fabel wird auf eine im Menschen selbst anzutreffende Funktionalität des Geschlechts zurückgeführt, die es zu erkennen gilt und über die der Traum mit seiner Aussagekraft berichtet. Der ödipeische Verkehr bringt eine zwangsläufig vor sich gehende, getarnte, verleugnete und so oft aus dem Bewußtsein vertriebene Beziehung ans Tageslicht, gegen die sich der rächende Gegenschlag des Muttermords richtet, der aus der chaotischen Verfassung der Seele zur Ordnung in den Verhältnissen zurückführen soll und neue Tragik begründet.

Die Sagen von Ödipus und Elektra haben Hofmannsthal, als ob es sich um einen Tribut an den Zeitgeist handelt, zur Beschäftigung angeregt; doch in seiner schwelgerischen Sprache, die sich am psychologischen Raffinement orientiert und ergötzt, lag nicht nur der Wille zum Einschmelzen der neuen Nervenkunst mit dem antiken Kulturerbe, sondern auch die daraus sich ergebende Absicht, großstädtisch-spektakulär das Theater zu erobern. Hofmannsthal sucht mit der „Elektra" in Berlin Fuß zu fassen. Der Versuch mußte aber beim Stande der Dinge und trotz des Bühnenerfolges scheitern. Er ist mit der Erkenntnis verbunden geblieben, daß Berlin für ihn nicht der rechte Boden sein konnte. Das war eigentlich schon vorauszusehen, wenn man bedenkt, daß sich Hofmannsthal mit „Elektra" und „Ödipus und die Sphinx" formal aus dem Wienerischen entschieden herausbewegt, aber bei der erbitterten Ablehnung Kerrs gegenüber allem Süddeutschen und Österreichischen vom Klientel dieses Kritikers weniger nach seinem Wollen als nach seiner Herkunft und seiner eigentlichen künstlerischen Handschrift befragt wurde.

Der Vergleich von Hofmannsthal „Elektra" mit dem sophokleischen Vorbild fällt nicht sehr schmeichelhaft aus. Bei Sophokles ist die Heldin ein Element des Unmaßes, das jede menschliche Ordnung zerstören muß, grenzenlos in Liebe und Haß, zu hoffnungsloser Zerrissenheit verurteilt und darum in ihrem Menschentum entstellt.[1] Diese gigantische Unnatur wird als Werk der göttlichen Vorherbestimmung gesehen, die auch den Mord an Agamemnon auslöst und eben dadurch die Tochter zur rasenden

---

[1] Vgl. Karl Reinhart, Sophokles, Frankfurt 1947[3], 148.

Megäre macht. Alles kluge Zerfasern ihres Charakters, der Versuch, das Wesen des beleidigten, zu Tode getroffenen Weibes von Innen her zu erfassen, wird darum nicht zur Mitte von Sophokles' Tragödie hinführen. Ihr Plan zur Rache und ihre Ausführung ist abhängig von einem gewaltigen äußeren Räderwerk, das nach dem Willen des Gottes seine Arbeit tut und Elektras Schicksal nur als Teilphase eines größeren Geschehens erscheinen läßt. Ein Dringen auf die Gründe, die ihr Handeln bestimmen, führt bei dieser Gestalt, der die Tat alles, das Aussprechen ihre Absichten nur Mittel zur Tat bedeutet, notwendig in die Irre. Eben diesen Weg ist Hofmannsthal gegangen: Ein ambitiöser Jung-Wiener, dem das Größte nicht groß genug ist, um sich nicht daran zu messen! Eine bestechende Sprachmelodie hat den psychologischen Zerlegungsprozeß aufgenommen, zeigt aber auch die Heldin von ihrer geschwätzigsten Seite. Der Dramatiker fällt seiner Freude am Bild und Bildhaften wie so oft so auch hier zum Opfer. Wie aus Quadersteinen hatte Sophokles die Handlung aufgetürmt: Orest ist schon in Mykene angelangt und plant die Tat, ehe Elektras Absicht bekannt wird. Die Gewichte der beiden tragischen Akteure sind dadurch gegeneinander abgewogen. Ihr Sprechen ist ganz und gar bezogen auf die Tat und duldet kein überflüssiges, rhetorisches Rankenwerk. Seine Verliebtheit in die Allegorie zwingt dagegen Hofmannsthal noch im höchsten Lauf der tragischen Aktion zum Aufschub durch breites Ausspinnen metaphorischer Wendungen. Unaufhörlich in Anspruch genommen von ihrem Reiz, kostet er sie spielerisch bis zum letzten aus. Der Aufschrei der mutterlosen Frau, ihre namenlose Wut gegen Klytämnestra wird dadurch von der Sprache her neutralisiert:

> Du möchtest schrein, doch die Luft erwürgt
> den ungebornen Schrei und läßt ihn lautlos
> zu Boden fallen. Wie von Sinnen hältst du den
> Nacken hin, fühlst schon die Schärfe zucken
> bis in den Sitz des Lebens, doch er hält den
> Schlag zurück.

Klytämnestra, von Sophokles als Täterin gesehen, die von ihrem blutigen Tun ungebrochen auf der Bahn ihres Lebens weiterschreitet, wird von Hofmannsthal verwandelt in eine alternde Mondäne, eine schlangenhafte Ägypterin, deren Arme von Reifen, deren Finger von Ringen starren und hinter deren bleicher Maske triebhafte Absicht lauert. Den Stoff ins Opernhafte umzuformen, ist von hier aus gesehen nur ein zweiter, leicht zu tuender Schritt. Die Mutter als die triumphierende, ihre geschlechtlichen Veranstaltungen gegen die Tochter rücksichtslos durchsetzende Gegenspielerin, auf die freilich schon das Beil wartet, das die Tochter in ihren

Träumen schwingt! Orest ist hier im Gegensatz zu Sophokles zum reinen Vollzugsorgan des Mordens herabgedrückt. Die Scheinwerfer sind allein auf Elektra gerichtet, ihre Strahlen dringen hinein in die Gedanken, Pläne, Wünsche und holen jene Symbole der Traumwelt ans Licht, die Krankheit um sich herum verbreiten und die Erkrankten zum „Fall" werden lassen. In ihm führt der Mord zum Gefühl der Erlösung, von dem die tanzende Elektra für einen Augenblick überkommen wird, um dann in feinster Übereinkunft mit dem „Reinhardt-Theater" zusammenzustürzen.

Diese Salome-Nähe des Stückes hat es Richard Strauß zur Vertonung empfohlen.[1] „Elektra" und „Ödipus und die Sphinx" waren ursprünglich als zusammengehörige Entwürfe gedacht gewesen. Daß sich das Projekt einer Ödipus-Trilogie schließlich zerschlug und nur ein beträchtlicher Säulenstumpf übrigblieb, erklärt sich allein schon durch die amorph-weitläufige Gestaltung der antiken Stoffmasse. Man stelle sich eine tatsächlich zustandegekommene Fortsetzung des Ödipus einmal vor: Ein dramaturgisch regelgerechtes Gerüst, das bis zur Unkenntlichkeit in einen endlosen Nebelschwaden eingetaucht ist und alle festen Konturen der dramatischen Aktivität um eines Fühlens und Träumens wegen preisgibt, die der Tat vorausgehen oder sie nachträglich und umständlich zum Gegenstand haben. Gegen das Verharren der Elektra ist im Ödipus die Verwandlung gesetzt: Verwandlung als schicksalhaftes Müssen, das Ödipus durch das Opfer zum eigenen Ich führt, während Elekra sich in ihrer Rache zu bewahren sucht und sich dabei verliert.[2] Die eigentliche Fabel, die Sophokles aus der Sage gewann, hat Hofmannsthal auf die Vision des Ödipus im ersten Akt zusammengezogen. Es wiederholt sich hier mit den Mitteln des Dichters das psychologistische Verfahren, die zusammengebrochene Welt des Mythos durch den „Traum" wiederaufzurichten, ihr die einzig noch verbliebene Wirklichkeit in einer durch die „Wissenschaft" kälter gewordenen Welt zu sichern. In der Vision sieht Ödipus sich als Mörder eines Mannes, der sein Vater ist, und als Geliebter und Bräutigam einer Frau, in der er Züge der eigenen Mutter wahrnimmt. Das medusenhaft Ungeheuerliche

---

[1] So sah es jedenfalls Strauß in seinem Brief vom 11. 3. 1903 an Hofmannsthal, wo er sich und den künftigen Librettisten fragt, ob es nicht ratsam wäre, einen „so ähnlichen Stoff" erst später zu bearbeiten, „wenn ich dem Salomestil selbst viel ferner gerückt bin." In seiner Antwort will Hofmannsthal von einer solchen Verwandtschaft der beiden Stücke nichts wissen: „Es sind zwei Einakter, jeder hat einen Frauennamen, beide spielen im Altertum, und beide wurden in Berlin von der Eysoldt kreiert: ich glaube, darauf läuft die ganze Ähnlichkeit hinaus."

[2] Walter Jens, Hofmannsthal und die Griechen, Tübingen 1955, 74.

dieser Vermählung ist aber der Ausfluß einer göttlichen Ordnung, das Verbrechen selbst wird von jenem Gott gebilligt, der aus dem Weib das Objekt für sein Hindurchwirken macht. Der Traum des Ödipus wird so zum Schlüssel für das darauffolgende Geschehen. Alle Widerstände, die sich gegen Ödipus erheben, seine Demütigung gegenüber Laïos, um an ihm nicht schuldig zu werden, die Intrige Kreons, die Sphinx als das aus einer anderen Wirklichkeit hergeholte Numinose, können ihm den Weg zum Bett der Jokaste nicht mehr verstellen: Ödipus triumphator ist von den Göttern selbst auf den Schild gehoben worden als ihr Werkzeug und das heißt wiederum: er ist der Rauch, der verfliegt und dem neu zum Leben Drängenden weichen muß. In den Armen der Jokaste verwandelt sich sein Sieg in eine furchtbare Niederlage. Unter dem Jubel des Volkes schreitet das hochzeitliche Paar seinem Lager zu, aber es schreitet dabei über den purpurnen Mantel, den Kreon, der „Schattenmann", der Lebensverächter und Lebensverneiner, ausgebreitet hat.

Der Übergang von der „Elektra" und vom Ödipusstoff zum „Rosenkavalier" bedeutet weniger einen Weg von Sophokles zu einem verösterreicherten Beaumarchais als vielmehr ein Zurück zu wienerisch-barocken Spielformen der Komödie überhaupt, die sich nach dem Versuch auf dem avantgardistischen Berliner Experimentiertheater dem Dichter aufs Neue und sehr verheißungsvoll anbieten. Der Abschluß der Komödie fällt zeitlich mit dem Abschluß des „Jedermann" zusammen. Der „Jedermann" als Krönung der allegorischen Sinnspieldramatik Hofmannsthals, in deren Mittelpunkt das „Welttheater" steht, ist seiner ganzen formalen Anlage nach ein Stück durch und durch historisierter Literatur mit einer künstlich am Leben gehaltenen Altertümlichkeit, die sich auf ihre Sprachornamente stützt und auch unbestreitbaren Glanz um sich verbreitet; eine hochliterarisierte geistliche Parabel, ein Mysterienspiel, das um sein theatralisches Anliegen Sorge trägt, das klerikal wirbt und zugleich die Propaganda des religiösen Instituts als poetisches Mittel kennt. Denn es ist das geistliche Spectaculum, das zum Mysterium hinführt.

Hofmannsthals Annäherung an die geistliche Thematik fällt zusammen mit der fortschreitenden bürgerlichen Kapitalisierung, die einerseits die grundbesitzende Bourgeoisie in ihren verschiedensten Schichtungen durch ihre Erträge weiter nach oben vorschiebt, freilich auch ihre Spaltung in liberale, alldeutsche, konstitutionsfreudige Gruppen fördert, andererseits einen kleinbürgerlichen Katholizismus wenigstens auf kommunaler Wiener Ebene hoffähig zu machen versteht, ohne daß mit all diesen ökonomischen Bewegungen die feudale Rente, die die seigneurialen Daseinsformen verzaubern hilft, davon entscheidend betroffen worden wäre. Von den ästhetischen Idealen des Liberalismus war das Jugendwerk Hofmannsthals geleitet worden; die Ablösung durch den christlich-sozialen Kleinbürger, der dem „Jungen Wien" ein Ende bereitet, Bahr nach anderen Wegen umschauen läßt, Herzl die Gefahr für den Juden ankündigt, Kraus zum großen Polemiker schult, bedeutet für Hofmannsthal ebenfalls einen Bruch mit der Vergangenheit, den er mit seinem Talent zur Anverwandlung leichter zu überwinden in der Lage ist. Mit dem politischen Auftrag der klerikalisierten Massenbewegung, die ihre sozialen Forderungen anzumelden hat und hinter der eine so bedeutende kommunale Persönlichkeit wie Lueger steht, werden die in der Ära des liberalen Großbürgertums relativ neutralisierten religiösen Gehalte wieder belebt. Der in Hofmannsthals Dichtung vorherrschend zugrunde liegende feudalistische Erwerbsprozeß, der den Menschen von der Nutznießung der Rente, der leidlichen Abhängigkeit wie auch dem widerstandslosen Ausgeliefertsein an die seigneuriale Ordnung selber formt und das ganze Spektrum dazwischen liegender, ökonomisch genau auszumachender Existenzbedingungen zeigt, tritt hier in den Formen des geistlichen Spiels und der Komödie zu Tage: er wird parodiert, glossiert, auf jeden Fall trotz eingeschobener Vorbehalte verherrlicht. Sünde und Schuld erscheinen in einem verführerischen Gewand; sie werben durch den Zauber des Besitzes und sind für den Besitzenden genußschaffend, wo er sich am Besitzlosen mißt. In der Allegorie des Sinnspiels aber werden sie verstanden als ein sich immer wiederholendes Geschehen, in dem das Lehrschema von Sünde und Gnade bestätigt wird. Um dies feste Begriffsgerüst gruppieren sich die Figuren des mittelalterlichen Spiels, namenlose Typen mit genau ausgemachten Funktionen. In Wahrheit wiederholt Hofmannsthal sein altes Thema: Dem vom Reichtum Betroffenen begegnet als einziger und unabweisbarer Gegenspieler der Tod. Die Sprache des Dichters entstammt einer mythischen Welt. Dem Vers, seinem Maß und seinem Rhythmus sind Regel und syntaktische Ordnung genommen. Seine Gunst schenkt der Dichter dem barock Verkräuselten. Dabei wird Naivität hervorgebracht durch feinstes artistisches Kalkulieren. Nur im künstlichen Nachmessen des Künstlers läßt sich die Wirklichkeit des Mythos noch heraufbeschwören. Jedermann selbst ist dabei aus dem Geschlecht derer, die von ihrem eigenen Ich besessen sind, ein Verwandter Claudios, nur weniger narzißhaft eingezogen, dafür dem geselligen Genuß gewogen. Ihm beigesellt ist eine lustige Kumpanei von Zechern, fidelen Phäaken beiderlei Geschlechts mit der Buhlschaft in der Mitte, Begleitpersonal mehr der Freude als des Leids; dazu kommt der Arme, den seine Schuldenlast bedrückt, und die zur stummen Frage gewordene Mutter. Die Entscheidung fällt allegorisch. Mit den Figuren von „Glaube" und „Werken" greift die Hand Gottes selbst auf die Szene, mit dem „Tod" sendet Gott seinen Bevollmächtigten, der das Spiel beendet und den Teufel als Geprellten zurückläßt.

Einen Ausflug in eine ihm bekannte Welt unternimmt Hofmannsthal mit zwei venezianischen Stücken, dem „Geretteten Venedig" und „Christinas Heimreise". Im „Geretteten Venedig" wird das Klassengerüst der plutokratisch-republikanisch organisierten Polis ohne jeden Versuch der Verschleierung selbst in die tragische Handlung einbezogen. So schließt sich Jaffier erst dann den Aufständischen an, als sein Versuch gescheitert ist, durch die Verbindung mit der Senatorentochter Einlaß in das venezianische Patriziat zu finden. Die Rebellion wird damit ein Mittel zur Durchsetzung persönlicher Ziele. Für Belvidera steigert sich der soziale Konflikt ins Unerträgliche, indem sie sich zwar für den deklassierten Mann entscheidet, aber durch die Roheit der ins Verbrecherische abgesunkenen Horde blindwütiger Abenteurer abgestoßen wird und den Weg zu Angehörigen ihrer Klasse zurückfinden will. Aufgefordert, zwischen zwei Formen der Unmenschlichkeit zu wählen, wählt sie eine dritte: Als um Gnade flehende Tochter erscheint ihr der Verrat an den Revolutionären als das natürliche Mittel, sich und Jaffier zu retten, doch durchschaut sie nicht den in dieser zersetzten Kommune präzis arbeitenden Apparat, der nunmehr um so leichter die Vernichtung besorgen kann.

Diese Nachdichtung von Otways „Venice Preserved" beeindruckt durch ihre Gestrafftheit. Natürlich steht auch hier der Lyriker dem Dramatiker immer im Wege. Sprachlich schmeichelnde und schwelgende Passagen hemmen das „Vorwärts" der dramatischen Aktion. Auch hier erliegt der Dichter wie in seinem stilisierten Frühwerk nicht selten den ästhetizistischen Bestechungen, die die Waage der Justitia ausschlagen lassen, wo sich Verruchtheit den erlesenen Duft des Verführerischen zulegt. Peinlicher ist dagegen das Gewissen eines Dichters, für den sich venezianisches Lumpengesindel durch *alle* Klassen hindurchzieht. Hier bewegt er sich ganz in seinem Element, wenn er in den dunklen Gassen der Stadt das Verbrechen lauern läßt, sie mit allerlei buntem und auch derbem Volk füllt, mit Dirnen reinsten Gebllüts, Kupplerinnen, Banditen, ehrlichen Haudegen usw.: Eine Welt voll exotischen Reichtums, farbenfroh, gebärdenreich, laut gewalttätig und doch mit Anmut begabt.

In der Komödie hat Hofmannsthal mit „Christinas Heimreise" sich dieser Welt mediterraner Libertinage noch einmal und weniger gelungen bemächtigt. Das Lob, das ihm als Lustspieldichter gelegentlich zuteil geworden ist, kann nicht darüber hinwegtäuschen, daß ihm der Anschluß an die in Deutschland kaum zur Geltung gelangte klassische Komödie nicht glückte. Der umständliche Dialog, sein um komische Effekte und nicht ganz ohne Gewaltsamkeit ringender Ehrgeiz, das zum Ballast anschwellende „Wissen" haben ihm die Mittel oft aus der Hand geschlagen, deren der zur ökonomischen Haushaltführung angehaltene Dramaturg bedarf. Hofmannsthals Setzung der „Präexistenz",[1] in der das vom All abgespaltene „Ich" seine eigentliche Heimat besitzt, aus der es herausgefallen ist und damit sein Urteil empfangen hat, trostlos vazieren und agieren zu müssen, weist auf eine Selbstdeutung hin, in der die Metaphysik beansprucht wird. Durch den Riß in der Welt fallen verklärende Strahlen auf die Bühne. Nach dem Vorbild Calieróns wird die aufgestaute Ekstase zur dramatischen Funktion. Sie hat sich zweckhaft schmeichelnd und werbend der Seele zu bemächtigen und tut ihr Werk in einer Weise, über die es nichts zu verhandeln gibt.

So ist denn das leichtfertig Abenteuerliche in Florindo, das ihn von einer Frau zur andern treibt, sub specie aeternitatis gesehen als ein ursprünglich mystisches Wollen, das zur Vereinigung drängt und, wo sich ihm die Aussicht auf Dauer eröffnet, von der Enttäuschung über die Unvollkommenheit der Frau schreckhaft gebrochen wird.[2] Eben darum wird dem Sinnlosen seiner erotischen Abenteuer im theologischen Weltgerüst Hofmannsthals ein Sinn und sogar ein Recht unterschoben: es wird damit an die verlorengegangene Einheit erinnert, in der einmal alle Harmonie beheimatet war und die wiederherzustellen noch in der banalsten Liebelei die Absicht des Spielers ist. Es gibt beim Hofmannsthal der Komödien nicht jenes Gericht Schnitzlers, das den vom Chaos seiner Träume Beherrschten dem Urteil, das er sich selber spricht, gnadenlos ausliefert. Er hat seinen Platz auf dem „Welttheater" und ist dabei, die unbewußte, ganz im Natürlichen verhaftete Kreatur auf ihren „Sinn" vorzubereiten. Darum wird für Christina aus dem venezianischen Casanova der Vermittler, von dem sie sich noch im Abschied beschenkt fühlt: „Der hat mir nichts weggenommen. Ach keinem auf der Welt hat der was weggenommen. Nie hat dem nichts gehört!"

Bestechend in seiner Absicht und so oft in der Ausführung mißlungen ist der Versuch, die Person aufzuheben, sie in den bloßen „Ton", die „Gebärde" übergehen zu lassen. Am Weitesten ist dieser Versuch später im „Schwierigen" getrieben worden, wo die Stimmen miteinander in Wett-

---

1 Auf die Gefahr, Hofmannsthal von der „Präexistenz" zu interpretieren, wie lange die Mode war, braucht wohl nicht besonders hingewiesen zu werden.

2 Im Anschluß an Alewyn ausführlich abgehandelt bei Ewald Rösch, Komödien Hofmannsthals, Marburger Beiträge zur Germanistik 1, 1963, 65 ff.

bewerb treten. Das Ohr hat die feine Entscheidung zu treffen, wo gegen den rechten Ton verstoßen ist und es sich durch den Verstoß beleidigt fühlen muß. Das Komödienspiel wird damit zur Kammermusik. Mit Pedro, dem Kapitän und Christina hält der Dichter noch einmal Generalprobe für die große Buffo-Oper, den „Rosenkavalier", prüft er seine Technik des Leitmotivs, das seine Melodien in Wort und Geste schafft. So findet der Kapitän aus dem verzweifelten, immer wiederkehrenden „Verdamm mich Gott" heraus und an der Seite der arglosen, alles urban Zweideutige von sich weisenden Bauerndirne seinen — wie Hofmannsthal es versteht — durch das Sakrament versicherten Platz.

Für Hofmannsthals Musikalität selbst lassen sich untrügliche Beweise nicht erbringen. Sein Verständnis der Straußschen Musik ist, wie sich aus dem Briefwechsel ersehen läßt, nicht sonderlich überzeugend gewesen. Strauß umgekehrt stand den tiefsten Intentionen des Dichters ebenso fremd gegenüber.[1] Das Glückhafte dieser Zusammenarbeit ist nur als Wunder recht zu verstehen. Hier stand Absicht gegen Absicht, ein oft unbarmherziger musikantischer Wille gegen behutsame, doch immer der eigenen Art bewußte Bereitschaft, sich dem Klang gefällig zu zeigen. George fand in solcher Unterordnung das Amt des Dichters verleugnet und hat daraus keinen Hehl gemacht. „Wenn Sie dann natürlich wünschen, ändere ich solche Stellen", schrieb Hofmannsthal am 12. 7. 1910 während der gemeinsamen Arbeit am „Rosenkavalier"; doch vergißt er dabei nicht, sein feines taktisches Talent spielen zu lassen, immer wieder mögliche Einwände vorwegzunehmen und den Komponisten auf diese Weise diskret auf seine Seite zu ziehen: „aber durch solche Verwässerung ist diese ‚Arie' natürlich sehr in Gefahr, hundslangweilig zu werden". Daneben dann wieder Stellen tiefster Erbötigkeit, alles Erforderliche auf Bestellung zu liefern, kurz: dem Stück mit flinker Hand dir rechte Façon zu geben. Aber in diesem echten Befürnis Hofmannsthals, sich unterzuordnen, lag zugleich die Ursache zur Beseeligung, der Wille zum Verschmelzen mit einem Element, in dem er die Ergänzung spürte. Doch verbirgt dies nicht das zähe, hinhaltende und je länger desto mehr erfolgreiche Verfahren, Strauß von Wagners „Meistersinger" in die Welt des „Figaro" herüberzuziehen; ihn die Nachfolge der komischen Oper mehr von Wien als von Nürnberg aus suchen zu lassen. Nicht, daß ihm Strauß auch nur das geringste Verfügungsrecht über die instrumentalen Mittel eingeräumt hätte. Die wenigen versteckten Versuche Hofmannsthals, seiner Meinung über musikalische Dinge Gehör zu verschaffen, werden geradlinig und ohne

---

[1] Hans Mayer, Ansichten, Hamburg 1962, 9 ff.

Aufhebens zurückgewiesen. Den Verlockungen zur Buffo-Oper hin, denen Strauß durch seinen Librettisten ausgesetzt ist, kann er dagegen auf lange Sicht nicht widerstehen. Es bot sich hier die Möglichkeit, aus der von der „Salome" und „Elektra" vorgeschriebenen Bahn herauszugelangen und sich in thematischem Neuland zu erproben. Einen in sich intakten gesellschaftlichen Kosmos konnte ihm Hofmannsthal unverfälscht dort anbieten, wo er sich selber zu Hause wußte. Das Wien der Maria Theresia eröffnet den Anschluß an jenen gemischten Operntypus, wie er Strauß vorschwebt und der seinem neuen Klangimpressionismus erlaubt, sich im Wechsel zwischen dem Secco-Rezitativ und den geschlossenen Nummern auszuleben. Die Verwandtschaft zum „Figaro" im personalen Gerüst war erst zu erreichen, nachdem der Baron Ochs als ursprüngliche Titelpartie dem cherubinhaften Octavian geopfert wurde, eine Korrektur, die allerdings in der Praxis nicht vollständig durchgeführt ist und das szenische Übergewicht des Schwerenöters nicht aufheben konnte. Was sich in der brieflichen Beratschlagung zwischen Komponist und Dichter ereignet, ist ein in der Geschichte der Künste unvergleichlicher Vorgang und spricht den Librettisten von allen möglichen Vorwürfen frei, die von der George-Seite gegen die profane Verwendbarkeit des „Gedichts" als seiner Entweihung erhoben wurde.

Die prompte Erledigung der bestellten Arbeit hat in dieser Höhenlage des Zusammenwirkens zweier Meister nichts Anrüchiges mehr. Wo der Komponist ohne lange Umschweife in den Librettisten dringt, ihm im Anschluß an das Parlando des Ochs:

> Dafür ist man kein Auerhahn und kein Hirsch,
> sondern ist man der Herr der Schöpfung,
> wollt, ich könnt sein wie Jupiter selig
> in tausend Gestalten,
> wäre für jede Verwendung."

noch weitere „Prahlereien", etwa „16 bis 20 Verse im Buffo-Charakter" (16. Mai 1909) zu liefern, darf er darauf rechnen, das Gewünschte auf dem Postwege ohne langen Aufschub in Händen zu halten.

Hofmannsthals Anlehnung an Richard Strauß war immer auch eine Absage an die eigentliche subversive Avantgarde, die von Mahler ausgehend sich mehr und mehr von der Tonalität entfernt, um sie schließlich ganz preiszugeben. Mahler selbst ist hier auszunehmen. Seine Tätigkeit an der Wiener Hofoper und seine Bruckner-Nachfolge, wie er sie verstand, war noch traditionalistisch, aber sie befand sich trotz äußerer Erfolge schon auf dem Wege zur Tschandala-Kunst und bedeutete, gemessen an Richard Strauß, Vorbereitung zur Zerstörung der Tonalität, wie sie unter den Voraussetzungen der Monarchie im Zusammenbrechen vom Kreis der Zwölftöner um Schönberg auf das Programm gesetzt wird. Von den berühmten Anfangsakkorden des „Tristan", auf deren Tonleiter sich das melodische Gerüst der Oper aufbaut, wird im Zwölftonsystem mit seiner Berufung auf Wagner eine kalte Tonmontage übrigbleiben, allem Dionysischen der Wagnerkunst quer entgegengerichtet. Orpheus ist hier entlassen, und was Wagner als jahweistische Unmusikalität beim Namen genannt hatte, wird später in „Moses und Aaron" vom Sujet her auf das Provozierendste wiedererstehen. Auch von den Proportionen in zeitgenössischer Bedeutung her läßt sich die Zwölftonschule, ausgehend von Schönbergs melodramatischem Kammerwerk „Pierrot lunaire" aus dem Jahre 1912 als unechtes Subversivum mit den zeitabmalenden Klangimpressionen von Richard Strauß in keine Beziehung bringen. Hier stand ahistorisch Skandalöses gegen den letzten großen melodischen Ausläufer Wagners, in dem sich — und hier ist Hofmannsthal der Zeuge — die „Welt" in ihrer zur Illusion gewordenen Wirklichkeit zusammenfindet.

Im „Rosenkavalier" wird das Spielhaft-Komödiantische vom Maria-Theresianischen Barock als einem eigentümlichen Moment des Stils entfesselt und erdenfroh zur Darstellung gebracht. Das Buffoeske der Ochspartie steht dem Dramatisch-Sentimentalischen der Marschallin kontrapunktisch gegenüber. Hier zeigt es sich: Hofmannsthals gern gelobte Katholizität steht zusammen mit den barocken Restaurationstendenzen der Libertinage in allen Fragen der Moral aufgeschlossen gegenüber. Der Eros ist an keine Moral gebunden. Die barocke Verkleidungskomödie, die Ambivalenz Octavians, die ihn auch als Charakter zwischen Mann und Frau hin- und herwirft, ihn die Kostüme wechseln läßt, neutralisiert die Beteiligten und macht sie ebenfalls zu opernhaften „Partien". Neben den hohen Figuren stehen die kleinen Chargen des „Hoftheaters", der Haushofmeister, die Lakaien in ihrer erbötigsten Erbötigkeit, der Friseur, der das Eisen über dem Lockenbau der Marschallin schwenkt, der Gelehrte mit seinen Folianten, der Tierhändler, der seine winzigen Hunde und das Äffchen präsentiert, der Tenor und der Flötist und die ganze Legion ergebenster Diener, possierlicher Faktoten und kleiner Schurken. Töne und Tonarten werden hörbar, die vom lyrisch-Weichen Octavians — dem „Quin-Quin" und „Hyazinth", halb Spielzeug, halb Blume — bis zur Brunst der Lerchenauischen reichen, die da „sind voller Branntwein gesoffen und gehn aufs Gesinde los, zwanzigmal ärger als Türken und Crowaten". Unbehindert kann sich triebhaftes Agieren nur in der Höhenluft der Feudalität abspielen und wird in den vom bürgerlichen Erwerb durchsetzten Verhältnissen wieder gebrochen. Das Hausherrntum Faninals ist dagegen auf den ordinärsten Nutzen aus und von dem einzigen Wunsch beseelt, sich seine Arriviertheit bestätigen zu lassen. Hier schlägt die gesellschaftliche Prätention gegenüber den „bürgerlichen Neidhammeln von Wien" in eine groteske Komik um, ebenso wie Ochs durch seine ungebärdige Verliebtheit als „Kavalier" nicht nur verharmlost wird, sondern seine Federn lassen muß. Parodiert wird durch das Danebengreifen des Verliebten wie durch die begleitenden sprachlichen Mittel. In der österreichischen Komödie ist im Gegensatz zur französischen bei adligen Figuren das Absinken der Sprache in mundartliche Wendungen schon deswegen gestattet, weil es der Wirklichkeit entspricht. Verstöße gegen Regeln der Syntax und der Grammatik werden hingenommen, ja werden als Verstöße gar nicht empfunden. So deutet der Ausruf der Leitmetzerin:

> Die halbe Stadt ist auf die Füß.
> Aus'm Seminari schaun die Hochwürdigen
> von die Balkoner

den ganzen Spielraum dieses Sprechens an und die Palette seiner möglichen Tönungen. Kunstlosigkeit wird zu einer Kunst hinaufgehandelt, die sich im bloß Künstlichen erfüllt. Überboten wird das Wort durch die Pantomime, die abgetanzte, abgespielte Vorbereitung der Maskerade. Sie deutet nur an, spannt die Erwartung auf das, was mit ihr eingefädelt werden soll.

Im „Rosenkavalier" hat sich Hofmannsthal als wirklicher Meister der Parodie bewiesen, der den „antiken" Tragiker in ihm bei Weitem übertrifft. In der Parodie fährt er glücklicher, wie auch seine „Ariadne auf Naxos" zeigt. Nicht zuletzt darum, weil er sich hier wieder auf den vertrauten Wiener Boden zurückbegeben kann und in seine Vorlage der ihm geläufige Dotierungsapparat des feudalen Mäzenatentums einbezogen ist als Teilstück der Parodie, aber ebenso als Moment der Verherrlichung. Die Unordnung des feudal organisierten Kunstbetriebs ist das inspirative Element, gegen das das Recht des Künstlers nur solange bestehen kann, wie er sich willig in sein Dienstbarkeitsverhältnis fügt und sich durch das „ausbedungene Honorar" mitsamt einer „munifizenten Gratifikation" in seinen Auftrag schickt, der allenfalls leidliches Widerstreben erlaubt. Den Gegenstand der Frage hatte Hofmannsthal ausführlich in seinem Vortrag „Der Dichter und diese Zeit" behandelt. Sein Standpunkt war hier der eines begütigenden Vermittlers gewesen. Im Vorspiel der „Ariadne" wird das Problem des durch den feudalen Rahmen vergesellschafteten Künstlers aus der Abstraktion herausgezogen und in der Maskerade sinnspielhaft dargestellt; das bedeutet in der Praxis des Hofmannsthalschen Theaters:

es wird durch das Rankenwerk der Komödie aufgehoben. Da treten der Haushofmeister auf, der mit feinem Zeremoniell an die Zahlungsfähigkeit seines Herrn erinnert, der Musiklehrer in der Rolle des Impresario, der Komponist, der in seiner gar nicht ernst genommenen Künstlerehre gekränkt ist und mit seinem Protest gegen die Verunglimpfung seines Werkes selbst zur komischen Figur herabgedrückt wird, und weiter das ganze bunte Theatervölkchen, vom absonderlichen Wunsch des Mäzen aufgescheucht und sich am Ende doch bereitwillig fügend, wo der Wunsch als Befehl gilt. Denn nichts ist töricht genug, das da, wo klingende Münze im Spiel ist, nicht auf seine Ausführbarkeit geprüft zu werden Anspruch hätte. Es ist die tolle Laune, die Vergnügen schafft. Wer erdreistet sich da schon, mit seinem Einspruch den Spaß zu verderben, wagt es, den Humorlosen zu spielen? Man muß dafür empfindlich sein, um die feine Brechung von Hofmannsthals Ironie, die sich gegen den banausischen Kritiker richtet, wahrnehmen zu können. Ob die Buffo-Oper dem Trauerspiel folgt oder das Trauerspiel der Buffo-Oper, ist von nur geringem Belang. Ebensogut kann man auch beide Stücke gleichzeitig geben. Wer mit seinen Einwänden das Spiel stört, rennt geradeswegs in die aufgesteckten Degen. Der Spaß ist noch einmal auf die Höhe getrieben, aber er gehört zu den letzten großen Späßen, die sich das feudale Selbstverständnis Hofmannthals leistet: Ein Feuerwerk komödiantischer Verspieltheit und eines Übermuts, der sich in einer Zeit, die auf den Sturz der Monarchie unaufhörlich hinarbeitet, noch einmal alle Freiheiten nimmt und sie dem Theater als ihrer ureigensten Stütze anempfiehlt.

Das Vorspiel zu „Ariadne" ist dem Librettoentwurf während der Arbeit am Stück beigegeben worden. Strauß hatte Recht, wenn er im Vorspiel „das eigentliche Stück" sah (Brief vom 24. Juli 1911). Mit dem Verständnis des Ariadneteils hatte es für ihn seine Bewandtnis, jedenfalls soweit es darum ging, Hofmannsthals eigene Deutung der mythologischen Figuren aufzunehmen. Der Versuch des Dichters, ihm den Sinn der Handlung zu erklären, zeigt das Prekäre der Lage. Stimmt es nicht bedenklich, fragt Strauß, daß zum Verständnis des Stückes eine solche Deutung überhaupt notwendig ist? Und was werden erst das Publikum und die Kritik dazu sagen?

Hofmannsthals Korrekturen lassen auch beim wohlwollendsten Leser aus der Lektüre des Stücks allein seine eigentliche Idee nicht klar hervortreten. Insofern hatte Strauß nicht zuviel bemängelt. Daß es sich um das Grundthema der „Elektra", um den Gegensatz des heroisch Gesteigerten und des Menschlichen handelt, daß hier eine gestaffelte Gruppe von Heroen, Halbgöttern, Göttern in Ariadne-Bacchus-Theseus verkörpert gegen das Nur-Menschliche der Zerbinetta steht, ein solcher, von der Allegorie her vorgetragener Anspruch ist von dem komödienhaften Spiel und seiner tragischen Durchbrechung her allein nicht gerechtfertigt. Überhaupt enthält der Titel viel von bewußter Willkür. Nicht Ariadne, sondern Zerbinetta beherrscht szenisch das Feld. Auf sie hat der Librettist die am meisten belohnte Mühe verwandt, und er hat das selbst bemerkt, wenn er an Strauß schreibt: „Ein Stück, wie das Intermezzo etwa, Arie der Zerbinetta und Ensemble, wird, so darf ich wohl sagen, von niemandem, der heute in Europa schreibt, in seiner Art übertroffen werden."[1] In der Soubrettenpartie zuvörderst und, wie sich von selbst versteht, im Vorspiel, konnte sich der Komponist seines ganzen Glücks bewußt werden, einen so unvergleichlichen Textdichter zur Seite zu haben. Hier wurde ihm unverfälschtes Theater angeboten. Hier konnte er sich mit seiner Neigung zum impressionistischen Klangzauber ausleben, dem Tänzelnden der Commedia dell' arte einen lyrisch weiter gespannten „antikischen Heroismus" gegenüberstellen. Denn von diesem Kontrast war das szenische Arrangement der Oper grundsätzlich bestimmt und durch ihn, nicht der esoterischen Mystik der Verwandlung wegen, entsprach sie ihrer Bestimmung für das Theater.

In der zweiten Fassung gelangte die Oper am 4. Oktober 1916 in Wien zur Uraufführung. Das Jahr ist bezeichnend. Die Niederlage am Isonzo hatte nach dem Scheitern des Verdun-Unternehmens, dem Ausgang der Somme-Schlacht im Westen und dem Beginn der Brussilow-Offensive im Osten auch die Südfront auf das „System von Aushilfen" verwiesen. Die alte Siegeszuversicht ist dahin, eine nüchterne Beurteilung der Lage an ihre Stelle getreten. Im folgenreichen August bringt die Kriegserklärung Rumäniens neue Verwicklungen für die Mittelmächte und am 21. November trifft die Nachricht vom Tode Franz Josefs ein. Ein Zeitalter ist mit ihm zu Ende. Als der Nachfolger Karl durch geheime Unterhandlungen einen Sonderfrieden anstrebt, hat das neue Zeitalter schon begonnen. Es ist das gleiche Jahr, in dem Marie von Ebner-Eschenbach mit ihren „Erinnerungen an Grillparzer" noch einmal eine Gestalt heraufbeschwört, die nach dem Sieg der Moderne, der hereinbrechenden Industrialisierung und den aufkommenden politischen Massenbewegungen selbst schon wie ein Phantom aus alter Zeit wirken mußte. Es scheint, daß der Krieg Hofmannsthal für eine Weile aus der selbstgefälligen Resignation herausgerissen und seine Aktivität geweckt hat. Man wird an Musils „Mann ohne Eigenschaften" erinnert, wo der Krieg als Erlösung aus der erstarrten Welt herbeigesehnt wird, weil er den erschlafften Menschen zur Tat zwingt. Ein Anflug von

---

[1] Mitte Juli 1911.

Optimismus fällt ihn an, zweifellos auch der Glaube an die nationale Sache und den nationalen Sieg. Er konnte nicht wissen, daß die ökonomischen Fakten den nichtdemokratisierten Obrigkeitsstaaten die Niederlage bescheren würden, er hatte auch nicht wie Karl Kraus den kühl analysierenden Blick für die wirklichen Verhältnisse. Analysieren war seine Sache nie gewesen. Sprechen und Denken fallen bei Hofmannsthal nicht zusammen. Der Gedanke ist ihm stets getrübt geblieben durch die Empfindung, die die Vernunft bestechen zu können glaubt. Bei Bahr hätte er sich Belehrung verschaffen können, wo es darum ging, den Aufstieg Victor Adlers richtig zu deuten und nicht bloß die „Treue zum Vermächtnis" dagegen zu stellen. Friedjungs Verständnis des Imperialismus als des Motors, der zum Kriege treibt, war ihm verschlossen geblieben. Kraus wußte von der verhängnisvollen Rolle der Religion, die anzuerkennen Hofmannsthal sich nie unterstanden hätte; Freud kannte den Aufstand des Triebs, der in den Modifikationen von Klasse, Rasse und Völkerschaft zum Umsturz und zur Herrschaft drängt. Als Konservativer, wie Hofmannsthal sich selber versteht, nähert er sich der Pose, wenn er den Erzherzog Franz Ferdinand, dem ein Ausgleich mit den Slaven vorschwebt, an Legitimismus noch überbieten will. Schnitzlers „Zauber der Illusion" war, wie wir wissen, vom Boden der Illusionslosigkeit aufgestiegen; Militär, Beamtentum, Ehe und Religion, die Institutionen des Staates und der Gesellschaft waren in der Kleinform der Erzählung desillusioniert worden. Der Trieb in der zersetzenden Funktion als Unruhestifter, aber ausgesöhnt mit dem Spiel, gilt als der heimliche Herrscher: Der Eros als der Gott, der alles vereint und den Umsturz betreibt. Das war eine andere Antwort als Hofmannsthals repräsentative Staatsprosa, die gewiß redlich, gläubig und im nationalen Sinne korrekt war, aber angesichts der wirklichen Bedrohungen, Versäumnisse und Bedürfnisse naiv anmutet. Wer im Jahre 1916 noch in den Idealen des Prinzen Eugen befangen ist, für den wird die Welt bald unverständlich werden. Wien ist bereits seit einigen Jahren ein mehr oder weniger sicheres Asyl für die russischen Revolutionäre, jedenfalls sicher genug, daß Trotzki vom Oktober 1908 an hier seine „Prawda" herausgeben kann. Lenin empfiehlt sich während des Krieges der österreichischen Polizei als antizaristischer Agent und erhält durch Adlers Vermittlung seine Aufenthaltserlaubnis.[1] Hier wird es offenkundig: Was auch immer die Bürokratie unternimmt, die Monarchie ist bereits in einer Phase angelangt, in der ihr alles zum Unheil ausschlagen muß. Adler selbst sah in dem flüchtigen und bis dahin erfolglosen russischen Revolutionär einen

---

[1] Wiener „Arbeiterzeitung" vom 20. April 1924, 4.

Schwärmer und Lenin mußte in der österreichischen Sozialdemokratie den klassischen Revisionismus erkennen, dessen Kennzeichen das Zaudern ist. Diese Vorgänge ereignen sich gewissermaßen hinter Hofmannsthals Rükken. Die Welt wird neu verteilt, aber der elegische Orpheus der Seigneurialverfassung hat davon nichts gemerkt. Sein Auge ist getrübt von der Trauer. Von seinen traditionsverwaltenden Reden her betrachtet wird man sagen müssen, daß Hofmannsthal die aufsteigenden Mächte nicht mehr begreifen konnte; seine „schöne" Sprache, wirklich ein Lichtblick in der sich schon ankündigenden Verlotterung der geistigen Verfassung, kann nicht über die Zurückgebliebenheit der beiden Kaiserreiche gegenüber dem elastischen Demokratismus des Westens hinwegtäuschen, ja bestätigt sie nur. Sein Vergleich des „Preußen" mit dem „Österreicher" ist die Bestandsaufnahme zweier Welten ohne Zukunft. Es ist ein luxuriöser Zeitvertreib, zu psychologisieren und zwei „Typen" gegeneinander zu stellen, die in diesem Kriege zeitweilig aufeinander angewiesen sind und sich für eine Weile gefunden zu haben scheinen. Institution steht hier gegen Disziplin, Musik und Melos gegen Wort und Abstraktion, Mehrdeutiges gegen Eindeutiges. Das scheint einsichtig und konnte doch bloß Gegenstand eines unverbindlichen Gesellschaftsspiels sein gegenüber dem Vorgang der Staatsauflösung als harter und unwiderruflicher Tatsache. Er ist eine Variante der russischen Ereignisse, nur daß in ihr nicht die letzten Konsequenzen gezogen werden. Zufall war es nicht, wenn die drei in den Krieg verwickelten Kaiserreiche und gleichgültig, auf welcher Seite sie standen, aus diesem Krieg als Republiken hervorgehen sollten. Das Recht der Nationalitäten, sich am Sturz der Monarchie zu beteiligen, konnte Hofmannsthal nicht anerkennen. In einem Augenblick, wo das neue Selbstgefühl des Volkes erwachte, wog der Anspruch der dynastischen Tradition nicht mehr viel, ebensowenig wie die Gründe ökonomischer Nützlichkeit. Die neuerstehenden Nationen wollen am Privileg der Großmächte, nationalstaatliche Politik zu machen, ebenfalls teilhaben und helfen damit, die Phase des Nationalismus zu verlängern. Sie wollen die ihnen zustehende nationale Selbständigkeit, die ihre Grundlagen in der Sprache und Kultur hat, und eben das ließ sich in der Monarchie, so wie sie nun einmal war, nicht durchsetzen. Es war darum schwerer, die Monarchie zu reformieren, als sie zu zerstören. Gegen jahrhundertealte Gewohnheiten und Sitten, gegen Privilegien und den Usus ständig fließender Einkünfte kann die Vernunft des klügsten Reformwerks wenig ausrichten, wenn sie nicht mit harter Notwendigkeit im Bunde ist. Die Stunde war für die Selbständigkeit der Völkerschaften günstig und die Umstände gaben einem Autonomisten wie Masaryk mehr Recht als den monarchistischen

Alt-Tschechen, ja bestätigen den Radikalismus noch gegen diejenigen, die ihm von Haus aus fern standen. Aber die Geschichte geht bekanntlich weiter. Als dann der Enthusiasmus der neuen Staatsgründungen verflogen ist — das gilt für Prag und Budapest ebenso wie für Reval und Helsinki — und das harte Brot des Alltags gegessen wird, treten die Symptome des kleinstaatlichen Nationalismus auf: Man will eben nicht nur mit dem eigenen guten Recht Verträge schließen, Wirtschaft und Handel stärken und die eigene Sprache zur Geltung bringen, man will, durch die eigene nationalistische Bourgeoisie dazu ermuntert, durch Umkehrung der völkischen Herrschaftsverhältnisse aus der alten Minoritätenpolitik eine neue machen, die sich dadurch auszeichnet, daß sie erbarmungsloser ist.

Es lag auf der Hand, daß mit dem Zusammenbruch des Donaureiches neben den verschiedensten Versuchen der Neuorientierung die Bestandsaufnahme des noch Übriggebliebenen vorgenommen wird. Das Zögern der Sozialisten bei dem zeitweilig in Aussicht genommenen Unternehmen, sich durch einen revolutionären Handstreich der Republik zu bemächtigen, löste bekanntlich den Tadel Lenins aus, der für Wien die Wiederholung der Petersburger Ereignisse empfohlen hatte. Bauers Revolutionstheorie war anders gefaßt. Sein Argument lautete: Wir können wohl eine Revolution erfolgreich durchführen, aber wir können die neugeschaffenen Verhältnisse auf die Dauer nicht halten. Diese Einsicht mochte den Umständen entsprechen oder nicht, für den weiteren Verlauf der Republikgeschichte führt sie praktisch zum Erstarken der restaurativen Tendenzen in Politik und Kunst und zum Weiterwachsen des aus der Monarchie übernommenen Traditionalismus. Mit seiner Hilfe versucht eine relativ intakt gebliebene alte Gesellschaft ihre überkommene Rolle weiterzuspielen, gerät aber dabei, wo die ökonomisch fundamentierte feudale Szenerie zerschlagen worden ist und das alte imperialistische Militärreservoir fehlt, unmittelbar in die Nähe der Parodie. Das Imaginäre dieser Rolle erinnert an den Operettenstaat, als der sich die Republik im entscheidenden Augenblick herausstellt. Für das Bürgertum gilt es, Umschau zu halten nach Institutionen, die das Eigentum garantieren gegenüber den einströmenden Massen aus den böhmischen Latifundien wie den kleinbäuerlichen Betrieben. Das organisierte Proletariat steht hier gegen den Einfluß der Kirche, die aufs Ganze besehen durch ihre Indifferenz ihre Handlungsfreiheit zu erhalten bestrebt ist, ihrer eigenen Geschichte nach und wenigstens in ihrer Spitze mit totalitären Gruppen sympathisiert und ihnen zu gegebener Zeit ihre Unterstützung nicht versagen wird. Schnitzler konnte sein novellistisches Werk kontinuierlich weiterführen, indem er anstelle seiner Kritik an den Institutionen der Monarchie die Wehmut über ihren Untergang aufsteigen ließ und sich im übrigen weiter an jene Gesellschaft wandte, die, soweit sie überhaupt sein Interesse erweckte, in fortschreitender Verbürgerlichung nach wie vor weiterexistierte. Erst jetzt kann sich der Hang zur Apotheose des alten Österreich ausbilden, wie wir ihn in der ausgeprägtesten Dialektik bei Joseph Roth antreffen.

In dieser Phase des Untergangs erweist sich Hofmannsthal als der Vertreter der enervierendsten Spätzeitkunst, der darunter leidet, den Beginn einer neuen Zeit miterleben zu müssen und den Augenblick nutzt, sich einer Gesellschaft, der er dem geltenden Reglement entsprechend selber zu keiner Zeit gleichberechtigt angehört hat, dadurch gefällig zu zeigen, daß er ihren „Schwanengesang" anstimmt. In den späten Komödien, vor allem im „Schwierigen", ist das Schaffen und Wollen Hofmannthals noch einmal zusammengefaßt, erweist sich sein lebenslanges Anhängen an das Ideal einer mit Gesten und Tönen spielenden Nobilität als die eigentliche Potenz seines Dichtens überhaupt. Freilich kann ein großer Dichter für die Dokumentation einer Gesinnung Glaubwürdigkeit beanspruchen. Und in der Tat: Darin bewegt sich Hofmannsthal auf einen letzten Gipfel des österreichischen Barock zu, daß dem „Wort" im Sinne klassischen Sprechens der Boden weggenommen wird und andere, ihm zuverlässiger erscheinende Mittel der Übereinkunft: die Gebärde, der Blick, das Schweigen, die Nuance, an seine Stelle treten. Denn das Wort ist schon ein Umschlagen ins Indiskrete; es tritt fordernd auf. Das war auch der Leitgedanke in Bahrs „Dialog vom Marsyas" gewesen, der den Künstler mit seinem Übersichselbsthinauswollen verdächtigt und den nichtreflektierenden Täter fordert, der sich im reinen Sein erfüllt. Vom Wollen der wienerischen Residenzpoesie und ihrem atmosphärischen Hintergrund her läßt sich die preziöselnde Absicht nicht verbergen. Im „Schwierigen" wird diese Absicht intensiv in ihr Gegenteil verkehrt, indem sie sich in das Schema von Hofmannsthals Mystik einfügt. Die Mystik lebt grundsätzlich aus der Umkehrung der Werte, die das Hinnehmen in Wirken, das Schweigen in Beredtheit, das Nichtwollen in Wollen umsetzt. So löst die „Dezenz" des Hans Karl Bühl eine mystische Aktivität aus, die mit der Nuance des Schweigens, dem Blick, dem Angedeuteten oder Noch-Nicht-Einmal-Angedeuteten für den mit der Regel vertrauten unmißverständlich wird. Wer gegen das stillschweigende Arrangement verstößt, beleidigt zugleich die, derentwegen dieses Arrangement besteht. Das emphatisch gesetzte „Wort" Neuhoffs wird in seiner Banalität bloßgestellt. So werden im offenen Dialog des Lustspiels die heimlichen Signale ausgetauscht, die über die Mitgliedschaft im esoterischen Zirkel entscheiden. Wer die Chiffre nicht kennt, verläuft sich an den Wänden aus Glas, die ihn vom echten Verkehr mit den anderen ausschließen und es dahin bringen, daß der norddeutsche Baron „hier in seinem Leben keine Position haben wird". Was Musil im „Mann ohne Eigenschaften" ganz unter das Gesetz der epischen Objektivität stellt: den Gegensatz zwischen Österreich und Preußen, erhält durch die Ingredienzien der Hofmannsthalschen Mystik eine andere Tönung. Das mystische Wertsystem verträgt allerdings nur einen Neuhoff, wie Hofmannsthal ihn hier zeichnet und zeigt an, wie das ohnehin wenig begnadete deutsche Lustspiel mit seinem österreichischen Ausklang in die totale Konfusion der Werte hineingerät. Das Stück kennt nicht mehr wie die Komödie auf ihren europäischen Höhepunkten bei Shakespeare, Molière, den Italienern, das von ganz naiven Affekten wie Liebe und Eifersucht, Koketterie und Habgier, List und Verführung, Freude am Essen und Trinken angeleitete Personal der Typen, sondern gruppiert seine Figuren um die komplizierte Unnatur, die die Maße für das im Spiel geltende Reglement setzt. Die Komödie der Mißverständnisse, wie Emil Staiger den „Schwierigen" interpretiert hat,[1] ist in Wahrheit eine Komödie des innerlich zersetzten menschlichen Verkehrs. Der Faden zwischen „Oben" und „Unten" ist abgerissen; der redliche Umgang von Herr und Bedientem, wie Lessing ihn im Verhältnis zwischen Tellheim und Just unvergeßlich dargestellt hat, weicht bei Hofmannsthal der beziehungslosen Indirektheit. Das führt zum Sieg der Attitüde, zum unkritischen Vertrauen in die Nuance, die das Menschliche von innen her aushöhlt und nach außen verkürzt zur Geltung gelangen läßt.

Dem Genre nach ist der „Schwierige" dem im Burgtheater gepflegten wienerischen Konversationsstück zuzurechnen mit seiner genauen Lokalisierung des Milieus, der Sprache und der figurierenden Modelle. Auch die Umrisse der Handlung: ein auf die Vierzig zustrebender Junggeselle, der sich gegen alle ihn zur Ehe bewegenden Anfechtungen standhaft erwiesen hat, wird am Ende durch weibliche List von seinem Vorurteil kuriert, sind schematisch vorgezeichnet. Die dazu gehörige Passivität des Helden ist bester Komödienstil, ebenso wie ein auf Distinktion bedachter, allen seelischen Tiefgang der Höflichkeit wegen meidender Gesprächston, der lieber beim Nichtigen verweilt als beim Bewegenden. Denn von einem scharf markierten äußeren Geschehen kann keine Rede sein, jedenfalls weniger als in der bühnengerechtesten österreichischen Komödie: Hermann Bahrs „Konzert". Hofmannsthals komödiantische Pointe liegt im leisen, unmerklichen Geschehen. Die in der Konversation vereinte Gesellschaft duldet kein Herausragen durch das bürgerliche Verdienst; die „Tüchtigkeit"

---

[1] Meisterwerke deutscher Sprache, Zürich 1961[4], 226.

wird verdächtigt, denn sie stört den leichten Fluß des Gesprächs, schränkt das Spielhafte darin ein. Nichts geht über das Schwerelose des Artisten, des Clowns Furliani, als dessen Verwandter Bühl sich fühlt. Gescheites oder gar Gelehrsames, das an den Schweiß der Arbeit erinnern könnte, wird da, wo der „Zauber" der Relativität herrscht, von vornherein ad absurdum geführt. Die Bridgepartie im Salon wird nur von „Fragmenten von Unterhaltung" begleitet. Hier setzt sich die „altmodische Auffassung" Altenwyls durch, die er mit Helene teilt und die das „gewisse Zielbewußte" in der Konversation als eine moderne Unart ablehnt. Konversation bedeutet für ihn: „Nicht selbst perorieren, wie ein Wasserfall, sondern dem andern das Stichwort bringen. Zu meiner Zeit hat man gesagt: wer zu mir kommt, mit dem muß ich die Konversation so führen, daß er, wenn er die Türschnallen in der Hand hat, sich gescheit vorkommt, dann wird er auf der Stiegen mich gescheit finden." Es kommt auf die „Nonchalance" an, zu der, wie Hans Karl Bühl es ausdrückt, „genau das Doppelte" gehört wie die „Anspannung". Diese auf den großen Clown bezogene Anspielung deutet die erst vorläufige Formel an, auf die Bühl und Helene Altenwyl sich allenfalls zu einigen vermöchten. Das eigentliche Schlüsselwort aber kann nicht fallen, denn es müßte das Letzte ausdrükken, das das Unaussprechliche meint. So bleibt alles in der Schwebe, entscheidungslos, wie Bühl selbst. Das Vieldeutige seines Charakters verleiht ihm die Faszination, die der Bemühung gar nicht bedarf, die ohne Willen die Absicht absichtslos verwirklicht. Es schafft ihm aber auch den weiten Spielraum, so im Umgang mit Antoinette, der ehemaligen Geliebten, deren Zeit nun um ist. Aber dieses Ende ist von besonderer Art und wird von Antoinette richtig verstanden: „Mich sitzenlassen ist dir zu gewöhnlich. Mich behalten, dazu bist du zu herzlos. Mich hergeben, dazu bist du zu raffiniert. So willst du mich zugleich loswerden und doch in deiner Macht haben." Hier wird der Besitz erworben, indem man ihn aus den Händen gleiten läßt. Darum sind auch die Gründe, die Neuhoff in werbender Absicht bei Helene gegen Bühl vorträgt, in der Sache nicht unzutreffend, aber sie zeigen ihre Schwäche da, wo sie ausgesprochen werden. Der Übergang vom Gedanken zum Wort hat, so fein er auch sein mag, dialektisch verwandelnde Kraft. Das Urteil über Bühl aus dem Munde Neuhoffs schlägt in seiner Wirkung gegen ihn selbst zurück und löst bei Helene Altenwyl das diskrete Bekenntnis zu jener Moral der décadence aus, nach der das Schwache über das Starke siegen möge. Der Baron, der ein wenig als norddeutscher Recke posiert und vom „Recht der geistig Stärksten über die Frau, die er zu vergeistigen vermag", zu sprechen beliebt, zeigt sich dem Spiel der Klänge nicht gewachsen und verfängt sich in

Schlingen, die der Dichter mit Behutsamkeit selber ausgelegt hat. Verhalten und mit einer Andeutung zum Schweigen hin fällt die Antwort Helenes aus, aber diese Verhaltenheit ist die entschiedenste Verteidigung, sie ist eine Waffe, gegen die es keine Abwehr mehr gibt. In ihrer Apologie der bühlschen Art steckt wiederum soviel Mystik und damit Negation des Negativen, die den raffiniertesten Intellekt, geschweige den norddeutschen Baron, in Verlegenheit bringt. Ein Mann wie Bühl steht außerhalb der Vergleiche: „Die Ungeschicklichkeit, die ihn so liebenswürdig macht, der timide Hochmut, seine Herablassung, freilich ist alles ein Versteckspiel, freilich läßt es sich mit plumpen Händen nicht fassen."

Dokumentation einer absterbenden Klasse, bevor sie dem „Friedhof der Aristokratien" übergeben wird, Darstellung eines Lebensstils und eines Zeremoniells, die durch die Lichtfarben ins Märchenhafte umgedeutet werden, war nicht der letzte treibende Sinn dieses Gedichts. Dafür hat die Patina dieser Figuren zuviel von der Theatereleganz aufgenommen, die sie der Wirklichkeit entfremdet und dem Wünschen und Träumen verhaftet macht. Vom Organismus der Gesellschaft haben sich diese Gestalten gelöst und agieren nach einem Rhythmus, den sie sich selber geben und nach einem Plan, der der Festidee in Musils Roman entspricht:[1] Die untergehende Monarchie verabschiedet sich mit einem Fest. Das Fest als Vorstellung des Glanzes, der Repräsentation, die alle „Arbeit" vergessen läßt und sich in der Konversation ihre künstlichen Widerstände schafft. Von der inzwischen erreichten Phase der politischen, gesellschaftlichen und ökonomischen Entwicklung aus gesehen zeigen die szenischen Skizzen Hofmannsthals Spuren, die das Dokumentarische des klassenstrukturell konstituierten Vorgangs festhalten und noch einmal den Sieg der feudalen Klasse vor ihrer entgültigen Entmachtung bezeugen.

Wir haben es hier mit den retardierenden Tendenzen in der schon der republikanischen Zeit zuzurechnenden Produktion Hofmannsthals zu tun, die durch die artistische Ausführung in der Form eigentümlich neutralisiert werden wie im „Unbestechlichen", im „Turm" dagegen durch die eingebaute Feudalstruktur des Calderónschen Dramas sich an der klerikalkonservativen Neuformierung der Gesellschaft innerhalb der Republik künstlerisch beteiligen. Der graziös verzierlichende Spielcharakter des „Unbestechlichen" kann über die gesellschaftliche Lokalisierung des Werks,

---

1 Auf die Verwandtschaft Bühls als einem „Mann ohne Eigenschaften" mit Musils Titelfigur hat Franz Norbert Mennemeier in seinem Beitrag über Hofmannsthals „Schwierigen" (Das deutsche Drama vom Barock bis zur Gegenwart, hg. v. Benno von Wiese, II 264) aufmerksam gemacht.

in dem aus der inzwischen verwandelten politischen und sozialen Wirklichkeit die Fäden der Handlung in die ausklingende imperiale Epoche zurückgeworfen werden, nicht hinwegtäuschen. Das Mißvergnügen am trüben republikanischen Alltag, das Unvermögen, sich mit der Niederlage des Reichs abzufinden, das „Wertvakuum", das Broch in seinem Aufsatz „Hofmannsthal und seine Zeit" durch den Dichter bestätigt sah, lassen den Blick unwillkürlich aus der Zerrissenheit und Unsicherheit des neuen Regiments zurückwandern in den Zeitraum der höchsten Machtentfaltung der Monarchie. Der Schauplatz des „Unbestechlichen" ist ein niederösterreichisches Gut im Jahre 1912. Die Handlung kreist um das leicht variierte Thema vom Diener als Herrn, das Hofmannsthal instand setzt, das Inventar einer zum Abschied gezwungenen gesellschaftlichen Epoche aufzuzeigen. Das deutet den Versuch einer bereits historisierenden Komödie an, die freilich nicht harmlos genug ist, sich mit dem Komödienhaften zu begnügen, sondern der agnostischen Ideologie des Dichters dient. War im „Schwierigen" die Ehe jene sichernde Einrichtung, die das abgesplitterte Individuum aus dem vordergründig bestrickenden Zustand der Ambivalenz herausführt, aber als das Feste und Dauernde außerhalb der Bühnenszenerie gehalten und mit dem allerfeinsten Takt ausgespielt wurde, wird sie im „Unbestechlichen" in Frage gestellt von einer Ehe her, die zur neuen Ambivalenz hinführt. Der Baron Jaromir ergänzt die eheliche Prosa durch die lyrische Improvisation, indem er die Freundschaft mit zwei verflossenen Geliebten wiederanknüpft, sie auf sein Schloß einlädt und beide in luxuriöser Weise durch ein eigens eingefädeltes Spiel gegeneinander kontrastieren zu lassen beabsichtigt. Aber das Unternehmen kommt dank der „Intrige" des Dieners über die bloße Ouvertüre nicht hinaus. In der naiven Marie wird das Gewissen gegenüber dem Vater angesprochen, in der mondänen Melanie die Furcht vor ihrem Ehemann. Gewissen, Furcht und das Gefühl für das Unschickliche vermischen sich miteinander und lassen die Wandlung ahnen, die sich in allen drei Mitspielern anbahnt. Diese Wandlung ist wie im „Schwierigen" das eigentliche Geschehen. Die Ehe steht jenseits aller ihr vorausgehenden Frivolität, sie bedeutet im Sinne Hofmannsthals ihr Ende. In den Worten Melanies an Jaromir ist die Zerspaltenheit des zwischen Ehe und Nicht-Ehe hin- und hergeworfenen Charakters aufgedeckt: „Sie kennen vielleicht manches von mir, aber nicht das, was vielleicht das Beste an mir ist. Nicht die Seite, die zum Beispiel mein Mann kennt ... Und ich weiß wiederum, Sie verstecken geflissentlich vor mir Ihr Bestes —". Was in diesen Worten so schwer wiegt, ist aber der Anlage von Hofmannsthals Mystik gemäß von der gleichen Leichtigkeit, mit der die Federbälle seines dialogischen Sprechens hin- und hergeworfen werden, wie denn auch die „Theologie" Theodors und sein Wunsch zu zeigen, „wo Gott eigentlich Wohnung hat", nur durch das komödiantische Spiel zur Geltung gelangt.

Von dem einmal erreichten Stadium der „Erkenntnis" ist Hofmannsthal nicht mehr zurückgekehrt auf die Stufe des poetischen Immoralismus der Jugenddichtung. Er hat im Gegensatz zu Schnitzler eine Entwicklung durchgemacht, ohne daß dieser Entwicklung eine besondere Qualität beizumessen wäre. Die künstlerische Höhe der frühen Lyrik hat eine Steigerung gar nicht mehr zugelassen. Was folgte, war eher ein Abnehmen der Kräfte und das Vertrauen auf das formal Überzeugende. Immer wieder taucht die Idee der Versittlichung des Sinnlichen auf. So in der „Ägyptischen Helena". Hofmannsthals Helena ist aus der Gesellschaft der Arlette, der Schmiedsfrau der „Idylle", der Dianora mit ihrer Bereitschaft, sich verführen zu lassen, durch den von Hofmannsthal poetisch wiederentdeckten sakramentalen Akt der Ehe herausgenommen. Schon Euripides hatte in den „Troerinnen" das Problem zu bewältigen versucht, das die Antike bewegte: Wie kann das Weibchen, das die Geliebte des Paris war und den Trojanischen Krieg angezettelt hatte, nach der Zerstörung Trojas ungestraft an der Seite ihres Gatten Menelaos weiterleben? Euripides löste die Frage damit, daß er aus der ungetreuen Helena ein Phantom macht, während die echte Helena durch den Arm des Gottes zur ägyptischen Insel Paros gelangt war und hier die Stürme des Krieges überlebte. Hofmannsthal mußte diese Auflösung ins Traumhafte gelegen sein. Seine Helena wird durch geheime Zauberkräfte vor Menelaos in Sicherheit gebracht, der die Gemahlin für den Mord in Troja als Sühneopfer darbringen will. Als er sie zusammen mit Paris erblickt, glaubt er, beide zu erdolchen. Von Aithra aber erfährt er die Geschichte, die wir auch von Euripides kennen. Die echte Helena schläft in ihrem Palast. Um die Wahrheit der Geschichte zu beweisen, hebt die Nymphe den Vorhang zum Nebengemach, wo Menelaos seine Gemahlin auf einem Ruhebett erblickt. Doch auch die darauf folgende Liebesnacht kann ihm nicht den Verdacht nehmen, die echte Helena getötet zu haben. Auf natürlichem Wege kann Helena ihren Gatten nicht versöhnen. Das gelingt ihr erst durch den Zaubertrank und ihre Bereitschaft, sich als Schuldige selbst zu opfern. Doch beim Anblick ihrer unvergleichlichen Schönheit sinkt Menelaos der Dolch aus der Hand und der Vereinigung der beiden steht nun nichts mehr im Wege.

Eine solche Helena war ebensowenig die Helena Homers wie die Goethes. Bei Goethe wird der Mythos auch in der parodierenden Abwandlung durch Helenas Begegnung mit Faust unbeschädigt erhalten. Die Zwangsläufigkeit des Geschehens ist gesichert. In Faust und Helena begegnen sich die Welt des Nordens mit der südlichen Antike. Magie und Zauber sind dabei dem Dichter nur Mittel der Poesie, um die Phantasie über alle Grenzen hinwegzuleiten, nicht aber Wirklichkeiten, die ihren Zweck in sich selber haben. Für Hofmannsthal dagegen bedeutet Menelaos die „Verkörperung des Abendländischen", während Helena die „nie erschöpfte Stärke des Morgenlandes" bezeugt. Das ist etwas ganz anderes als Goethes Vorstellung der Helena, in der das Griechische sich auf klassische Weise selbst vollendet. Das Weibliche gilt ihm als das Erlösende, aber nicht im Sinne eines sakramental-kultischen Materialismus, sondern als vollkommener Einklang von Leib und Seele. Helenas Schönheit ist immer auch Schönheit des Leibes, denn ohne sie wäre sie nicht Helena. Der Leib ist bei Goethe unverdächtig und bedarf daher des Sakraments nicht. Bei Hofmannsthal dagegen erblickt Menelaos wie durch einen Schleier die vom Lotostrank verwandelte Helena. Aber auch der Österreicher ist gezwungen, das kultisch-Sakramentale in seiner Wirkung einzuschränken, wenn er den Menschen nicht an dumpf mediale Mächte ausliefern will. Entscheidend ist, daß Helena ihren Betrug bereut und sich selbst als Opfer anbietet. Das Opfer aber, die Bereitschaft, durch den Tod zu sühnen, wird hier als Freiheit verstanden, die die Frau in den Augen des Mannes rechtfertigt. Ein gefährlicher Gedanke, der sich vom mythischen Denken noch nicht gelöst hat und die ganze Unfreiheit gegenüber den kultischen Objekten bezeugt!

Diese Vorstellungen haben auch den Bearbeiter von Calderóns „Das Leben ein Traum" geleitet. Hofmannsthals Beziehung zu Spanien ist nichts anderes als seine Beziehung zu Calderón.[1] Wir wissen, wie Grillparzer Österreich und Spanien zusammensah, welche Verwandtschaft durch die gleiche Herrscherfamilie zwischen beiden Ländern gestiftet wurde und welche Bedeutung das spanische Zeremoniell am Wiener Hof lange Zeit besessen hat. Dazu kam die Gemeinsamkeit der Religion. Gewiß war ein Vergleich trotz allem gewagt und entsprach mehr dem Traumbild einer kühnen Romantik. Hofmannsthal reagiert auf die Zeitbestimmung der zwanziger Jahre, die den neuklerikalen Tendenzen günstig ist, wie ein empfindliches Membran. Der Monarchie war Nachgiebigkeit gegenüber der Kurie nicht leicht nachzusagen gewesen. Nach dem Abtreten Habsburgs aber bleibt die Kirche als die einzige stabil gebliebene institutionelle Stütze zurück und fühlt sich eben dadurch berechtigt, ihren Anspruch mit doppeltem Gewicht geltend zu machen. Die zusammengebrochene Welt ist auf der Suche nach einem neuen Heil, das ihr im alten Heil der Kirche noch einmal angeboten wird. Parlament und Straße, Kirchenkanzlei und

---

[1] Egon Schwarz, Hofmannsthal und Calderón, 's-Gravenhage 1962, 7.

die Redaktionen der Presse, nicht zuletzt der stille Schreibtisch der Schriftsteller sind Stätten, an denen der Kampf um die Verfassung des Staates
ausgetragen wird. Der auch in Österreich immer wieder gern gehörte Ruf
nach einer starken Hand scheint Gehör zu finden, als Ignaz Seipel die Regierung übernimmt. Eine solche politische Prälatur ist freilich in der österreichischen Geschichte ein Novum. Im kaiserlichen Österreich wäre ein
Kleriker an der Spitze der Regierung noch als anstößig empfunden worden. Die Zeiten haben sich geändert. Es ist jetzt soweit, daß die Kirche
selbst auf der Regierungsbank Platz nehmen kann. Aber diese Entwicklung hat ihre Methode und führt direkt zu Dollfuß, der seine Diktatur für
eine Weile als die Diktatur Gottes verstehen kann. Der Ruf nach dem
Ständestaat ist der Ruf des klerikalisierten Bürgers nach der Hierarchie,
bei der er sein Eigentum am besten aufgehoben glaubt. Auch in der Literatur wird der romantische ordo-Gedanke in Erinnerung gebracht. Mit dem
Buch „Die Ständeordnung des Alls, Rationales Weltbild eines katholischen Dichters" kann Leopold Andrian selbst seinen Freund Hofmannsthal bestürzen. Gemessen am „Garten der Erkenntnis", dem Werk der
neunziger Jahre, zeigt es die Unproduktivität eines Autors an, der sich
zum Werkzeug eines militanten Klerikalismus hat machen lassen. „Welch
edler Geist ward hier zerstört", muß man mit Shakespeare angesichts
dieses Machwerks sagen. Andrian war selbst davon überzeugt, daß Hofmannsthal das Buch nie ausgelesen hat.[1]

Innerhalb dieser Phase der Republik hat Hofmannsthal die schon im
Jahre 1902 begonnene Bearbeitung von Calderóns „Das Leben ein Traum"
wieder aufgenommen. Der Zeitpunkt ist wichtig, denn es ist die Wendung
der Geschichte selbst, die ihm den Schluß der Turmdichtung vorschreibt.
Der Vergleich der beiden Stücke kann nicht zu der Überzeugung führen,
daß Hofmannsthal den „Spanier hinter sich gelassen" hat.[2] Wohl zwang
eine Welt, die durch Krieg und Revolution hindurchgegangen war und
vor neuen Kriegen und Revolutionen stand, dem Stoff einen anderen Sinn
ab.

Die Calderónsche Fabel hat Hofmannsthal ohne große Abstriche übernommen. Vers und Reim, die dem spanischen Stück ihre formale Abrun-
dung verleihen, fehlen. An ihre Stelle tritt eine eklektizistische Prosa. Die
Aussicht, dieser Nachdichtung ein übernationales Ansehen zu verschaffen,

---

1 In Hugo von Hofmannsthal, Der Dichter im Spiegel der Freunde, 80.
2 Wie Naef meint a. a. O. 239. Ebenso Egon Schwarz, der eine sonst ertrag-
reiche Gegenüberstellung der beiden Werke mit Textbeispielen bietet. A. a. O.
91-112.

wird angesichts des großen Vorbildes gering bleiben, es sei denn, ein unkritischer Enthusiasmus ist dabei im Spiele. Dafür sind ihre Schwächen zu bedeutend. Der Sinnspielcharakter der Turmdichtung, oft belobigt und nur schwer einsichtig zu machen, ist durch eine apokryphe Mystik vom Dichter selbst unklar gehalten worden. Was Calderón seinen höfischen Zuschauern sagen wollte, war unmißverständlich. Auf dem Höhepunkt der spanischen Macht ruft er ihnen mit dem Titel des Dramas das Stichwort zu, das den Glücklichen und Siegreichen an den raschen Wandel der Verhältnisse, die Vergänglichkeit des Glücks, erinnern soll. Das „Leben ein Traum" ist eine Formel, deren Wahrheit die Komödie beweist. Für den Österreicher ist die Situation eine andere. Als Hofmannsthal 1918 die Arbeit an der Calderónschen Vorlage zum ersten Mal wiederaufnimmt,[1] sind die Würfel bereits gegen die Monarchie und ihre Macht gefallen. Hier ist kein Sieg mehr zu verspielen. Das verlangt eine Korrektur in der Deutung des Sinnspiels. Soll die Geschichte Calderóns auf die veränderten Umstände übertragen werden und ihre Wahrheit behalten, dann kann sich der Bearbeiter nicht mit der bloßen Übernahme der Fabel begnügen, sondern muß ihren lehrhaften Sinn umdeuten. Für den Spanier Calderón ist nicht nur das Leben ein Traum, sondern der Traum auch eine Komödie, die spätestens dann zu Ende ist, wenn der Zuschauer das Theater verläßt und sich der Macht seines Reiches aufs Neue bewußt wird. Hofmannsthal muß an kein Imperium erinnern, das ohnehin nicht mehr besteht, sondern verwendet die Fabel im umgekehrten Sinn, indem er den Untergang des Staates und den Tod Sigismunds zum Auftakt neuer Verheißung durch einen magisch arbeitenden deus ex machina macht. Das Werk muß daher von seinem Schluß her interpretiert werden. Im Kinderkönig wiederholt sich beim Anblick des toten Sigismund der magische Akt von „Tod und Verklärung". Die Erneuerung des Reichs wird in einen nicht näher bezeichneten Zeitpunkt hineinverlegt. Mit dieser „Heilsverzögerung" wird die veränderte Perspektive Hofmannsthals selber produktiv, indem sie dem Dichter eine neue Auflösung der Parabel vorschreibt. Hofmannsthal kann sich nicht mit einer Handlung begnügen, die allein auf dem inneren Wandel Sigismunds beruht und dessen Weg dem Sinnspiel entsprechend als exemplarisches Werk des „Heils" aufzeigt, er muß die Parabel vielmehr mit der großen Unheilsvision des fünften Aufzugs verbinden. Hier spricht er aber nicht mehr, wie Grillparzer es im „Bruderzwist im Hause Habsburg" durch den Mund Kaiser Rudolfs tut, von einem künftigen Geschehen, das die Masse nach oben spült und die

[1] Vgl. sein Brief an Hermann Bahr vom 15. Juni 1918.

alte Ordnung zerstört, sondern von einem bereits stattgefundenen. Der Sohn ist gegen den Vater aufgestanden, Macht hat sich gegen Macht erhoben; „mit den Narren und Verbrechern, den Gottesfeinden und Schwarmgeistern, den Gleichmachern und Selbsthelfern brach Asien herein und wollte Herr sein in unserem Hause", läßt er den ältesten Bannerherrn ausrufen. Hier mischt er Ereignisse der jüngsten Vergangenheit in das Bühnengeschehen hinein. Den „Dämonen", die in der Gestalt von Protestanten, Gottlosen und Demokraten sich die Macht angeeignet haben, begegnet er mit dem „Mitte spiritum tuum!" Gegen sie schwingt er den Zauberstab des geistlichen Dichters, der überirdische Gewalten zu mobilisieren versteht. Sigismund aber, der durch sein Leiden Auserwählte, wird zum großen Ordner, dessen Werk die Zukunft bestätigt. Es besteht darin, die alte verloren gegangene Einheit wiederherzustellen. Im Blick auf die Zerstörung der Monarchie, die für Hofmannsthal die Zerstörung schlechthin bedeutet, kann Sigismund wie ein neuer Gesetzgeber auftreten. Im Heil, das der Kinderkönig ankündigt, wird das Unheil des Bühnengeschehens wieder aufgehoben und der Gang der Geschichte durch einen „überirdischen" Akt rückgängig gemacht. Die Zerstreuten im Glauben finden sich zur neuen Einheit zusammen und die abgefallenen Völker werden in einen Schmelztiegel geworfen, der sie wieder aneinanderbindet. Mit seinem geistlichen Epilog hat Hofmannsthal die Calderónsche Vorlage verändert. Durch die Bearbeitung will der Dichter im Nachhinein die Geschichte korrigieren, indem er sie auf ein neues Ziel hin verpflichtet. Das führt zu einem auch im dramaturgischen Sinne beschwerlichen Ende. Er muß noch einen zweiten Heilsträger dazuerfinden. Ernst Robert Curtius mochte an Calderóns Stück gedacht haben, wenn er Hofmannsthals Sigismund den leidenden Gerechten nennt.[1] Aber diese Funktion mit ihrem messianischen Untergrund übt er im „Turm" nur in bedingtem Maße aus. Im Kinderkönig ist ihm ein „Bruder" herangewachsen, mit dem er die Verwaltung des Heils teilen muß.

Mit der „Arabella" hat Hofmannsthal den Faden, der vom „Rosenkavalier" und der „Ariadne" herüberreicht, wieder aufgenommen. Das Maria-Theresianische Barock als Staffage wird abgelöst von der Szenerie eines Wiener Stadthotels der 1860er Jahre. Glücksspiel und kluge Heiratsprojekte sollen die gräfliche Familie über ihre bedrückenden Verhältnisse hinwegtäuschen helfen. Ihr mühsam verborgen gehaltener ökonomischer Ruin gibt selbst den Anlaß für die Komik des Spiels. So entschuldigt sich

---

[1] Kritische Essays zur europäischen Literatur, Bern und München 1963[3], 146.

Arabella, als sie dem erhofften Freier begegnet und ihn auf ihre Weise für sich einzunehmen sucht:

> Wir sind grad' nicht sehr viel, nach dem Maß dieser Welt —
> Wir laufen halt so mit als etwas zweifelhafte Existenzen.

Darum wird Zdenka, die zweite Tochter, in Bubenkleidern gehalten. Die Familie ist nicht reich genug, „zwei Mädchen standeswürdig auszuführen". Diese Kostümierung zeigt im Verlauf der Maskerade ihren komödiantischen Sinn. Androgynes Agieren einer Bühnenfigur weist hier wieder auf den „Rosenkavalier". Eleganz und „Nonchalance" des spielwütigen Grafen sollen die Vorstellung großer Verhältnisse wachhalten. Wenn Rechnung auf Rechnung hereingetragen wird und der Zimmerkellner die noch anstehenden Schulden anmahnt, wird das Illusionäre dieser Verhältnisse selbst aufgedeckt. Die Schulden gelten hier als Beweis der seigneurialen Form, die freilich durch die Verzerrung ins Triviale an die Nähe der „Lustigen Witwe" erinnert, wie überhaupt die Erschütterung der feudalen Herrschaft durch die Revolution von 1848 den Übergang zur Wiener Operette einleitet. Die klassische Oper ist an ungebrochene oder relativ ungebrochene aristokratische Herrschaftsformen gebunden. In der Verbürgerlichung kann sie nur mit künstlichen Hilfen weiterexistieren. Richard Strauß' Opern sind der letzte bedeutende Versuch, vom bereits verbürgerlichten „Feudaltheater" her in die Sukzession der klassischen Opernform einzutreten — ein Versuch, der zwangsläufig in die Romantik führt, wo eine nur noch artifiziell am Leben erhaltene Gesellschaft posiert. „Rosenkavalier", „Ariadne" und „Arabella" leben vom Theater im Theater, das aus seiner barocken Verwandlungskraft jenes Verzaubern schafft, dessen Wesen die Täuschung ist. Dagegen zeigt Alban Bergs „Wozzek" bereits die Konsequenz des Zwölftöners, sich von der Tonalität abzuwenden und die gesellschaftlichen Kontrakräfte zum Siege zu führen nach der klaren Erkenntnis, daß bei der Verwendung der konventionellen Tonmittel das Werk u n t e r den Stand der bereits erreichten gesellschaftlichen Verfassung sinken müßte.

Daß Hofmannsthal seiner Zeit anhing und sich mit ihr verwandelte bis an jene Schwelle, hinter der sich der große Umbruch vollzog und eine Welt begann, die in anderen Dimenssionen gemessen sein wollte, war sein Recht als Dichter; daß er sein Zeitalter hinter sich selbst zurückwerfen wollte, sein Verhängnis. Ihm galt der Traum mehr als das Leben. Der Glaube, von dem Hofmannsthal zu sprechen beliebte, war schwächer als sein Zweifel an der Zukunft, von der er wenig erwartete. Goethesches Offensein für das noch Ausstehende, die Fröhlichkeit in der Erwartung war seine Sache nicht. Gewiß war er im Recht, wenn er an sein Land dachte, das eine Vergangenheit hatte, aber ohne Zukunft war. Sein Europäertum, so oft bewundert und als Vermächtnis anempfohlen, hatte den Pferdefuß der pax romana. Hier wurde ein Segen gespendet auch für die, die sich nicht danach drängten. Hier wurde ein Ton angestimmt, auf den sich ein Konzert der Völker nicht einstellen wollte. Der erzwungene Akkord in der Monarchie wird zur Dissonanz, die gewaltsame Übereinkunft zum Mißverständnis. Aus der poésie pure der frühen Lyrik wird ein rasch anschwellendes Werk, in dem Plan und kluge Behutsamkeit das Genie der jungen Jahre vergeblich zu erreichen suchen. Die Makellosigkeit der Form, um die Hofmannsthal als Künstler immer und so oft mit Erfolg bemüht war, macht aus ihm immer auch den Formkünstler mit dem ganzen Verhängnis, das ihm anhängt.

FRANZ KAFKA – GHETTO UND SCHLOSS

Als Franz Kafka im Jahre 1883 geboren wurde, hatte er das unsagbare Unglück, daß dies im Prager Ghetto geschah. Das Unglück wäre kleiner gewesen, wenn er sich nicht dieser *einen* Quelle seiner Hoffnungslosigkeit beständig bewußt gewesen wäre. Die *andere* wird mit fortschreitendem Leben seine körperliche Krankheit, sein Lungenleiden, das ihn in dieser Zeit großer medizinischer Unzulänglichkeit ohne Aussicht sein ließ. Schon eines hätte genügt, ihn zu jenem „Gibs auf!" zu bestimmen, das einer kleinen Erzählskizze den Namen gibt. Beides zusammen und noch dazu im Bunde mit einem *dritten* Umstand machte das tödlich treffende seiner Lage geradezu perfekt: das „Mittelalter" der Stadt, in der er beheimatet war und das wie ein Stachel im Fleisch eines Ausweglosen saß, an deren „Romantik" ihm jede Teilnahme versagt blieb.

Betrachtet man das Milieu, in dem Kafka lebte und das ihn nie entließ, dann wird seine unverfälschte Ghettoexistenz ersichtlich. Die alte Judenstadt, an deren Eingang das Geburtshaus steht, ein aus einem Umbau hervorgegangenes ehemaliges Klostergebäude, beginnt vom Jahre 1883 an, der Spitzhacke zu weichen. Auf behördliche Anordnung werden die niedrigen Häuser, in denen das Elend so oft mit dem Grundwasser der nahe vorbeifließenden Moldau eindrang und sich epidemisch weiterfraß, abgerissen, der Grund neu aufgeschüttet und die Fundamente etwa fünf bis sechs Meter erhöht, um das Quartier neu erstehen zu lassen: mit der Folge, daß sich auf erhöhtem Postament die gleiche Misere bald wiedereinstellt, die Juden und Christen einträchtig miteinander verbindet. Religion und Prostitution leben hier Wand an Wand, kennen aber auch schon merkwürdige Übergänge. Egon Erwin Kisch, der es genau wissen mußte, beschreibt die Verhältnisse des Josefstädter Ghetto so: „hinter den Stores lugten geschminkte Frauen im Nachtgewand hervor, lockten durch Klopfen und Winken die männlichen Passanten oder steckten die Zunge heraus, wenn Frauen oder Schulknaben neugierig guckten. Es war eines der seltsamsten Mysterien des an Mysterien wahrlich überreichen Prager Gettos, dass in den Häusern, in denen die Prostitution so aufdringlich betrieben wurde, Judenfamilien in fanatischer Frömmigkeit und intensivster Zusammengehörigkeit lebten".[1] Wer von hier stammt, hat nicht zwangsläufig viel Förderliches von der Zivilgesellschaft zu erwarten, ist in der

---

[1] Die Geheimnisse des Salon Goldschmied in Gesammelte Werke, Berlin und Weimar 1972, 470.

Regel zum Absterben bestimmt, zur Schuld, die sich im ‚Prozeß' noch finden läßt, oder zum Weggehen: vielleicht ins ‚Schloß' oder zur Auswanderung nach ‚Amerika'. Immerhin: das arrondierte Ghetto selbst ist bereits durchbrochen, aber das „Neue Ghetto", wie Theodor Herzl sein wenig geglücktes Theaterstück aus dem Jahre 1897 nannte, nämlich die undurchdringliche Wand voller Vorurteile, bleibt bestehen. In Wahrheit hat sich nichts geändert.

Von der Topographie des Judenquartiers ist Kafkas Lebensweg und ebenso seine Perspektive als Schriftsteller unausweichlich bestimmt worden. Bis zum jüdischen Rathaus trennen ihn vom Geburtshaus, exakt an der Grenze des Altstädter Rings gelegen, hundertvierzig Meter, bis zur Altneusynagoge ist der Weg nur ein paar Schritte weiter: eine gespenstische Welt, wie sie Meyrinks ‚Golem' heraufbeschwört, der in dieser Synagoge sein Wesen treibt. Der ‚Golem' steht für das Verbrechen, das in den dunklen Gassen lauert, aus irgendeinem unerleuchteten Hof die Hand ausstreckt und plötzlich einbricht. Es bricht ohne erkennbaren Grund ein, tritt verwandelnd auf und ebenso schnell wieder ab. Die Gefährdung ist so unangemeldet wie der Prozeß, in den sich Josef K. verstrickt sieht, den er nicht von sich abschütteln kann und der ihn wie eine Lähmung befällt.

Vom Haus an der Ecke Maisel-Karpfengasse scheint die Bewegung freier, weil nicht nur auf das Ghetto der Josefstadt gerichtet. Von hier, unmittelbar neben der Niklaskirche, einem Bau Dietzenhofers, ist durch den Altstädter Ring die Verbindung zur umgebenden Außenwelt im architektonischen Sinn sichtbar hergestellt. Schon hier deutet sich der kleine Radius an, über den Kafka in seinem Prager Leben nicht hinausgelangt. Bis zum Kinsky-Palais, wo der Vater später das Geschäft unterhält und Kafka, nachdem die Familie ihr altes Domizil aufgegeben hatte, das Gymnasium besucht, sind etwa hundertzwanzig Meter. Aber sie zu gehen, bedeutet schon Grenzüberschreitung, ein Heraustreten aus einer räumlich beengteren Region, den Versuch, sich fremden Bodens zu bemächtigen: ein Versuch, der, wie das Leben Kafkas zeigt, jedoch nur in einem beschränkten Maße zu bewältigen ist.

Aber in das altstädtische Quartier, auf das Kafka vorwiegend beschränkt ist, dringt noch eine andere, für ihn nicht zugängliche Welt ein. Durch die Häuserreihe der nach dem Abriß des alten Quartiers verbreiteten Karpfengasse ist vom Geburtshaus die Burg, oder besser gesagt, ein Teil ihrer Gebäude in der Querlage, sichtbar. Dem überwältigenden Eindruck dieser Schloßanlage kann man im Ghetto nicht entgehen. Er ist für alle, die hier wohnen, immer anwesend, und er wird für Kafka sein ganzes Leben lang nicht zu bewältigen sein.

Es ist jetzt schon dem möglichen grundsätzlichen Mißverständnis ent-
gegenzutreten, als ob hier gesagt werden sollte, der Hradschin sei Kafkas
‚Schloß'. Er ist es so wenig, wie die Gestalt K.s Kafka selber wäre, der
hier autobiographische Begebenheiten schildere. Die über die Schloßanlage
gemachten Angaben lassen eine solche Annahme als geradezu absurd erscheinen. Es ist auch völlig bedeutungslos, ob Kafka, wie Wagenbach ver-
mutet, das Schloß Wossek, etwa 100 km südlich von Prag[1], im Auge gehabt habe. Derartige Lokalisationen gehen in der Parabolik des Schloßromans nicht auf. An ähnlichen Bergschlössern mit dazugehörigem Dorf
ist in Böhmen kein Mangel. Für den Zusammenhang des Ganzen wäre
nicht das Geringste durch eine derartige Ortsangabe gewonnen, den Absichten Kafkas, der jede geographische Anspielung gerade vermeidet, nicht
gedient. Aber was den Hradschin, der eben Kafkas ‚Schloß' nicht ist, für
die soziale Figuration des Schloßromans so suggestiv werden läßt, ergibt
sich aus den bestehenden Herrschaftsverhältnissen. Der Hradschin hat seine
alten residenzlerischen Funktionen zum größten Teil eingebüßt, aber die
Kleinseite, die er überragt, ist das Quartier der feudalen Klasse. Hier liegen die Palais der katholischen Hocharistokratie, die über die Expropria-
tion des protestantischen böhmischen Adels nach 1621 in den Besitz ihrer
späteren Güter gelangt war, hier wohnen die Lobkowitz, Czernin, Wald-
stein, Schwarzenberg als die ersten Satelliten der Krone, die die Monarchie
in liebevoller Umarmung vom Volk abzuschnüren, ihm, wo es geht, den
Weg zum Thron zu versperren suchen. Hier ziehen sich die kaiserlichen
Gärten bis zur Moldau hinab. Hier ist die Administration ansässig, hier
ziehen es die Angehörigen der zivilen und militärischen Beamtenkader
vor, zu domizilieren. Insofern ist das ‚Schloß' für den Juden aus der
Josefstadt, den späteren Angestellten der „Assecurazioni Generali", der
zur „Arbeiter-Unfall-Versicherungs-Anstalt" überwechselt, unzugänglich
und wird es unzugänglich bleiben. Es fehlt bei ihm nicht an Versuchen, auf
dem Schloßberg Fuß zu fassen. Wir wissen, wie Kafka sich buchstäblich
auf das ‚Schloß' begibt, die elterliche Wohnung verläßt und eine eigene
bezieht. Interessant ist, wo er sich einquartiert: im Palais Schönborn auf
der Wälschengasse mit seinem prächtigen, über eine barocke Freitreppe zu
erreichenden Park. Der Schloßbezirk wird hier anders bezwungen, als es
bei der Schwester geschieht, die Kafka zeitweise in ihrem Häuschen in der
Alchimistengasse aufnimmt. Dieses Domizil zeigt in seinen baulichen Proportionen bereits das Scheitern Kafkas an, in der Schloßprovinz Fuß zu
fassen: sieben Schritt in der Länge und fünf Schritt in der Breite macht die

---

[1] Wo liegt Kafkas Schloß? in Kafka-Symposion, Berlin 1965, 166 ff.

ganze Herrlichkeit aus, in der Kafka als gelegentlicher Gast weilt und dies in einer Region, wo die große Feudalität im Umgang mit dem Raum keine Bescheidenheit kennt, wo der Wille zur Repräsentation sich alles unterordnen und ungebrochen seinem Hang nachgehen kann, die wirklichen Machtverhältnisse zu zeigen. Innerhalb dieser Umwelt wird die Kafkasche Existenz auf die Existenz eines Insekts zusammengepreßt. Sie hat alle Ursache für das Gefühl, „zu einem ungeheuren Ungeziefer verwandelt" zu werden, mit dem Gregor Samsa zu Beginn der Erzählung „Die Verwandlung" erwacht: ein Insekt, das in seiner amorphen Gestalt ohne geringste Mühe in der Hand zerdrückt werden kann. Auch der Kafka, der in der Streichholzschachtel von Haus in der Alchimistengasse auf dem Weg zum ‚Schloß' ist, ist schon dabei, den Abhang wieder herunterzurollen. Das Labyrinth der Gründe und Vorgeblichkeiten, mit denen Kafka seinen K. um den Zugang zum Schloß bringt, enthält die Summe der hier gezogenen Figuren, wie sie sich aus der Berührung des Altstädters mit dem Schloßbezirk ergeben. Die Perspektive Kafkas als Erzähler beruht auf ihrer sozialen Unerlaubtheit angesichts seines eigenen Wandelns ohne festen Boden. Er schreibt für niemanden und in niemandes Interesse, nicht einmal in seinem eigenen. Es ist seine permanente Illegalität, die nichts anderes verdient, als daß man ihr den ‚Prozeß' macht. Kafka ist nicht nur der entschiedenste Gegensatz eines Berufsschriftstellers, sondern das, was er schreibt, ist lichtscheu in jeder Weise. Er kann sich nirgendwo sehen lassen, weder im Schloßbezirk, noch im Ghetto. Er kann hier und dort nicht auf „Gnade" rechnen. Wer so schreibt wie Kafka, hat sich vorzusehen, er schreibt so, weil er sich aus der angeborenen Hoffnungslosigkeit vorzusehen hat. Es war nur konsequent und ein Akt richtiger Selbsterkenntnis, die für seine Gegenwart gültig blieb, wenn er die Vernichtung seines Nachlasses wünschte.

Kafkas Schriftstellerei geht sozial gesehen gewissermaßen auf der untersten dem Fuß noch zugänglichen Sprosse vor sich, sie ist die einzige intensive Lebensmöglichkeit eines angesichts der féodalen Herrschaftsverhältnisse auf sein Schreiben Zurückgeworfenen. Darum ist sie auch aus der Klassenproblematik — zunächst in der Monarchie, dann im Masaryk-Staat — nicht herauslösbar. Noch mehr: sie ist von ihr mithervorgebracht. Als Mann des „fünften Viertels" Prags ist ihm der Schloßbezirk, d. h. der Bezirk der die Herrschaftsleistungen ausführenden Klasse, verschlossen. Daran ändert auch der Übergang zur Republik so gut wie nichts, die zwar die Besitzverhältnisse der tschechischen Bourgeoisie verbessert, aber aus ihrem Selbstverständnis heraus an den Latifundienbesitz des Hochadels mit gewissem Zögern rührt. Insofern waren die Instinkte Kafkas sehr früh geschärft, wenn er schon vor dem Zusammenbruch der Monarchie zwar den Anschluß an nationaltschechische Kreise sucht, — seine Beziehung zur Schriftstellerin Milena Jesenká ist nur *ein* Beispiel dafür, — aber dabei immer den für seine Situation notwendigen Vorbehalt walten läßt. Im Grunde tut er nichts anderes als einer, der sich im Blick auf eine voraussehbare Machtverschiebung zum Bleiben einzurichten gedenkt, aber von den neuen Machthabern nicht mehr, vielleicht eher weniger zu erwarten hat als von den alten. Das ergab sich aus der Lage des Prager Judentums, das, wie die Umstände nun einmal lagen, da, wo es auf sozialen Aufstieg, vielleicht sogar Assimilation bedacht war, zwangsläufig auf die deutsche Seite setzen (und in irgendein günstiges Verhältnis zur österreichischen Administration gelangen) muß. Das gilt für einen deutschschreibenden Literaten insbesondere. Diese Problematik hängt ihm auch nach dem Übergang zur Tschechoslowakischen Republik mit veränderten Minoritätenproportionen an. Im Grunde stehen die Schriftsteller des Prager Ghetto: ein Oskar Baum, ein Max Brod, ein Felix Weltsch und auch der im Sinne der deutschsprachigen Bourgeoisie scheinbar integrierte Werfel für ein Niemandsland, das seine Grenzen nach allen Seiten hin offen hält, in dem jede Reaktion von außen mit feinster Schärfe wahrgenommen wird.

Gewiß ist das Vergebliche, in den Schloßbezirk zu gelangen, nicht auf Existenzen wie die hier genannten beschränkt. Aber hier wird es evident: im Abstand zwischen ‚Schloß‘ und ‚Ghetto‘ wird die extremste Form des Nichtdazugehörens sichtbar gemacht, zum exemplarischen Fall. Noch der zerlumpteste böhmische Landarbeiter ist in die Feudalität — und sei es so leidend wie immer — eingebaut. Er bewegt sich innerhalb des Systems. Für einen Kafka gilt das nicht. Er ist ein Draußenstehender par excellence. Hier ist keine Nabelschnur erst zu durchschneiden, weil es nie eine gegeben hat und der biologische Organismus, von dem er stammt, ein anderer ist. Darum sind K.s Annäherungen an das ‚Schloß‘, die Versuche, in ihm Fuß zu fassen, sich hier einzurichten, schon von ihren Motiven her erledigt, bevor sie begonnen haben. Es gehört zu einer masochistischen Piquanterie, daß sie gerade deswegen immer wieder erneuert werden. K. ist ein auf seine Aussichtslosigkeit geradezu Versteifter. Dabei kommt er über den bloßen Ansatz zum Vorspiel nicht hinaus. Gestalt, Körperbewegungen, die Art zu sprechen, die Sprache selbst verraten in ihm den Eindringling. Die Signalgebung funktioniert nicht — oder sie funktioniert zu gut, was das gleiche bedeutet. Hier ist für ihn nicht das Geringste zu erwarten. Diese doppelte Linkshändigkeit läßt ihn geradezu aus Prinzip an den Dingen vorbeigreifen, zeigt eine wie auf einer Bühne angestrahlte menschliche Fehlkonstruktion mit ihrem beschädigten Räderwerk auf.

Wie wenig eindeutig Kafka sich fassen läßt, ergibt sich aus der völligen Konfusion, in die seine Ausdeuter geraten sind. Nirgendwo eine Übereinstimmung der Ansichten, die nicht wieder in Frage gestellt, mit Skepsis bedacht oder als spielerische Hypothese eingeschränkt werden könnten! Kafka ist kein Schriftsteller, bei dem sich für einen Philologen der Name eines mit Akribie arbeitenden Forschers holen ließe: weil sich vieles so und auch wieder als striktes Gegenteil sagen läßt.

Als Erzähler — und nur um ihn geht es — ist Kafka niemals aus der Welt der Mythologie, wie sie in diesem des Erbarmens bedürftigen Ghetto zwischen Altstädter Ring und Moldau mit seinen Mikroben, Epidemien, dem Typhus und der Syphilis weiterlebt, ernsthaft herausgetreten. Er hat sie nie ablegen können. Zu Gustav Janouch kann er später sagen: „In uns leben noch immer die dunklen Winkel, geheimnisvollen Gänge, blinden Fenster, schmutzigen Höfe, lärmenden Kneipen und verschlossenen Gasthäuser. Wir gehen durch die breiten Straßen der neuerbauten Stadt. Doch unsere Schritte und Blicke sind unsicher. Innerlich zittern wir noch so wie in den alten Gassen des Elends. Unser Herz weiß noch nichts von der ausgeführten Assanation. Unsere ungesunde alte Judenstadt in uns ist viel wirklicher als die hygienische neue Stadt um uns. Wachend gehen wir durch einen Traum: selbst nur ein Spuk vergangener Zeiten."[1] Diese von der Religion erzeugte und verewigte Finsternis läßt „Gespenster" aufsteigen und sie in den „Durchhäusern" lauern, von ihr geht der Würgegriff aus, der der Natur unendliche Schädigung zufügt, organisches Leben abschnürt und abtötet, es im Bunde mit dem einen Gott „zittern" läßt, wie Kafka es hier nach eigenen Worten verspürt. Es ist das tremendum der Gnadenlosigkeit, das bei allen Versuchen, sich aus dieser Bannmeile des Grauens zu lösen und Anschluß an die administrierte Welt zu finden, über allem lastet. Was hier beheimatet war, ist zum ‚Spuk' geworden. Ein Überschreiten der Grenze im Sinn des Entmythologisierens kann nicht gelingen, ständiger Rückfall ist sicher. Dabei bleibt die literarisch gewordene „kafkaeske Situation", die über die Wirklichkeit hinausdringt, die „surrealistisch" ist, hinter dieser Wirklichkeit mit ihrem Eiter, ihren Pestbeulen, ihren giftigen Ausdünstungen weit zurück. Mit ihr einmal Bekanntschaft gemacht zu haben, hinterläßt unauslöschbare Angstträume, hindert das Zurechtfinden in der zivilen Bürgerlichkeit, schlägt in die

---

[1] Gespräche mit Kafka, Erinnerungen und Aufzeichnungen, Frankfurt/M. 1951, 42.

Gliedmassen und nimmt ihnen ihre Sicherheit. Die Vorstellung Gregor Samsas, in ein amorphes Insekt hineinverwandelt zu sein, kapriziert noch durch „die vielen Beinchen, die ununterbrochen in den verschiedensten Bewegungen waren und die er überdies nicht beherrschen konnte."[1] Die Kontrolle über den Körper ist hier verloren, das Individuum aus seinem Zentrum herausgefallen. Eine Hoffnungslosigkeit breitet sich aus, in der Un-Menschlichkeit einer schon historisch gewordenen Religion stecken zu bleiben, aus den „alten Gassen des Elends" nicht mehr herauszugelangen. Unter den gegebenen Verhältnissen hat ihn die Zugehörigkeit zum Ghetto in ein unaufhebbares Pariadasein hineingestoßen. Darum auch die immer wieder erneuerten Klagen Kafkas über Prag, die Pläne und Versuche, sich von hier wegzubewegen. Ohne in das Wagnis einer Kafka-Textinterpretation einzutreten, läßt sich die Paria-Thematik seiner gesamten Schriftstellerei behaupten, aber auch das Leiden, das zum Genuß, der Genuß, der zum Leiden wird, wo er, wie in den „Forschungen eines Hundes", sich die Erfahrungen der zur „Hundschaft" degradierten Minorität einer ausgestoßenen Schicht zu eigen macht, die Gründe hat, an ihrem eigenen Hundsein nicht zu zweifeln; die sich aber einrichtet, es in den vorliegenden Verhältnissen zu einer gewissen Höhe bringt und auf die „Schrecken" der „Jugend" zurückblickt. Dabei orientiert sich das Leben an den materiellen Versorgungsverhältnissen der religiösen Gemeinde: der Händler, der sich von den Einnahmen seines Geschäfts nährt, sich in Sorgen um seinen Bestand verzehrt und dazu „in einer Jahreszeit die Moden der folgenden berechnen"[2] muß (Der Kaufmann). Der Umgang mit Textilien spielt entsprechend dem väterlichen Handel eine besondere Rolle. Da ist wie bei Gregor Samsa von „Reisenden" die Rede, die sich mit ihrer „Kollektion" auf den Weg machen und dabei den Unbilden und Peinlichkeiten ihres Berufs ausgesetzt sind: eine auf die Familie, hier Vater, Mutter und Schwester zusammengedrückte, nur in solcher Zelle lebensfähige, aber zugleich von ihr abgeschnürte Existenz.

Auch hier ist alles wie im „Geschäft" hierarisch geregelt, von der erschreckenden Autorität des Vaters bis zur Bedienerin in ein System von Abhängigkeiten aufgelöst. Aufenthalt in Rußland als wichtigem Anziehungspunkt für den reisenden Händler oder „Flucht nach Amerika" als der Rettung, um alle Drangsal mit einem Schlage hinter sich zu lassen, werden zu materiell motivierten Antrieben dieser Art des Lebens. Aus-

---

[1] Die Erzählungen, New York, Frankfurt/M., 1961, 43.
[2] Erzählungen 15.

brechenwollen in andere Formen, etwa der Übergang ins Dasein der „Herrenreiter", wird mit Warnungen versehen. Diese Schwelle ist im Grunde nicht überschreitbar. Im Übrigen hängt dem Pferd etwas Unheimliches an. Es bleibt Gegenstand des Wunsches, aber ohne Aussicht, ihn zu verwirklichen: so im „Wunsch, Indianer zu werden". Das Reiten ist ein bloßer simulierter Vorgang, wo sich gewissermaßen in den Verhältnissen des Kleinhandels der „Kübelreiter" in einem ebenmäßigen Trab bewegt, nur darauf bedacht, einfachste Bedürfnisse zu befriedigen.

In den Kafkaschen Gestalten ist das Ghetto, dem so viele seiner Gestalten entstammen, aus deren Gesichtskreis sie a l l e gesehen werden, selbst nur wie die Spitze des Eisbergs sichtbar. Das „Gesetz" hat die Macht, Leiden zu schaffen, dem Körper die Ruhe zu nehmen; es reißt ihn von innen her auf, macht ihn zu einer Versammlung zuckender Glieder. Der Sprechende muß sich durch die Geste zusätzlich verständlich machen, weil er sonst Gefahr läuft, nicht angehört zu werden. Auch das gehört zu dem „schweren Schaden", den die im Dienst des „Gesetzes" tätige Hierarchie dem „Volk" zufügt, das schließlich nur dieser Hierarchie, des „Adels", wegen besteht (Zur Frage der Gesetze). Solches Sprechen ist von der Interessenlage des „Ghetto" her nicht nur anstößig, es ist ein durch und durch verbotenes Sprechen und bedarf darum der Verschlüsselung. Diese Sphinx aus der Maiselgasse muß jeden tragfähigen Sinn ihres Sprechens unkenntlich machen, rationale Zusammenhänge müssen gestört, Spuren zu bloßen Ansätzen dazu verwischt werden. Darum greift jede mit Anspruch auftretende Ausdeutung der Geschichte, der Parabel, des kleinsten syntaktischen Gefüges, mit Sicherheit daneben. Aber das Leiden des Sprechenden, der das Elend der alten Gassen in sich trägt, als Sohn des strengen Vaters noch von seiner Liebe erdrückt, ermordet oder zum Selbstmord getrieben wird, läßt sich nicht verbergen. Dieses Sprechen hat tausend Anschläge gegen den Sprechenden hinter sich. Die Bösartigkeit, die in den vom Elend des Quartiers paralysierten Hirnen aufsteigt, verlegt sich auf die Vernichtung menschlicher Organe: so wie es Dr. Wassery in Meyrinks „Golem" tut, der des ärztlichen Honorars wegen eine Operation an gesunden Augen ausführt, der vorgibt, einer drohenden Erblindung vorzubeugen und den Patienten als an den Augen geschädigtes Opfer entläßt. „Nur ein Mensch", so sagt uns Meyrink, „der mit allen Fasern im Ghetto und seinen zahllosen, unscheinbaren, jedoch unüberwindlichen Hilfsquellen wurzelte und von Kindheit an gelernt hat auf der Lauer zu liegen wie eine Spinne, der jeden Menschen in der Stadt kannte und bis ins kleinste seine Beziehungen und Vermögensverhältnisse erriet und durchschaute, — nur ein solcher — ‚Halbhellsehender' möchte man es beinahe nennen,

— konnte jahrelang derartige Scheußlichkeiten verüben."[1] Wer hier seine Tage zu verbringen hat, steigt in die vollkommene Freudlosigkeit hinab. So wissen wir, daß Kafka eher der Trauer zugetan war als dem fröhlichen Treiben, wozu auch wenig Anlaß bestand. Von einer gemeinsam mit Hašek, dem Verfasser des ‚Schweyk‘, besuchten Versammlung berichtet uns ein Bekannter Kafkas: hier und „nur dieses eine Mal sah ich ihn lachen"[2]. Dies offenbar nach der von Meyrink ausgesprochenen Regel: „Ein Lachen! — In diesen Häusern ein fröhliches Lachen? Im ganzen Ghetto wohnt niemand, der fröhlich lachen könnte."[3] Die gefrorenen Ekstasen in der hier herrschenden Frömmigkeit zeigen die Natur in der Verzerrung an. Hände und Füße haben sich von der strategischen Zentrale des Kopfes selbständig gemacht, sie bewegen sich, jedes für sich, nach Eingebungen, die in aufgelöste Bewegtheit übergehen. In ihnen steckt die Gestik des Jiddischen Theaters, von dem Kafka sich so angezogen fühlte, die aber schon, bevor er mit Schauspielern einer Wandertruppe aus Polen Bekanntschaft machte, den körperliche Reflexen eines Georg Bendemann oder eines Gregor Samsa anhängt, ihnen das schief Verschränkte gibt. Der Dialog zwischen Georg Bendemann und seinem Vater enthält Spielmomente von exzessiver Darstellbarkeit. So löst der Blick auf die in Rede stehende Heirat des Sohnes eine Theater-Szene aus: „‚Weil sie die Röcke gehoben hat‘, fing der Vater zu flöten an, ‚weil sie die Röcke so gehoben hat, die widerliche Gans‘, und er hob, um das darzustellen, sein Hemd so hoch, daß man auf seinem Oberschenkel die Narbe aus seinen Kriegsjahren sah, ‚weil sie die Röcke so und so und so gehoben hat, hast du dich an sie herangemacht, und damit du an ihr ohne Störung dich befriedigen kannst, hast du unserer Mutter Andenken geschändet, den Freund verraten und deinen Vater ins Bett gesteckt, damit er sich nicht rühren kann. Aber er kann sich rühren oder nicht?‘ Und er stand vollkommen frei und warf die Beine."[4]

Auf dieser Szene hat jede Privatheit ihr Lebensrecht eingebüßt. Es gibt keinen Zwischenraum zwischen den Gestalten, oder wenn es ihn gibt, kann er jederzeit aufgehoben werden. Das Auge des „Gesetzes" wacht. Es wacht überall und wacht über alles. Ihm kann man sich nicht entziehen, so wenig wie ein Josef K., wenn er im Bett liegt, sich den Blicken der alten

1 Der Golem, Leipzig 1917, 60.
2 Michael Mareš, Wie ich Franz Kafka kennenlernte, in Klaus Wagenbach, Franz Kafka, Bern 1958, 275.
3 Der Golem 24.
4 Erzählungen 75.

Frau, „die ihm gegenüber wohnte",[1] entziehen könnte. Die Öffentlichkeit ist überall. In ihr wird über jedes Stilverständnis des „Expressionismus" hinausgehend das „Innere" nach „Außen" geholt. Die Szene, wo in der „Verwandlung" der Vater den Sohn mit Äpfeln bombardiert und die Mutter herbeieilt „im Hemd, denn die Schwester hatte sie entkleidet, um ihr in der Ohnmacht Atemfreiheit zu verschaffen, wie dann die Mutter auf den Vater zulief und ihr auf dem Weg die aufgebundenen Röcke einer nach dem andern zu Boden glitten ...",[2] ist ein auf den Höhepunkt geführtes groteskes Spektakulum. Schreie und Beschwörungen werden laut, flehende Arme fliegen durch die Luft und es entsteht der Anschein, als ob hier menschliches Existieren nur hauchdünn vom Nicht-Existieren abgegrenzt ist. In diese Welt ist noch kein Lichtschimmer der Aufklärung hineingefallen, wie überhaupt Kafkas Schreiben durch und durch voraufklärerisch ist. Jedem Evoluieren, auf das theoretisch gehofft werden könnte, ist hier ein Verhängnis bereitet. Eine groteske Szene reiht sich an die andere und entzieht sich mit Vorsatz jedem verbindlichen Sinn.

Aber über den sozial arrondierten Umkreis wird nirgendwo mit Erfolg ausgebrochen. Alttestamentarisches tremendum von Innen und Erwartungen möglicher von Außen hereindringender Gefahren wirken zusammen, um jene Zermürbungen zu besorgen, denen ein Josef K. schließlich zum Opfer fällt. Das geht nicht unabhängig von den Bedingungen vor sich, wie sie die Machttechnik der Habsburgischen Administration schafft, wo die „Regie" ein vom Staat unabhängig gewordenes „Leben" führt, einen „Apparat" aufbaut, mit dessen bloß mechanischer Anwendung sie zum Achthaben zwingt. Es ist unsinnig, bei Kafka irgendwelche „faschistischen" Verfolgungspraktiken vorweggenommen oder in ihm selbst einen ihrer „Propheten" sehen zu wollen. So kann Ernst Fischer sagen: „Was Kafka als literarisches Thema entdeckt hatte, war die österreichische Bürokratie. Doch im satirischen Zerrbild von einst sind unverzeichnet die Züge späterer bürokratischer Machtapparate zu erkennen."[3] Was mit Sicherheit bleibt, sind die durch das „Ghetto" gesteigerten Erfahrungen einer von „draußen" schlagartig einbrechenden Gefahr, wie sie Josef K. an sich erlebt: „denn ohne daß er etwas Böses getan hätte, wurde er eines Morgens verhaftet."[4] Surrealistisches Hinausgehen über das tatsächliche Gegebene in der „kafkaesken Situation", nachdem die Maschinerie der Behörde

---

[1] Der Prozeß, Berlin (1965), 9.
[2] Erzählungen 75.
[3] Sinn und Form XIV (1962), 514.
[4] Der Prozeß 9.

einmal in Bewegung gesetzt worden ist, bleibt dabei an bestimmte real faßbare Momente einer zwischen Tätigkeit und Untätigkeit schwankenden Verwaltung orientiert. Das „Sinnlose" des Prozesses für Josef K. hat in der Weise, wie er von Seiten der Behörde geführt wird, doch einen Sinn: die Manier der österreichischen Amtsstube, Aktenvorgänge zu verzögern, sie an fingierten Hindernissen scheitern zu lassen, sie dann wieder aufzugreifen und sie wie durch Labyrinthe hindurchzuziehen ohne Sicherheit des Ausgangs, ist ein sehr ausgebildetes Mittel „alter" Staaten, vorwiegend defensiv zu verkehren und damit ihre Beseitigung hinauszuschieben. Eine Sache ans Ziel bringen ist belangloser als der Aufwand an Veranstaltungen, mit dem sie über die Hürden der Vorgeblichkeiten, der Ausflüchte geführt, in denen sie sich verfängt, durch die sie zu Umwegen verleitet wird und schließlich ein unerwartetes Ende nimmt. So betrachtet sind die „Hochzeitsvorbereitungen auf dem Lande" eine Hyperbel. Sie haben weder viel mit einer „Hochzeit" noch mit deren „Vorbereitungen" zu tun, sondern befassen sich mit einem Landaufenthalt und den Umständen, die ihm vorausgehen. Bilder oder besser zusammenhanglose Szenen im Chagall-Stil stehen am Anfang: ein Mädchen, das die Hände vorstreckt und einen kleinen Hund darin trägt, eine Dame mit bunt-überladenem Hut, in der Unterhaltung befindliche Männer, andere, die rauchen, dazu Wagen, Pferde, die sie ziehen, Fußgänger und Leute, die ihnen zusehen ... Nichts deutet darauf hin, daß jetzt eine gestraffte Fabel folgt. Ebenso fehlt dem Versuch K.s, ins „Schloß" zu gelangen, alles nachdrücklich Zielstrebige. Selbst wenn es vorhanden wäre, würde es sich an den Widerständen brechen, die er als Landvermesser bei seinem Eintreffen im Dorf vorfindet. Im „Prozeß" besteht das Verfahren in beständigen Aufschüben. Es kommt nicht von der Stelle, trifft auf immer neue Spitzfindigkeiten, wird vom ausgefallensten Quersinn der daran Beteiligten fortwährend gestört. Unverschämtheiten, die sich die Untersuchungskommission gegen Josef K. herausnimmt, werden von ihm an seine Umwelt weitergegeben. Es ist geradezu eine Bühnenszene, wie Josef K. während seines Besuchs bei Fräulein Bürstner Tischchen und Koffer als Requisiten verwendet, um ihr mit simulierten Personen seine Verhaftung noch einmal vorzuspielen. Das geht — wie könnte es anders sein — unter Mißachtung elementarster gesellschaftlicher Regeln vor sich. Selbst der Gedanke daran kann nicht einmal aufsteigen. Was folgt, ist eine Kette ständig erneuerter Verzögerungen, Scheingefechte, bei deren Darstellung die Feder des Autors sich selbständig gemacht zu haben scheint, Finten, die erst in der strategischen Gesamtkonzeption dieses Erzählens zu ihrem Recht kommen, oder auch nicht ... Die sich daran anschließenden Kapitel haben bis zum Schluß mit dem fast ritualisch ausgeführten Mord an Josef K. die Funktion einer Peripetie. Sie bieten den Umschlag des jeweilig Erwarteten ins Unerwartete. Insofern ist das im „Roman" angelegte „Drama" unübersehbar. Beständig treten neue Episodenfiguren in die Handlung ein. Zu Fräulein Bürstner gesellt sich ihre Freundin, der Onkel erscheint, Advokat, Fabrikant und Maler finden sich zu einem Trio zusammen, im Augenblick der schon weit fortgeschrittenen Krise kommt der Kaufmann Block auf den Plan. Es zeichnet sich das Skelett einer mit Groteskeinlagen angefüllten Tragödie ab. Schließlich kommt es noch zur „Kündigung des Advokaten" als neuem Umschwung, der die Fabel wieder in ein anderes Gleis hineinbringt. Hier wird mit ständig sich überschlagenden Überraschungen aufgewartet. Es stellt sich die Frage: Hat der Autor überhaupt die Absicht, das Ganze zu Ende zu bringen? Der Prozeß wäre streng genommen ad infinitum fortsetzbar. Als er dennoch abgeschlossen ist und nur die Ausführung des Urteilsspruchs noch aussteht, stellt der Angeklagte die geradezu kapriziöse Frage: „Gab es Einwände, die man vergessen hatte?"[1] Läßt sich nicht noch etwas vorbringen, was zur Fortsetzung oder Neuaufnahme des Verfahrens führen könnte?

In diesem Nicht-Zur-Sache-Kommen, dem Umschweifigen mit allen Unbeholfenheiten, dem Vorbeireden, gelangt auch eine bedeutsame Interessenlage des „Ghetto" zum Ausdruck. Zu was kann es schon dienlich sein, wenn die „Sache" ans Ziel gelangt? Ein Zu-Ende-Denken aller Konsequenzen hätte den einen Zweck, die Misere des „Ghetto" noch einmal offenbar zu machen, die ohnehin schon feststeht. Die einzige Chance liegt demnach im Aufschub. Von ihrer Voranstellung her ist die Partie verloren, bevor sie überhaupt begonnen hat. Das gilt auch für K.s Versuche, sich durch ausgeklügelte Maßnahmen, joviale Auslassungen, den Anschein des Vertraulichen, der nachdrücklichen Anpassung, derbe Spiele, dienstwillige Mittäterschaft usw. für den Aufenthalt im „Schloß" zu empfehlen. Die verschiedensten Häute der Fremdartigkeit müssen abgestreift werden. Daß dies schließlich nicht gelingt und nicht gelingen kann, liegt als Grunderfahrung dem Kafkaschen Erzählen zu Grunde. Sie hat sich den Satz des „Offiziers" in der „Strafkolonie" zu eigen gemacht: „Die Schuld ist immer zweifellos".[2] Nicht daß Kafka sich eine theologische Beweisführung dieser Maxime angelegen sein ließe: als Erzähler verläßt er seinen Ort, stellt ihn in Frage, kann jede Selbstidentifikation mit einer personifizierten

---

[1] Erzählungen 272.
[2] Erzählungen 100.

„Partei" preisgeben. Er kann neben dem „Richter" und dem „Verurteilten" alle dazwischen liegenden Positionen einnehmen und dem Gegenstand, dem Gerät, der „Egge", dem „Bett", dem „Zeichner", dem „Apparat" überhaupt, den Charakter des „Numinosen" geben. Gegenstände und ihre Anordnung im Raum helfen die Wirklichkeit mitschaffen. Eben dies setzt das Erzählte der wechselnden Perspektive aus. Der Fixpunkt fehlt. Wie bei Chagall Greise, Kinder, Häuser, Tiere geradezu durch die Luft fliegen und ohne Tiefendimension sind, hat auch Kafkas Erzählen eine primitivistische Flächigkeit. Menschen und Gegenstände, Gegenstände und Menschen sind nebeneinander und übereinander gestellt und befinden sich, aneinander gemessen, immer wieder in bezugloser Bewegung. Liest man den Anfang der „Hochzeitsvorbereitungen", bemerkt man, wie jedes festumrissene „Milieu" fehlt, wie die Frage nach dem „Wo?" sich von selbst erledigt. Es ist hier ein Disponieren mit Erscheinungen, Gestalten, Formen, Farben, die aber nicht „impressionistisch" ineinander übergehen oder verschwimmen, sondern wie bei einer Kinderzeichnung ohne jeden sogleich erkennbaren Zusammenhang auf dem Blatt Raum ausfüllen. Hier wird wie bei einer Collagetechnik arrangiert: und wenn sich aus der Anordnung der einzelnen „Bauelemente" ein Bauprinzip ergeben sollte, so gewiß keines, bei dem in der Interpretation Übereinstimmung bestehen könnte.

In diese Anarchie der Beziehungslosigkeit ist der Veralterungsprozeß der Religion eingegangen, die in ihrer Veralterung zerstörerisch um sich greift, organisches Leben abtötet oder es zum langsamen Absterben bringt. So wie Flaubert von der Bourgeoisie, die ihn hervorgebracht hat, Zug um Zug in eine körperliche Ruine verwandelt wird, er selbst bei vollem Bewußtsein als Zeuge diesem Verfall beiwohnt und ihn in seinen Briefen beschreibt, ist Kafka die Schlinge der angestammten Religion um den Hals gelegt. Welche Wandlungen das eigene Verständnis durchgemacht hat, ist dabei nebensächlich. Es mag das Verhältnis zu seinem Vater nur e i n mitwirkendes Motiv für sein Scheitern sein: es wird darin das religiös geregelte Patriarchat alttestamentlicher Observanz zu einer schrecklichen Wirklichkeit. So kann Kafka in seinem „Brief an den Vater" selbst zu Papier bringen: „Wenn ich etwas zu tun anfing, was Dir nicht gefiel, und Du drohtest mir mit dem Mißerfolg, so war die Ehrfurcht vor Deiner Meinung so groß, daß damit der Mißerfolg, wenn auch vielleicht erst für eine spätere Zeit, unaufhaltsam war. Ich verlor das Vertrauen zu eigenem Tun. Ich war unbeständig, zweifelhaft. Je älter ich wurde, desto größer war das Material, das Du mir zum Beweis meiner Wertlosigkeit entgegenhalten konntest; allmählich bekamst Du in gewisser Hinsicht wirklich recht".[1] Im Vater ist die Macht des einen Gottes als unberechenbar eingreifende, unerklärlich waltende Instanz personifiziert. Diese Macht stellt sich dar als Macht des Schreckens, die das Leben als unverdientes Geschenk der Gnade und ihr allein anheimstellt. Wenn Kafka in einem Brief an Max Brod aus dem Jahre 1921 das „Nichts von Judentum"[2] des Vaters erwähnt, dann reicht die hier angeführte formalistische Religiosität zur Erklärung des Leidens nicht aus. Nicht die Gleichgültigkeit gegen religiöse Bedenken bei äußerer Beachtung gesetzlicher Vorschriften im Sinn des halb in der Assimilation befindlichen Juden haben zu diesen im „Brief an den Vater" von Kafka genau beschriebenen Folgen für seine eigene Entwicklung geführt, sondern die in dieser Indolenz noch erhaltenen Elemente der Religion. Kafka selbst hat ein Gefühl für dieses Absterben eines ehemals tragenden Stammes, wenn er als Zeuge eines Beschneidungsrituals in sein Tagebuch einträgt: „. . . ich sah das in einem deutlichen unabsehbaren Übergang begriffene westeuropäische Judentum vor mir, über das sich die zunächst Betroffenen keine Sorgen machen, sondern als richtige Übergangsmenschen das tragen, was ihnen auferlegt ist. Diese an ihrem letzten Ende angelangten Formen hatten schon in ihrer gegenwärtigen Übung einen so unbestrittenen bloß historischen Charakter . . ."[3] Kafka urteilt hier aus der Perspektive dessen, der die Sache an sich als gut und nur die Ausführung als bedenklich betrachtet, der ihren Verfall dem Mißverständnis der formal gewordenen Praxis zuschreibt.

Das ist eine Argumentation, die zur Preisgabe einer „wunderbaren Welt" nicht bereit ist. In sie wie in einen Nebelschwaden tauchen die Figuren immer wieder ein, verlieren hier festumrissene Formen, werden selbst zu nebelhaften Schemen mit einem Hang zur Nachtseite. In der Nacht finden sie zu ihrem eigentlichen Leben wie in der „Beschreibung eines Kampfes" jene zwei Gestalten, die sich im gespenstischen Dunkel Prags bewegen und hier ihr seltsames Spektakel treiben. Die Verfügbarkeit über die Requisiten einer phantastischen Welt ist unbegrenzt. Beim Sturz des „Bekannten" werden wie bei einem in „vorhistorischer" Zeit spielenden Epos „einige Geier" aus der Höhe herabgepfiffen, „die sich gehorsam mit ernstem Schnabel auf ihn setzten, um ihn zu bewachen."[4] Im „Schloß" hat der Landvermesser die Anwesenheit der spukhaften

---

[1] Hochzeitsvorbereitungen auf dem Lande und andere Prosa aus dem Nachlaß, hrsg. v. Max Brod, New York 1953, 177.
[2] Briefe 1900-1924, Frankfurt/M. 1958, 304.
[3] Tagebücher 1910-1923, New York, Frankfurt/M. 1951, 205.
[4] Erzählungen 221.

„Gehilfen" hinzunehmen, die aus dem Zimmer ausgewiesen werden, aber durch das Fenster wieder hereinkommen; die „Verwandlung" berichtet von der Metamorphose des Gregor Samsa in ein monströses Lebewesen, dessen „Beinchen" unter der Decke hängen. In die epische Unbegrenztheit zieht angesichts der veränderten Verhältnisse der Zeit, der verkürzten Form des Erzählens, der zusammengezogenen Proportion in den Massen und ihrer Aufhebung ein Spiel des Grotesken ein. Es gibt kein „Ende" von Raum und Zeit. Die wunderbaren Pferde bringen den Landarzt aus dem Schweinestall in einem einzigen Augenblick zum Kranken. Der Apfel, der in den Rücken geschleudert wird, verhilft mit jenen Zuckungen und Verzerrungen dem mimischen Haushalt des jiddischen Theaters zur Geltung, und zwar auf jene expressive Weise, der sich Kafka verbunden fühlt.

Unübersehbar sind freilich auch die Momente der Spukgeschichte E. A. Poes und E. T. A. Hoffmanns. Sie wachsen aus dem „Schloß" als einer vom „Numinosen" beherrschten Bannmeile heraus. Man mag aus diesem Roman ebenso wie aus dem „Prozeß" mit gutem Recht die unheimliche Anonymität des bürokratischen Apparates herausgelesen haben im Zusammenhang mit seiner bis zum Abstrusen reichenden Entwickeltheit in der Habsburger Monarchie oder auch das „ganz Andere", das ohne Vorankündigung aus eigener Machtvollkommenheit strafend um sich greift, in jedem Fall zur Obacht zwingt. Es bleibt der gesellschaftliche Untergrund immer im Spiel, auch wenn er beständig aufgerissen wird und das Gefühl aufkommt, daß der Boden unter den Füßen zu schwanken anfängt. So spielt der Schloß-Roman in eigenwirtschaftlichen Verhältnissen feudalen Zuschnitts. Niemand darf „ohne gräfliche Erlaubnis" im Schloß wohnen oder übernachten, heißt es am Anfang. Schloß und Dorf gehören zusammen. Sie bilden im Blick auf die materiellen Versorgungszusammenhänge eine organische Einheit. Das Dorf ist gewissermaßen der Bauch, aus dem sich das Schloß ernährt, der dessen Verdauungskanäle beherbergt und in dem K. beim Versuch, sich im Schloß niederzulassen, steckenbleibt. Der Unterschied zwischen Schloß und Dorf bei gleichzeitiger Zusammengehörigkeit beider wird zum Ausgang für ein Spiel mit rabulistischen Spitzfindigkeiten. Kein Zweifel: K. verfängt sich bereits am Eingang des Schlosses, er wird vom Personal gestellt und an seinem weiteren Vordringen gehindert. Die höheren Ränge kommen für ihn gar nicht in Betracht. Klamm ist der Höchste in der Schloßhierarchie, den er zu Gesicht bekommt. Aber auch ihn in seiner schrecklichen Schweigsamkeit nur durch ein Guckloch. Klamm ist das „Er", dessen Namen auszusprechen der Wirtin unmöglich ist. Seine Geliebte gewesen zu sein, gibt ihrem Leben erst einen Sinn, den sie sich durch die Sorgfalt im Umgang mit den Andenken an ihn, mit „Bild", „Tuch" und „Häubchen", angelegentlich bestätigt. Wenn bereits Klamm als Vermittler sich unbegrenzter Willkür überlassen kann, wie muß es erst mit der ihm übergeordneten Instanz bestellt sein? Hier ist das Bild gleichsam vom oberen Rand her beschnitten. Kafka läßt die gesellschaftlichen Konturen verschwimmen. Wir erfahren so gut wie nichts über die Machtquelle, dafür sehr viel über die technische Perfektion, mit der der von ihr dirigierte Behördenapparat arbeitet. Es gibt hier praktisch keine „Fehlermöglichkeiten". Schon der Verdacht, die Behörde könne Fehler machen, ist ein Verstoß. Indem die Angehörigen der „Oberklasse" im Dunkel bleiben, ihre Existenz geradezu ausgelöscht erscheint und der Personenkreis der „Unterklasse" allein die Szene beherrscht, führt das formale Durchbrechen des Romanhaften vollends zum „Antiroman". Von den Schloßinstanzen hat K. nichts zu erwarten. Das Recht, im Dorf zu wohnen, sucht er durch seine Beziehung zu Frieda. Ihr verdankt er schließlich seinen Aufenthalt. Das wird an seiner fatalen Existenz nichts ändern. In den Augen der Wirtin bleibt er immer ein Kind, das sich weit vorgewagt hat und darum auf Mitleid angewiesen ist. Der Verkehr der Dorfbewohner untereinander ist wie der K.s mit ihnen auf Primitivimpulse beschränkt. So zieht sich die Wirtin im Beisein des Landvermessers den Rock an, der wiederum wäscht sich vor den Augen des Lehrers, verhandelt mit ihm „in Hemd und Unterhosen".[1] Das Flehen als aus agrarischen Arbeits- und Erwartungsverhältnissen hervorgehende Gebärde wie die erste Liebesnacht K.s mit Frieda „in den kleinen Pfützen Biers und dem sonstigen Unrat"[2] in der Wirtsstube rücken als Vorgänge den jeweiligen dorfwirtschaftlichen Hintergrund ins Blickfeld. Von maschinellen Einrichtungen droht in dieser Welt der Einfalt Gefahr. So vom Telefon. Daß es im „Schloß" ausgezeichnet funktioniert, ist bezeichnend. Im Gegensatz zum „Dorf" wird dort ununterbrochen telefoniert, aber dieses Telefonieren wird hier als bloßes „Rauschen" und „Gesang" verstanden. Die Sprache ist nicht verständlich. Vom „Dorf" aus gibt es keine telefonische Verbindung mit dem „Schloß", allenfalls ein Läuten in den Apparaten der untersten Abteilungen, sofern es ihnen nicht beliebt, das Läutwerk abzustellen. Wenn umgekehrt ein Schloßbeamter aus Zerstreuungsbedürfnis mit dem Läutwerk experimentiert, dann handelt es sich um einen Scherz. Ruft dagegen Sordini, der technisierte Bürokrat und nicht

---

1 Das Schloß 98.
2 Das Schloß 60.

mit Sortini zu verwechseln, an: „Dann freilich ist es besser, man läuft vom Telephon weg, ehe der erste Laut zu hören ist."[1]

Dieser Schrecken bei der Berührung mit technisch-maschinellen Einrichtungen bestätigt nur, was wir schon wissen, daß wir hier einer auf wenige Arbeitsvorgänge mit unentwickelter Arbeitsteilung beschränkten „Welt" begegnen. Die Kollektivierung der Schicksale, obwohl sie vorhanden ist und zum ausdrücklichen Motiv in diesem „Antiroman" wird, zeigt noch außerordentlich bescheidene Züge. Aber sie ist schon im Spiel. So etwa bei der Verfolgung der Familie in dörflichen Versorgungsverhältnissen. Die Frage, die sich aus den primitiven Voraussetzungen für die verfolgte Familie stellt, lautet: Wie kann man sich davor zu retten versuchen? Etwa durch die Bitte um Verzeihung? Um Verzeihung zu bekommen, muß erst die Schuld festgestellt und damit, sofern Zweifel an ihr besteht, bekräftigt werden. Aber solche Schuld wird von der Behörde bestritten. Gäbe es eine Schuld, könnte die Behörde nicht verzeihen, denn sie kann nur richten. Gnade ist zwar nicht fremd, auch wenn sie ein Verzeihen nicht kennt, aber sie übt sie aus als souveränen richterlichen Spruch, unbekümmert um menschliches Verdienst. Alle Bittgänge des „Vaters", der „Mutter", sind umsonst.

An die Auflösung solchen Redens in ein System läßt sich nicht denken. Weder von religiöser noch philosophischer Position aus läßt sich ein Schlüssel dafür finden. Jedes theologische Gnadendenken fängt sich im Netz einer eigentümlichen Rabulistik, die auf nichts anders aus ist, als sich von einem Provisorium zum andern durchzubringen. Es ist dabei ohne größeren Belang, welche Ideenvorlagen Kafka im Einzelnen gehabt haben mochte, ob er, worüber Max Brod und andere sich ausgiebig ausgelassen haben, Zionist gewesen ist, ob er es nicht war oder ob er es von Zeit zu Zeit mal mehr, mal weniger war. Aus den Lebensvorgängen des „Ghetto" kann er sich, wie die Verhältnisse in der österreichischen Monarchie und der tschechoslowakischen bürgerlichen Republik Masaryks nun einmal lagen, so oder so nicht lösen. Wie er sich wenden mag, ob ihn die neuen politischen Schwerkräfte auf die Seite des Tschechentums hinüberziehen oder ob er sich von der Sprache her, die auch seine Sprache als Schriftsteller ist, den deutschsprechenden Klassen zugehörig fühlt: eine Kluft zu der einen wie zur anderen Seite bleibt bestehen. Sie läßt sich nicht überspringen. Wer Zimmermädchen ist, kann nicht in den Ausschank kommen. Und wenn es einem doch gelingt, wird es trotz aller Fähigkeiten und aufgewandten Künste dem echten Ausschankmädchen wieder weichen müs-

---

[1] Das Schloß 75.

sen. Natürlich geht diese Vorstellung als Vergleich zur Existenz Franz Kafka nicht auf. Als Vergleich hat er nur einen kleinen Schimmer von „Sinn" im Blick auf die Unübersteigbarkeit vorhandener Barrières in Verhältnissen, in denen Kafka sich zeitlebens bewegt hat. Wie K. vergeblich ins ‚Schloß' einzudringen versucht, muß auch Pepi ihren Posten als Ausschankmädchen aufgeben und wieder Zimmermädchen werden, weil eine laut Gesetz bestehende Rangordnung nicht durchbrochen werden kann. Zu Pepi, die ihre Stelle wieder abtreten muß, bemerkt K. über Frieda: „Hast du einmal ihren Blick beachtet? Das war schon gar nicht mehr der Blick eines Ausschankmädchens, das war schon fast der Blick einer Wirtin".[1] Funktionen und Besitzverhältnisse mit darin anhängendem Nicht-Besitz als Voraussetzung und Folge zugleich schaffen ein System abgestufter Beziehungen und überziehen die Gesellschaft mit einem Netz von Abhängigkeiten, gliedern sie und machen diese Gliederung zu ihrem alles andere beherrschenden Charakter. Sie in Frage stellen, hieße die Fäden aus diesem Netz herausreißen wollen.

K.s Weg, ins Schloß zu gelangen, liegt der Versuch zu Grunde, in einen Bezirk einzutreten, dem er von Hause aus nicht zugehört, dem aber zuzugehören Endstufe und Erfüllung seines Lebens bedeutet. Der gelungene Versuch wäre zugleich Überschreiten einer verbotenen Grenze. Wo der Landvermesser auftritt, steht er „überall im Weg", ist er „überzählig". Aus welchen genau wiederzugebenden rationalen Versuchen der Weg ins Schloß angetreten worden ist, erfahren wir expressis verbis an keiner Stelle. Aber ist dieses „Warum" überhaupt notwendig? Der Landvermesser selbst kann keine bessere Antwort geben als: „Was hätte mich denn in dieses öde Land locken können, als das Verlangen hierzubleiben".[2] Sein Wunsch stößt indessen auf den Widerstand der Eingesessenen. Die Verbindung mit Frieda, dem Mädchen aus dem Dorf, gibt ihm eine äußerlich begründbare Rechtfertigung für sein Bleiben, aber keinen Rechtsanspruch. Umgekehrt bildet sich bei Frieda der Eindruck vom Sondercharakter K.s aus und daran gemessen der ihrer eigenen Wertlosigkeit. Was sich später als Verdächtigung gegen die ganze „Familie" wendet, ist ohne den Kontakt zu dem Fremdling nicht denkbar und nimmt jene stummen und darum umso gefährlicheren Züge an, wie wir sie aus dem „Prozeß" kennen. Friedas schließliche Aufforderung zur Flucht bedeutet eine Variation des Amerika-Motivs, dem Elend durch Auswanderung zu entgehen. Aber K. steht dieser Weg in die Emigration nicht offen. Für ihn ist das ‚Schloß'

---

1 Das Schloß 303.
2 Das Schloß 139.

das Ziel, und physische Unterdrückung, Armut und Not können ihn nicht zur Umkehr bewegen.

Wir wissen, daß der Landvermeser sein Ziel nicht erreicht. Dieses Verfehlen des selbstgewählten Bestimmungsorts erfolgt bekanntlich, weil er im Gespräch mit Bürgel den Augenblick verschläft, wo ihm die „Gnade" angeboten wird. Wenn wir Max Brod glauben dürfen, hat Kafka in dem nicht mehr ausgeführten Schluß einen Kompromiß im Auge. Dem Gesuch des Landvermessers wird teilweise entsprochen. Er hält am einmal gefaßten Entschluß fest, stirbt aber, weil ihn die Kräfte verlassen. Der Entscheid des Schlosses, daß ein „Rechtsanspruch" auf den Aufenthalt im Dorf nicht besteht, doch gewisser „Nebenumstände" wegen die Erlaubnis, dort zu leben und zu arbeiten, gegeben wird, erreicht den Toten. In dem Ausgang seiner Sache wird das Scheitern des Lebenden, der den Inhalt des Spruchs nicht mehr erfahren hat, noch einmal nachträglich und nachdrücklich bestätigt. Hier melden sich aus dem „Ghetto" herausgewachsene Denkfiguren, die sich am Gegensatz zu der an den Verkehrsformen der Latifundie orientierten „bürgerlichen Gesellschaft" entwickeln. Denn das zur Flächigkeit abstrahierte „Schloß" ruht auf der wirtschaftlichen Grundlage der Latifundie mit einer ihrem Stil entsprechenden Jovialität der Verwaltungsorgane, der „Beamten". So heißt es: „Es gibt mehrere Zufahrten ins Schloß. Einmal ist die eine in Mode, dann fahren die meisten dort, einmal eine andere, dann drängt sich alles hin. Nach welchen Regeln dieser Wechsel stattfindet, ist noch nicht herausgefunden worden".[1] An diesen Kapricen der Schloßwelt wird der Gegensatz zum Ghetto noch einmal gesteigert einsichtig, kann sich der Fremdling seiner Fremdheit mit Nachdruck versichern.

Hier tritt unmißverständlich hervor: Man mag aus dem Schloß-Roman deutend herausholen, was immer man für textentsprechend geboten und zulässig hält: an dem aus den materiellen Lebensverhältnissen sich herauslösenden Movens eines auf Einschmelzung in eine andersartige Umwelt bedachten Paria wird man nicht vorbeikommen, es sei denn, man trennt das Werk von Kafkas eigenen Lebensbedingungen ab. Hier ist die von Marx beschriebene Situation festgehalten, die den „abstrakten Juden" bei der „Auflösung der alten Gesellschaft" auf dem Wege zur „bürgerlichen Gesellschaft" zeigt mit der Folge, daß ihm die erwartete Emanzipation versagt bleibt.[2] Dabei gilt, daß der Feudalismus aus seiner Anlage als System, d. h. seines unbesorgten Wirtschaftens wegen — abgesehen von wie-

---

1 Das Schloß 215.
2 Zur Judenfrage. Die Frühschriften hg. v. Siegfried Landshut, Stuttgart 1957, 196.

derholt auftretenden Progromen im Mittelalter — den „Juden" auch in seiner Nichtemanzipiertheit und Nichtemanzipierbarkeit nicht in Frage stellt. Erst mit seinem Zerfall und dem Aufkommen einer rationaler planenden Klasse wird seine alte feste Stellung beweglicher und er selbst durch Konkurrenz, Zivilrecht, später gegebenenfalls der Konstitution zum „Problem". Mit dem Triumph über die seigneuriale Bedarfdeckung, an dem die Judaität ihrer Sonderlage entsprechend selbst entscheidend Anteil hat, durch den sie das alte System hat lockern helfen, entläßt es ihn aus seiner organisierenden Klammer und entläßt es ihn in ein Schicksal mit ungewissem Ausgang. Kafkas „Schloß" besorgt auf seine Weise die Dokumentation dieses Verhalts. Das Schloß nimmt K. zwar nicht auf, kann ihn in die feudale Organisation nicht aufnehmen, aber es läßt ihn gewähren, rechnet ihm gewisse Umstände zweitrangiger Art zu, die sein Bleiben, wenn auch immer noch unverdientermaßen, vertretbar machen. Es wird bei einer Gestalt, wie K. sie nun einmal ist, nochmal ein Auge zugedrückt. Aber selbst die Vorstellung der eigenen Unzulässigkeit seines Aufenthalts im Dorf enthält die Nuance des Hinnehmens, die die Bürgerei, wenn sie in voller Aktion ist, unter Umständen nicht mehr kennt, die sie bei dem ihr eigenen höheren Grad an Kalkulation auslöscht.

Das bedeutet keinen Versuch, Kafkas „Schloß" zu interpretieren. Wäre es so, dann handelte es sich um ein sehr unzulängliches Unternehmen. Es geht vielmehr darum, immer wiederkehrende Elemente im gesellschaftlichen Gefüge, so wie Kafka es erfährt und wie es sich in seinem Erzählen verfestigt hat, wiederzuerkennen. In „Schloß" und „Ghetto" treffen die entschiedensten Gegensätze aufeinander. Die bei Kafka zweifellos als Lebenssituationen dargestellten Fälle sind dabei aus einer unendlichen Zahl möglicher herausgenommen, haben aber, wenn bei allem Übergewicht des Sinnlosen ein Schatten des Sinnvollen noch bleiben und ein Sprechen über dieses Schreiben überhaupt gerechtfertigt sein soll, ihren „Sitz" zwischen diesen sozialen Extremen.

Das reicht bis in die Syntax hinein. Kafkas Satz kennt den nüchternen Tatbestand und zeichnet ihn nach. So beginnt die kurze Erzählung „Der Aufbruch" folgendermaßen: „Ich befahl mein Pferd aus dem Stall zu holen. Der Diener verstand mich nicht. Ich ging selbst in den Stall, sattelte mein Pferd und bestieg es." Da ist nichts von der Schwülstigkeit seines Landsmanns Werfel zu spüren. Man muß aber bei diesem so ohne Anspruch auftretenden Stil die Anspannung aller Kräfte voraussetzen, die aufzuwenden sind, um seinem sprachlich nur bedingt tragenden Milieu, noch dazu auf der Prager Sprachinsel mit jenen Überwucherungen durch das Regiedeutsch der österreichischen Verwaltung, des Militärs usw., die unaufdringliche Präzision abzuzwingen. Welche Gefahren hier drohten, zeigen die trotz günstigerer Ausgangslage so gescheiterten Anfänge Rilkes. Hier war kein aus der allernächsten Nähe eindringendes Idiom wie das Jiddische zu abstrahieren, kein ständig wiederholtes Durchschneiden veralterter Sprachfiguren notwendig und der frühe lyrische Ertrag doch ein nur wenig Aussichten eröffnender mit Kitsch-Beständen der „Gartenlaube", die sich auch nach der Erhellung Rilkes zum großen Lyriker immer wieder in Erinnerung bringen. Kafkas genau treffendes Sprechen kommt in einer von den eigenen materiellen Lebensverhältnissen auch immer wieder losgelösten Schicht zustande, die zu ihrer Ausbildung notwendig ist. Aber das Exakte im Aussprechen der Vorgänge, der Gegenstände, des Verkehrs zwischen Menschen, Tieren, Sachen führt in die Verdunkelung des allegorischen Sinnentzugs, der die Gestalten und Dinge verschwimmen läßt oder ihnen den Boden wegzieht. Sie werden von der Bewegung mitgerissen, die den Leser im Zweifel läßt, ob er nicht selbst der Schwankende ist.

Hier meldet sich die Interessenlage des aus dem „Ghetto" herauswachsenden Ziviljuden, dem innerhalb der von feudalen Renten noch durchgestalteten Lebensverhältnissen, von denen er selbst im wahrsten Sinne räumlich abgeschnitten ist, an ihrem Bestand zwangsläufig nicht viel gelegen sein kann, der von ihrer weiteren Auflösung dagegen alles erwarten zu können glaubt. Der von hier ausgehende Stil hebt bei aller Geschlossenheit des Satzes auf, zeichnet die Dinge aus einer unglaublichen Perspektive, kehrt sie um, stellt sie auf den Kopf oder geht von unzugänglicher Seite an sie heran. Hier hat nichts mehr Bestand und was gilt, seine Gültigkeit verloren. Mögliche Übereinkünfte in der Orientierung sind schon von vornherein gestört. Jede der „Kafka-Deutungen" spricht im Grunde ihre eigene Sprache und braucht gar nicht mit ihrer „Aussage" hinter dem Berg zu halten, weil ihr ein Mißverständnis nachzuweisen nicht leicht gelingen kann. Wo wäre die Instanz, die mit Vollmacht den Bereich des Abstrusen verwaltet, ohne selbst am Abstrusen Anteil zu haben? In die Beziehungen ist eine Anarchie eingezogen, der Kafka nach zuverlässigem Urteil selber nahestand[1]. Hier hat der Anspruch, in dieser nicht leicht zugänglichen Landschaft des erzählerischen Werks bei ihrem Erkunden überzeugend die Richtung für den einzuschlagenden Weg zu weisen, wenig Aussicht. Im Blick auf die aus Lebewesen, Gegenständen und ihren Beziehungen zusammengestellten Sprachfiguren ist weniger die Frage nach dem „Sinn" zu stellen als nach dem „Zweck", nämlich mit den aus dem Elend

---

[1] Gustav Janouch, Franz Kafka und seine Welt, Wien, Stuttgart, Zürich 1965, 97.

hervorgehenden absonderlichen Kompositionen die anstehende Zeit bis zum Tode zu überdauern. Der Bezugspunkt zum Tod, der außerhalb der Sprachfiguren steht, schafft das Beklemmende dieser Zeilen ohne das Etikett hergebrachter Kunstfertigkeit. Kunst-Literatur in einem möglichen konventionellen Sinne ist Kafkas Erzählen gewiß nicht. Wenn Heinz Politzer so ausdrücklich die „hohe Tröstung künstlerischer Meisterschaft"[1] hervorhebt und auf die „Kunst" Kafkas hinzuweisen sich genötigt sieht, scheinen wohl zumindest leichte vorhandene Zweifel ein Anlaß dazu zu sein. Das hat hier weder positive noch negative Bedeutung. Denn unabhängig vom Kunst-Charakter bleibt das Phänomen Kafka unangetastet, er selbst kann — gleichgültig mit welchen Argumenten auch immer — nicht in Frage gestellt, durch keine Kritik abgetan werden, auch nicht durch die Tatsache, daß sich nach einer über jeden Zweifel erhabenen geglückten Komplexität eines Einzelwerks bei ihm vergeblich suchen läßt. Die Romane sind keine Romane, die Erzählungen sind keine Novellen in irgendeiner an ein Vorbild erinnernden Form, und wenn man bei dem vielen Unabgeschlossenen und oft auch Unabschließbaren über fehlende handschriftliche Manuskriptseiten verfügte, um etwa die Lücken im Amerika-Roman auszufüllen oder — wie im „Prozeß" — die Kapitelanordnung eine andere als die von Brod vorgenommene, von Herman Uyttersprot und andern so kritisierte wäre, so wäre darum die Ratlosigkeit dem Text gegenüber kaum geringer.

Das gehört freilich nur zu den philologischen Verästelungen einer gesellschaftlichen Grundtatsache mit einer weit über Kafka und Prag hinausgreifenden Vorgeschichte. Der Eintritt jüdischer Schriftsteller in die deutsche Literatur ist mit Ausnahme Mendelssohns im 18. und Heines und Börnes in der ersten Hälfte des 19. Jahrhunderts wesentlich ein Ergebnis der zweiten. In Frankreich, England und Rußland liegen die Dinge nicht viel anders. Warum das so ist, wird vor allem an den Verhältnissen im Habsburgerreich deutlich. Erst müssen die Ghettos in Polen, Galizien, der Bukowina, Rumänien geöffnet werden, muß die Rückwanderungs- und Emigrationsbewegung von Rußland eingesetzt haben und die Angehörigen in zwei, drei Generationen nach Westen bringen oder sie auf einer ihrer Zwischenstationen verweilen lassen. Erst mit dem langsamen Heraustreten aus einer intakten oder relativ intakten Gemeinde wird der Jude literaturfähig im kunstmäßigen Sinne. Aber dieses Heraustreten bringt eine von den eigenen religiösen Verbänden wie von der oft feindlichen Umwelt gleichermaßen entstellte Natur an den Tag, die in den engen

---

[1] Franz Kafka, der Künstler, Gütersloh 1962, 12.

Quartieren an der Ausbildung ihrer Gaben, geschweige ihrer Anwendung, gehindert wird. Karl Kraus, der sich hier genau auskannte, hat in der „Fackel" von Zeit zu Zeit die Hand auf diese schwelende Wunde gelegt.

Die Verbindung zum religiösen und wirtschaftlichen Organismus der Gemeinde muß erst durchschnitten, der Kaftan abgelegt, der Übergang zur zivilen Existenz wenigstens eingeleitet sein, bevor der Weg in den Konzertsaal, das Theater, die Zeitungsredaktion, die Klinik, die Wissenschaft und die städtische Verhältnisse voraussetzende Literatur gegangen werden kann. So stammt Freud aus dem mährischen Freiberg, aus dem er vierjährig durch Übersiedelung der Familie nach Wien gelangt. Seine Mutter ist noch in Odessa geboren, hat also schon einen Teil der Ost-Westbewegung hinter sich, wie sie Joseph Roth in „Juden auf Wanderschaft" beschreibt. Karl Kraus aus Gitschin in Böhmen entstammt eher dem Prager Einzugsgebiet. Joseph Roth kommt aus dem ostgalizischen Brody als Student noch im Kaftan nach Wien,[1] legt ihn aber bald ab und unternimmt den nicht geglückten Versuch der Assimilation. Sie alle haben sich vom klein-ackerbürgerlichen Milieu mit stark vom Wanderhandel bestimmten Tauschverhältnissen vor dem Hintergrund seigneurial betriebener Bodenwirtschaft gelöst, befinden sich hier samt und sonders auf der Leidensseite und erfahren sie als zusätzliche Schädigung zu der ihnen vom Ghetto zugefügten Demolation. Hier sind die Nerven für das Erkennen der Erkrankungen und ihrer Symptome unendlich geschärft. Wenn Karl Kraus mit einer in Galle getauchten Feder schreibt, Joseph Roth in Paris sich zu Tode trinkt, dann sind hier frühe Verwüstungen mit im Spiel. Auch der Verfasser des „Radetzkymarsch" hat das Erlebnis des „Schloß": die Wiener Hofburg als dem stricktesten Kontrast zu jener Winkelwelt galizischer Dorfhütten mit seinen Trödlern und bärtigen Greisen davor drängt sich nach dem Zusammenbruch der Monarchie in seiner Phantasie vor, weitet sich als Stätte einer träumerischen Prachtentfaltung aus, kann aber die Jugendeindrücke der polnischen Judenstadt nie verdrängen.

Allen diesen Autoren ist gemein, daß sie den Auflösungsprozeß des Judentums in einem schon vorgerückten Stadium auf dem Boden des Habsburgerreichs in Leben und Werk selber auf die verschiedenste Weise darstellen. Bei Freud ist dabei die desillusionierende theoretische Einsicht in den Charakter der Religion am weitesten ausgebildet. Die religiösen Lehren stehen für den Verfasser der Schrift „Die Zukunft einer Illusion" aus dem Jahre 1927 so sehr im Widerspruch zu aller Realität, daß sie nur Wahnideen vergleichbar sind. Daß es um die Zukunft des „Glaubens" als

---

[1] Nach mündlicher Mitteilung von Heinz Kindermann.

einem mit Anspruch auftretenden Für-Wahr-Halten schlecht bestellt ist, drängt sich hier auf. In der letzten von Kafka vor seinem Tode und mit besonderer Sorgfalt abgeschlossenen, dazu ausdrücklich für den Druck bestimmten Erzählung „Josefine, die Sängerin, oder das Volk der Mäuse" lassen sich die Figuren des Absterbevorganges der Religion nachziehen, treten sie zumindest neben andere mögliche, wenn ein Versuch des Sprechens über die Parabel überhaupt noch als sinnvoller Versuch gewagt werden kann, der nicht ganz an den eigenen Lebensverhältnissen des Autors vorbeiführt. In der pfeifenden Maus Josefine ist freilich — jedenfalls hat die Interpretation sie so verstanden — vieles und unterschiedliches zum Ausdruck gebracht: der Künstler, der sich auf die hohe Kunst und sie allein zurückzieht, der moderne Intellektuelle, aber auch die Maus als Maus. Doch was wäre sie, gerade im Zusammenhang mit Kafkas privaten Aufzeichnungen und Briefstellen, ohne die Judenthematik? Die Maus Josefine pfeift in einem Volk, das die Musik nicht liebt und keine Geschichtsschreibung kennt. In der Tat ist in der Synagoge die Musikalität so herabgedrückt, daß Richard Wagner noch von der Unbegabtheit des Juden für die Musik überzeugt war, und die Beziehung zur Geschichte durch Lebensverlust in Quarantäne-Arealen und immer wieder bezeugte Ächtung geradezu abgeschnitten. So hat denn auch der Gesang der e i n e n Maus mit dem aus „den alten Zeiten unseres Volkes"[1] nicht mehr viel zu tun, ist er im Grunde auch nichts als das Pfeifen aller anderen, das hier nur „bewußt" wird. Aber das ganze sophistische Spiel, das mit der musizierenden Maus getrieben wird, läßt über eines nicht hinwegtäuschen: die Differenz zwischen ihr und den übrigen Mäusen, die Differenz zwischen dem überhaupt mit besonderer Nuance Auftretenden und dem „Volk", wie überhaupt jedes Auserwählungsbewußtsein, ist am Ende aufgehoben. „Josefine aber", so schließt die Geschichte, „erlöst von der irdischen Plage, die aber ihrer Meinung nach Auserwählten bereitet ist, wird fröhlich sich verlieren in der zahllosen Menge der Helden unseres Volkes, und bald, da wir keine Geschichte treiben, in gesteigerter Erlösung vergessen sein wie alle ihre Brüder." Der Spielraum für ein deutendes Fragen ist hier so groß oder so klein, wie man es von einem Text Kafkas erwarten kann. Aber der Kühnheit der „Auserwählten", die nirgendwo schrecklicher demonstriert wird und unsäglicheres Elend um sich verbreitet als in der Religion, wird hier begegnet. Ihr ist in der Gestalt der Maus Josefine keine Chance gelassen. Sie geht am Ende in das Heer der anderen Mäuse auf. Auch in dieser Parabel wird kein Weg gewiesen, noch nicht einmal eine Absicht

---

[1] Erzählungen 187.

kundgetan. Die Sphinx schweigt sich auch hier aus, führt mit dem, was der Text berichtet, aus der Welt des Mythos nicht heraus. Die einzige Hoffnung, die bleibt, ist die Hoffnungslosigkeit eines verfaulenden Stammes, der es in seinem Verfaulen noch einmal zum Schillern der Farben, dem Funkeln seltsamer Figuren aus krankem Holz kommen läßt und auf seinen weiteren Verfall und schließlich sein Ende wartet.

ROBERT MUSIL – ZEITDIAGNOSE UND ZEITVERFALL

Perspektivenlosigkeit als Fixpunkt des Sehens durch den beständigen Wandel der Perspektive erscheint wie ein von Musil sich selbst gegebener Auftrag, als das einzig zureichende Mittel, die Bewegungen der „Zeit" einzufangen. Bewegung der „Zeit" ist denn auch das allen andern übergeordnete Thema des „Mann ohne Eigenschaften", um den sich das übrige erzählerische und dramatische Werk Musils gruppiert. Es wäre freilich unzutreffend, im „Mann ohne Eigenschaften" das Prisma eines einzigen Zeitalters sehen zu wollen, so unzutreffend, wie ihn für eine österreichische Version von Prousts „Suche nach der verlorenen Zeit" zu nehmen. Schon von seiner Entstehungsgeschichte her durchbricht er die späte franziskojosefinische Phase, durchläuft er die Anfänge des republikanischen Provisoriums, kennt er dessen Ablösung durch die großdeutsche Periode, deren Ende Musil als Exilierter nicht mehr miterlebt, die aber konstitutiv sich ebenso auf die Abfassung der Schlußteile des Großromans auswirkt wie die beiden vorausgehenden Zeiträume. Man muß demnach unterscheiden zwischen den etwa von 1906 bis 1918 reichenden Anfängen,[1] der Weiterarbeit am Roman bis 1938, nachdem der 1. Band 1931, der 1. Teil des 2. Bandes 1933 erschienen waren, und der ohne Abschluß bleibenden Niederschrift in der Emigration bis zum Tode im April 1942.

Demnach wäre die Darstellung des österreichisch-ungarischen Staatsverfalls als u r s p r ü n g l i c h e s thematisches Motiv hinfällig und der Arbeit allenfalls durch die politischen Zeitereignisse abgezwungen worden. In der Tat vollziehen sich die großen Veränderungen, von denen das Donaureich erfaßt und vernichtet wird, mit einer Schnelligkeit, gegenüber der die Abfassung des Romans wie im Schneckentempo erfolgt. Es ist der Untergang Österreich-Ungarns, der den Wandel in der Konzeption unabhängig von der Absicht des Autors herbeiführt, es ist das Ende der ersten österreichischen Republik, das diesen Wandel erneut revisionsbedürftig macht, den Blick für zeitlich gleichlaufende Entwicklungen im nachmonarchischen Deutschland schärft und vom fait accompli des Abtretens zweier Kaiserreiche her die Vorankündigungen dafür ins Auge fassen läßt. Aber die auf ein gegenwärtiges Zeitgeschehen gerichtete Tendenz, der wir in den „Verwirrungen des Zöglings Törless" von 1905 noch begegnet

---

1 Vgl. dazu Wolfdietrich Rasch, Über Robert Musils Roman „Der Mann ohne Eigenschaften", Göttingen 1967, 64.

waren, verschiebt sich dabei schon ins Historische, auch wenn Musil — wie wir wissen — unverändert am Gegenwartscharakter seines Romans festhält. Die Schreibvorgänge werden von der Geschichte überholt. So wie sich der Zeitroman in einen Roman mit historisch gewordener Thematik verwandelt, erfährt diese historisch gewordene Thematik selbst ihre Veralterung. Als Schreibender bleibt Musil hinter der Abfolge der Ereignisse, den Bewegungen der Zeit, immer zurück.

Das Ende „Kakaniens" hat nicht nur die Perspektive gebrochen, sondern zieht als Perspektivenlosigkeit in den Bauplan dieses am Ende in sich zerfallenden Romans ein. Was für den Adepten Nietzsches philosophisch als Umwertung der Werte gilt und schon im „Törless" an der ideologischen Konfusion mitgewirkt hatte, hier Reflex einer durch und durch resignativen Zeitstimmung war, nimmt jedem Streben die Aussicht auf Vorwärtskommen. In der „Parallelaktion", in der Österreich und Deutschland durch das 70jährige Regierungsjubiläum des Kaisers Franz Josef und das 30jährige des Kaisers Wilhelm II. auf groteske Weise gegenübergestellt werden, liegt eine eigentümliche Vergeblichkeit. Obwohl das Scheitern gewiß ist, obwohl jeder unterrichtete Leser weiß, daß keines der Jubiläen gefeiert werden wird, spart der Erzähler nichts an (der von Ulrich aufgewendeten) Mühe bei den Festvorbereitungen. Das Erzählen selbst wird in seinem Übergang zum reflektierenden Bedenken bald zu einer Schiffahrt auf toten Gewässern, die an kein Ziel führen wird. Aber auch nicht soll! Gerade das macht den Großroman zu einer authentischen Bestandsaufnahme, die den Staat in der Phase seines Abbaus zeigt, wo die Politik hinter das Private, das Öffentliche hinter das Intime tritt, Bewegungen sich im Verborgenen vollziehen. In unterirdischen Kanalisierungen erfolgen Stau und Vorwärtsströmen jener Kräfte, die das Vorrücken der „Zeit" besorgen. Musil wird später darüber klagen, wie schwer es ihm fällt, die Ideenmasse zu bewegen, weil sie ihn fast erdrückt, ihm die Kraft zur Entscheidung nimmt. Darum läßt sich auch von Anfang an kein rechter durch die „Handlung" hindurchgehender „Faden" verfolgen. Es „handelt" die „Zeit", und der „Erzähler" wird zum klugen, mit naturwissenschaftlichen, mathematischen, technischen Einsichten ausgestatteten Beobachter. Das Aufkommen der Technik in einer von Deputaten her regulierten, auf dem Stand einfachster Bodenbewirtschaftung gehaltenen, durch Feudalität und Priestertum beherrschten „Welt" erscheint hier als Phänomen, das allen theoretischen Abschweifungen standhält. Das ist von Musil als ein Grundverhalt der Zivilisation, was immer man darunter verstehen will, gesehen, mit einer Europa erfassenden Vorgeschichte. Die Stichworte „neue Kunst", „neuer Mensch", „neue Moral" haben diese Vorgeschichte schon hinter sich, sie sind nicht nur Folge einer sich auf Nietzsche berufenden Erneuerung, sondern auch der Technik. Musil macht den „ölglatten Geist der letzten zwei Jahrzehnte des neunzehnten Jahrhunderts", aus dem „sich plötzlich in ganz Europa ein beflügelndes Fieber erhoben"[1] hatte, für den Wandel verantwortlich. Wir wissen, wie von der Wasserscheide der 80er Jahre die Wellen schlagen, der Liberalismus eine Phase höchster Prosperität auslöst, aber auch schon im Börsenkrach von 1873 ernüchternde Erfahrungen vermittelt hatte, demi-koloniale Erwirtschaftungen privater Bankengruppen auf dem Balkan unter dem Schutz der staatlichen Administration zustande kommen läßt und bis dahin unbekannte Geldmengen in Bewegung setzt. Die „Umschichtung der Gesellschaft" als Parole läßt sich überall da verwenden, wo industrieller Aufschwung, Ausweitung des Handels dem Latifundienbesitz in den neuen Maschinenzentren wie Pilsen und Brünn Konkurrenz beschert oder die Abwanderung großer Teile der Landbevölkerung in die Reichshauptstadt erfolgt. Makartsche Großflächigkeit war aus dieser ökonomischen Umschichtung hervorgegangen, hatte hier ihren günstigsten Boden ebenso wie der nachbarocke Pomp der Helmer und Fellner, die mit ihm das neue Burgtheater, das Ronacher, den Bau des Volkstheaters bedachten und als Architekten der Wiener Zentrale ihren von Karlsbad bis Temeswar reichenden Aufträgen nachkamen. Diese Anlagen, die von der Stukkatur her leben, lassen mit ihren Fassaden große Ansprüche aufsteigen, sie sind durch das Dekor dafür gerüstet, sie in sich aufzunehmen und zeigen durch die zu üppigen Schwellungen neigenden, den strengen Klassizismus auflockernde Form die Option für die Willkür an. Mit dem „Übermenschen" als neuem Zuchtideal der „Rasse" verbindet sich die von Musil vermerkte und in der Gestalt Moosbruggers sichtbar werdende Bewunderung für den „Untermenschen". Der Verbrecher, der Mörder als vom „neuen Sehen" entdeckter Typus, als organisch intakte Natur wie als psychologisch interessanter Fall! Unter dem „neuen Sehen" als unorthodoxes, an keine feste Ideologie gebundenes Angebot wird später ebenso der „Jugendstil" zu verstehen sein mit seiner durch Adolf Loos besorgten Abkehr vom aufgeklatschten Zierrat nach der Devise „Ornament ist Verbrechen" oder die Deckenmalerei des Sezessionisten Klimt in der Wiener Universitätsaula. In der Philosophie war Ernst Mach an der Arbeit, die bis dahin in Österreich vorherrschende „objektive Metaphysik" rundherum in Frage zu stellen und Anschluß an das von den Naturwissenschaften geforderte Experiment als Belehrungsmittel der Theorie zu finden. Das Tatsächliche sind die Er-

---

1 Der Mann ohne Eigenschaften, hg. von Adolf Frisé, Hamburg 1952, 56.

lebnisse in Tönen, Farben, Drücken, Wärmen, Düften, Räumen, Zeiten, das „Ich" ist „ein Teil der Welt und mitten im Fluß derselben darin"[1]. Machs „Ich" mit seinen wandelbaren Eigenschaften geht ebenso wie Musils Ulrich in das Wechselspiel immer neuer Erscheinungen ein. In der Berührung mit Mach erfolgt für Musil die Berührung mit der zu seiner Zeit philosophisch-naturwissenschaftlich entwickeltsten Theorie der Erfahrung, die sich in seiner Dissertation von 1908 „Beiträge zur Beurteilung der Lehren Machs" niederschlägt. Mit den „Bekenntnissen des Zöglings Törless", die Musil schon zwei Jahre früher abgeschlossen hatte, waren künstlerisch bereits Konsequenzen dieser philosophischen Einsicht verwirklicht, wenn er von der unglücklichen Hauptgestalt der Erzählung sagt: „Wie eine heiße, dunkel glühende Masse schwang das alles ununterschieden im Kreise um ihn. Nur in den Ohren fühlte er ein Brennen und in den Fingerspitzen eine eisige Kälte. Er befand sich in jenem Zustande eines mehr seelischen als körperlichen Fiebers, den er sehr liebte."[2]

Eine solche Sprache hat sich vom philosophisch Abstrakten bereits völlig gelöst, aber sie setzt im Einklang mit Mach alles auf das von sinnlichen Eindrücken beherrschte Verhalten. In sie ist aufgenommen, was zum Programm des literarischen Impressionismus gehört, dem Musil in Jens Peter Jacobsens „Frau Marie Grubbe" begegnet war, ohne ihm zuzustimmen, wie seine Tagebuchaufzeichnungen aus diesem Jahre zeigen,[3] jedoch auch ohne ihm ausweichen zu können. Das Temperament eines „Innen" und „Außen", „Körper" und „Seele" nicht mehr trennenden Künstlers wird uns auf Schritt und Tritt begegnen, in den „Vereinigungen" von 1911 wie in den „Drei Frauen" von 1924. So heißt es von Claudia in der Erzählung „Die Vollendung der Liebe": „Und mit einemmal fiel ihr ein, daß auch sie — genau wie all dies — in sich gefangen und auf einen Platz gebunden dahinlebte, in einer bestimmten Stadt, in einem Hause darin, einer Wohnung und einem Gefühl von sich, durch Jahre auf einen winzigen Platz, und da war ihr, als ob auch ihr Glück, wenn sie einen Augenblick stehenbliebe und wartete, wie solch ein Haufen grölender Dinge davonziehen könnte."[4] Eindringen in die Dinge, Zusammenwachsen von Innen- und Außenwelt, Vorüberfließen der Erscheinungen, die ein sich seiner Eigenschaftslosigkeit bewußtes „Ich" aufnehmen und mit sich fortziehen. Hier

---

[1] Ernst Mach, Erkenntnis und Irrtum, Skizzen zur Psychologie der Forschung, Leipzig 1906, 8.
[2] Prosa, Dramen, späte Briefe hg. von Adolf Frisé, Hamburg 1957, 98.
[3] Ebda. 631 f.
[4] Ebda. 172.

wird schon eine Etüde zum Großroman abgespielt, die neue impressionistische Erfahrungen und artistisches Bekenntnis gleichermaßen demonstriert.

Veränderung der „Zeit" als Veränderung des kakanischen Teils der Erdoberfläche bleibt als Thema dabei immer im Spiel. Musils Interesse gilt jedoch weniger dem Wandel durch die politische Revolution als durch die Revolution der Technik. Er schreibt hier im Einklang mit der historischen Entwicklung im monarchischen Donaureich, in dem Revolutionen als Straßen- und völkerschaftliche Aufstände regelmäßig niedergeschlagen worden waren und das Resultat der niedergeschlagenen Revolution der genauen Umkehrung ihres ursprünglichen Ziels sehr nahe kam. So führte das Scheitern der 48er Revolution nach der Beseitigung des ärgsten Wildwuchses in der feudalen Menschenbewirtschaftung zur konsolidierten Latifundie, so macht das mit Grausamkeit besorgte Strafgericht Haynaus über die Kossuth-Rebellen ein viel feiner gesponnenes Netz der K.u.K.-Administration in Ungarn erst möglich. Also nicht Revision bestehender Verhältnisse durch gewaltsamen Umsturz, sondern langsames Hineinwachsen in eine sich wandelnde Welt durch Wandel in den Arbeitsvorgängen, überhaupt durch die Heraufkunft des technischen Zeitalters! Dafür ist das Auge des Ingenieurs Musil eingerichtet. Der Wandel schafft dabei eine neue Ästhetik, zeichnet sich in den Formen der Architektur ebenso ab wie im Übergang von der Kunst zur Kunstverwaltung durch ein Abnehmen der kunstschaffenden Kräfte. Das Zurückbleiben der Erwartungen hinter der veränderten Realität gibt nur unklar den von Musil beobachteten Sachverhalt wieder, den er in die Geschichte vom „genialen Rennpferd" einfaßt. In einer Zeit, in der der Matador des Fußballrasens, des Boxrings, die Massen begeistert, ist jeder Versuch, auf den alten Wegen des Geniebewußtseins zu einem „bedeutenden Mann" zu werden, von vornherein zum Scheitern verurteilt. Der Glaube an die Kalokagathia Platos kann allenfalls als ein den Lehrkörpern der Gymnasien vorbehaltener Glaube gelten und hat durch das Vorrücken technisch entwickelter Arbeitsvorgänge etwas Gespenstisches bekommen. Eine jahrtausendealte Tugend wie der Mut gerät durch die Heraufkunft neuer Idole in deren Schatten. Gegen den Vorzug der Schnelligkeit, der Finte als Kunst der Täuschung, der Reaktionsfähigkeit, kann sie wenig ausrichten. „Training" ist ein neues, aus der Maschinenwelt abgeleitetes Wort. Musil zögert nicht, es für die Vorgeschichte Ulrichs und zwar für seine weitere Ausbildung zur Eigenschaftslosigkeit in Anspruch zu nehmen. „Training" als unerläßliches Mittel zur Ausübung der „Wissenschaft", hier einer „Wissenschaft", der in Übereinstimmung mit Mach jeder Anspruch der Metaphysik unerträglich geworden ist!

Die Bestandsaufnahme des letzten Vorkriegsjahres gibt auch für die veränderte Wirklichkeit der Gegenwart, von der aus sie erfolgt, wenig Anlaß zum Vertrauen. Wo Autos über den Asphalt fahren und die „Morgenluft" ihre alte Reinheit verliert, steigt für Ulrich das Gefühl auf, sich von den Absichten seiner Jugend immer mehr zu entfernen. Im „genialen Rennpferd" war schon ein neuer biologischer Typ vor Augen gestellt, dessen Kraft ebenso wie die des Sportlers im Gegensatz zum „Genie" des „bedeutenden Mannes" meßbar ist. Von hier aus führen die Reflexionen ins Endlose, werden sie zu einer träumerischen Zukunftsmusik. Was immer man von Musils Klugheit sagen kann, die formale Beherrschung des Stoffes kommt ihm im Verlauf des Erzählens mehr und mehr abhanden, ja das Erzählen läuft bei der Fülle der Mitteilungen schließlich auf Sand. Der Wille zur „epischen Totalität" schlägt durch die Behauptung Diotimas, „das wahre Österreich sei die ganze Welt",[1] ins Groteske um. Was als „epische Totalität" aufgeworfen wird, besteht aus fortwährenden Brechungen der „Zeit" und des „Zeitgefühls". Der Erzähler Musil ist Naturwissenschaftler, ein Naturwissenschaftler tritt hier als Erzähler auf. Damit wird ein Ursache-Folge-Verhältnis in ein Sehen hineingenommen, das mit der sentimentalischen Seite des fin de siècle hart ins Gericht geht, die Spätzeit-Symptome als Symptome der Erkrankung ausdrücklich vermerkt, obwohl es selbst spätzeitliches Sehen ist. Musil, der als Diagnostiker der Zeitkrankheit die „Wiener Psychologie" von der Umwertung der Werte mithervorgebracht sieht, seine Gestalten, einen Ulrich, einen Walter, eine Clarisse, eine Agathe zum Gegenstand ausgedehnter psychologischer Studien macht, bleibt, wie wir wissen, immer ein Verächter der Freudschen Psychoanalyse. Aber die Psychoanalyse ist nur eine unter vielen Erscheinungen in der Untergangsphase des Donaureichs. Bahr, Schnitzler, Hofmannsthal, Kralik, Schönherr, Trakl sind als Ausdruck der Zeitstimmung ebenso gemeint wie Freud, Alfred und Victor Adler, wenn Musil ein Panorama jener von ihm beschworenen Wende entwirft: „es wurden die Gesundheit und die Sonne angebetet, und es wurde die Zärtlichkeit brustkranker Mädchen angebetet; man begeisterte sich für das Heldenglaubensbekenntnis und für das soziale Allemannsglaubensbekenntnis, man war gläubig und skeptisch, naturalistisch und preziös, robust und morbid; man träumte von alten Schloßalleen, herbstlichen Gärten, gläsernen Weihern, Edelsteinen, Haschisch, Krankheit, Dämonien, aber auch von Prärien, gewaltigen Horizonten, von Schmiede- und Walzwerken, nackten Kämpfern, Aufständen der Arbeitssklaven, menschlichen Urpaaren und

---

[1] Der Mann ohne Eigenschaften 178.

Zertrümmerung der Gesellschaft".[1] Mit alledem wird ein Teppich ausgebreitet, dessen Motive im Roman formal als Gespräche, Reflexionen, Abhandlungen, Zwischenstücke, Exkurse auftreten. Der Sinn kann sich sehr wohl im Un-Sinn verlieren, aber auch der Sinn kann schon bedenklich sein. Musil weiß, daß die „Kultur" als traditionelles Erbe brüchig geworden, daß der Zerfall der Werte die eigentümlichste Zeiterscheinung geworden ist. In diesem Tatbestand findet er sein eigentliches Sujet. Aber Herr über dieses Sujet wird er nur als Essayist, nicht als gestaltender, den Gegenstand formender Künstler. Hier ist Musil Opfer der gleichen Krise, die er beschreibt. Im Blick auf die Ablösung des monarchischen Großreichs durch die neuen Nationalitätenstaaten hatte der gegen Ulrich ausgesprochene Satz: „beim menschlichen Fortschritt rutscht immer ein Bein zurück, wenn das andere vorrutscht",[2] seine Richtigkeit bewiesen. Die Summe des beklagten Elends war nach dem Zusammenbruch nicht etwa gleich geblieben, sie hatte sich vervielfacht. Mit dieser Vertrauenslosigkeit dispensiert sich Musil von allen Erwartungen in die Zukunft. Mit ihr als einer vornehm der „Masse" das Feld überlassenden Resignation wird das Ausweglose geschaffen, in dem sich der Verfasser des „Mann ohne Eigenschaften" schon lange vor dem Schweizer Exil befindet, schon gegen Ende der Weimarer Republik, die ihn durch ihren Modergeruch nach Berlin zieht. In dem geplanten Manifest unter dem Titel „Ich kann nicht weiter", das sich als Notruf an mögliche Gönner wendet, um den Roman abschließen zu können, spricht ein durch Vermögensverlust, Wirtschaftskrise, wachsende Unorganisiertheit der eigenen schriftstellerischen Arbeitsvorgänge in den Schiffbruch treibender Schriftsteller, dessen episches Konzept bereits jetzt zerstört ist, unabhängig von den großartigen Prosa-Intarsien, die er noch zuwege bringen wird. Musil hat sein eigenes Scheitern sehr früh wahrgenommen, wohnt ihm gewissermaßen von außen bei und wendet ihm eine immer größer werdende Aufmerksamkeit zu. Aber er sieht darin ein Versagen der literarischen Öffentlichkeit und findet den Triumph des Oberflächlichen vor dem Genauen bestätigt. Wo er sich Gedanken über den Erfolg von Thomas Mann macht, in dessen „Zauberberg" er die „geistigen Partien" für einen „Haifischmagen" hält, erliegt sein Trost, hier den Geistesdurchschnitt der liberalen Demokratie zu sehen, der Verblendung. Aber auch anderen vollblütigen Erzählern wie Lion Feuchtwanger und Joseph Roth gegenüber, die tief unterhalb seines intellektuellen Horizonts stehen, behält sein Auge einen blinden Fleck. Musils Opposition

---

[1] Ebda. 56.
[2] Ebda. 1265.

gegen den Literaturbetrieb in den Intermundien der Ersten Republik, sein Rückzug aus allem Zirkelwesen, allen Schulen, Sezessionen, Schriftstellerbündnissen ist in der Tat eine sehr dezidierte Position in diesem Betrieb, zu deren Kennzeichen das Fehlen jeder Hoffnung zählt. Das im bürgerlichen Sinne Hoffnungslose dieses Schreibens zieht sich vom „Törless" über die dramatischen Versuche bis zum „Nachlaß zu Lebenszeiten" hindurch und erlebt im unabgeschlossenen „Mann ohne Eigenschaften" seinen höchsten Triumph.

Der Anspruch und seine Verwirklichung haben im Großroman zweifellos ihr Gleichgewicht verloren. In der Struktur dieses Erzählens nimmt der Einzelsatz mit aperçuhafter Spitze einen Vorrang ein. Das Aperçu lebt über den Verhältnissen eines breit ausgeführten Entwurfs, ist unabgeschlossen, wirft die Frage auf, ohne sie zu beantworten. Verkürzung durch promptes Abschlagen des Satzes greift auch auf das Drama über: „Das Weinen steht in mir von den Füßen bis zu den Augen wie eine Säule", läßt Musil die Maria in den „Schwärmern"[1] sagen: ein Sprechen in den von Illusionen vergangener Größe erfüllten Luftzonen. Gegenüber den späten Komödien Hofmannsthals sind die Stücke Musils schon voll mit bürgerlichem Personal angefüllt, erfolgt durch eine von Commerz und beamteter Wissenschaft angeleitete Interessenlage die Verschiebung zur Prosa des „neuen Lebens", das sich um das Schicksal des Landarbeiter- und Fabrikproletariats unbesorgt zeigt. Der Dialog in „Vinzenz und die Freundin bedeutender Männer" kennt noch das alt-österreichische Fortwursteln mit Absurditäten, wo eine unterirdische Staatsauflösung auf legalem Wege vor sich gegangen war und die aufgewandten Vernunftkräfte dem noch bestehenden, aber zusehends abgeschwächt funktionierenden System bereits entgegenwirken. Indessen hat sich der Blickwinkel des Dramatikers verschoben. Musils Szenerie rechnet schon mit dem — wie die geschichtliche Entwicklung des in St.-Germain amputierten Österreich später bestätigen wird — parlamentarischen entre'acte der Republik, der in der Gestalt Vinzenz' ein Stück Treibgut vorwärtsspült, ein als „Künstler, Liebhaber, Gauner, Geizhals, Bürokrat" ohne jedes Sendungsbewußtsein auftretendes Chamäleon, das Gegenstück des „bedeutenden Mannes", dessen Zukunft auch Ulrich im „Mann ohne Eigenschaften" zerstört sieht. Wie Ulrich ist dieser Bruder des Felix Krull berufslos, doch eben dadurch besser als andere ausgestattet, Überblick zu behalten. Den einzig ebenbürtigen Gegenpart hat er in Alpha, dem „Weib" aus der Schule Wedekinds, um das sie alle kreisen wie von unsichtbaren Händen gezogen, um das ihre

---

[1] 3. Aufzug.

Anbeter tanzen wie um das Goldene Kalb, die Gottheit der neuen Zeit, bei deren Anblick die Systeme des Mannes zerplatzen wie Seifenblasen. Was immer man auch gegen das Glasperlenspiel dieses Schwanks von 1924 einwenden kann, er macht die „wirklichen Verhältnisse" der republikanischen Frühzeit durchsichtiger als Hofmannsthals drei Jahre früher beendeter „Schwierige", er läßt das von der K.u.K.-Administration erzeugte Absurde schon als Erbmasse der neuen Verhältnisse auftauchen. Für die Vinzenz-Posse gilt das gleiche, was von den „Schwärmern" gesagt worden ist: um Erfolg zu haben, müßte man das bestehende Theater „im Personal umschaffen".[1] Diese wohl für das Theater gedachten, aber nicht für es angelegten Gestalten stoßen der Sprache wegen ihre Köpfe gewissermaßen an den Dekorationen. Ein schwerer Atem liegt in ihren mühsam ausgetauschten Reden und hat den Stücken das Schicksal von Lesedramen beschieden. Tiefsinniges Bohren nimmt ihnen die Spielbarkeit von Schnitzlers Theater. Diese *Schwärmer* sind Medien der Zeit und erinnern auf ihre Weise an Musils Grundgedanken von der Eigenschaftslosigkeit als zeittpyisches Eintauchen in ein Allgemeines. Darum ist auch Ulrich in Anselm anwesend. Beide geben die wissenschaftliche Laufbahn auf. Was von Anselm gesagt wird, der „mitten in der Unendlichkeit allein auf seiner eigenen Planke treiben muß",[2] ist auch das Lebensgesetz Ulrichs. Das Schema des deutschen Bildungsromans, der seinen „Helden" die verschiedensten Stadien durchlaufen und dann nach dem Vorbild des Wilhelm Meister auf ein Ziel hinsteuern läßt, wo er höchste Verwirklichung findet, hat für Musil seine Gültigkeit verloren. Das bürgerliche Berufsideal, dem Wilhelm Meister sich am Ende zuwendet und das er als Wundarzt in die Tat umsetzt, verfügt in einer an feudalen Renten orientierten Ästhetik nur über die Chance, auf den zweiten Platz zu gelangen, selbst in einer Zeit, in der feudale Renten als arbeitslose Bodenrevenuen, wenigstens im Vergleich zu industriell erwirtschafteten Einkünften, schon der Schrumpfung unterliegen: wenn sie auch in dem für Musil so wichtigen, der neugegründeten Tschechoslowakei zugehörigen Mähren aus üppigen Reservaten bezogen werden. Noch im Schwächerwerden zeigen diese Alimentationsformen ihre immer wieder aufflackernde Faszinationskraft, schlagen sie mit ihr voll in jenen bürgerlichen Intelligenzschichten durch, wo Musil seine *Schwärmer* findet. Hier verweist Musil die Schnitzler-Kunst der Republik in die Veralterung. Sie ist gegenüber der Wirklichkeit und unabhängig von

---

[1] Vgl. Robert Musil in Selbstzeugnissen und Bilddokumenten dargestellt von Wilfried Berghahn, Reinbeck 1963, 80.

[2] Prosa, Dramen, Späte Briefe 356.

ihrer artistischen Seite so aus der Mode, wie der Säbel, mit dem Musil während seiner Genfer Zeit den General Stumm von Bordwehr im „Mann ohne Eigenschaften" ausstattet.

Es ist eine eigentümliche Verwandtschaft, die Musils Gestalten aus den Werken der Anfänge bis zu jenen aus den letzten handschriftlichen Entwürfen miteinander verbindet. Wenn Törless etwa in der Denknotwendigkeit imaginärer Zahlen ein Eingreifen transzendentaler Mächte wahrzunehmen glaubt, so ist er hierin Ulrich ähnlich, für den Utopien Möglichkeiten bedeuten, die er sich als Mathematiker in der Infinitesimalrechnung des Lebens selbst erschließen will. Das im „Mann ohne Eigenschaften" breit ausgeführte Gestaltenpaar Clarisse-Walter kennt schon Vorwegnahmen in Maria-Thomas der „Schwärmer". Situationen kehren wieder oder werden mehr oder weniger leicht abgewandelt. So verläßt die Regine der „Schwärmer" ihren Mann und flieht in das Haus ihrer Schwester, so trennt sich Agathe von dem Pädagogen Hagauer und tritt in Gemeinschaft mit ihrem Bruder. Inzestveranstaltungen oder Anflüge davon reichen tief hinein in die Todeszonen, gehören aber ebenso als unerläßliches modisches Genre in die Bestandsaufnahme der Zeit: Zeit, die sich wie eine Kugel dreht und dabei von Späheraugen durchforscht wird. „Der Spion" hieß denn auch der ursprünglich gedachte Titel des Großromans. Eindringen in die Vorgänge des Zeitenwandels wie ein Bergmann in den Schacht hatte Musil seinem Ulrich aufgegeben.

Das im „Mann ohne Eigenschaften" ablaufende Zeitgeschehen ist das genau gesehene Zeitgeschehen eines einzigen Jahres und führt bis zum Ausbruch des Kriegs im August 1914. Genaues Sehen setzt voraus: Verlangsamen der Vorgänge, Vergrößern der Objekte, ihnen wie durch eine Zeitlupe beiwohnen. Beobachten, Registrieren, Sezieren mit einer Kälte, hinter der eine leidenschaftliche Ausdauer steckt, ist Musils eigentliche Sache. Den von ihm erwarteten „österreichischen Roman" hat er, wie er selbst bemerkt, damit nicht geschrieben. Mit der „Parallelaktion" als dem Stichwort des Großepos war zugleich die politisch-geographische Aufspaltung in Österreich und Preußen-Deutschland besorgt. In Österreich, wie Musil es sieht, ist das vorkapitalistische Zeitalter noch nicht so weit verabschiedet worden, das Aufkommen maschinisierter Produktionsformen weniger durchschlagend erfolgt. Das mochte in dieser Verallgemeinung eine Fabel sein, gehört aber zur thematischen Grundkonzeption des Romans und könnte auf Hofmannsthals Schema „Preuße und Österreicher" als seine Bestätigung verweisen.

Was Hofmannsthal auf seinem Papier an „preußischen" und „österreichischen" Eigenschaften säuberlich katalogisiert und gegeneinander aufgerechnet hatte, erscheint in veränderter Form in der „Parallelaktion" wieder, hier auf den Gegensatz Ulrich-Arnheim zusammengezogen. Wir wissen heute aus der Rückschau, daß es sich dabei um einen selbst noch nicht vollständig aus der Mythologie herausgelösten, mit allen Zügen vortechnisierter Lebensverhältnisse versehenen Gegensatz handelt. „In Österreich ist alles das noch nicht so entwickelt",[1] heißt es gesprächsweise im Blick auf die größere Ausbildung des Militärischen und Kaufmännischen in dem unter Führung Preußens stehenden Deutschland. Intuition wird hier der Abstraktion gegenübergestellt. Hofmannsthal hatte in seiner Tabelle für den „Österreicher" vermerkt: „Besitzt historischen Instinkt", und kennzeichnet den „Preußen": „Stärke der Abstraktion". Die Gegensätze lassen sich von beiden Seiten her beliebig erweitern und können leicht Stoff für alle möglichen Banalitäten abgeben. Musil bewegt sich schon von seiner Einsicht in das nach dem ersten Weltkrieg weiter vorangetriebene technische Planungsdenken Walther Rathenaus her auf dieser Gedankenlinie, überträgt aber Züge des wirtschaftlichen „Amerikanismus" der 20er Jahre auf die Zeitverhältnisse von 1913/14. Die industriekapitalistische Rationalisierung, die auf alle Lebensvorgänge übergreift, wird hier schon Zweck an sich, öffnet den Weg aus dem alten monarchischen Obrigkeitsstaat. In Arnheim, der für Rathenau steht, entwirft Musil diesen „Preußen" und industrielle Hochorganisation einträchtig miteinander verbindenden Prototyp, einen ins Utopische vordringenden Idee-Macht-Synthetiker. Arnheim/Rathenau hat in der Konzeption Musils schon die Phase des „Staatssozialisten" hinter sich gebracht, durch die der ganz auf „Balance" eingestellte „Österreicher" noch tiefer in die Veraltertümlichung geraten war. In der Tat war in Rathenau die Verbindung des Kapitalrenten akkumulierenden Bourgeois mit dem Intellektuellen, des Industriellen mit dem Schriftsteller hergestellt, eine Verbindung, für die in Österreich keine vergleichbare Parallele anstand. Die Fragen, die sich schon zu seinen Lebzeiten angesichts seiner sphinxhaften Erscheinung gestellt haben, lauteten: Bedient sich mit ihm die Bourgeoisie nicht der List, durch äußerste Zugeständnisse wie des Mitbestimmungsrechts der Arbeiter und Beamten, ja schließlich der Überführung der Unternehmen in den Besitz der toten Hand unter dem Schutz des Staats, den Beweis von der Ungültigkeit der Marxschen Lehre vom Mehrwert zu liefern, um den es Rathenau so angelegentlich zu tun war? An der Tatsache umwälzender gesellschaftlicher Stoffwechselvorgänge erlaubte Rathenau freilich nicht den geringsten Zweifel. Ihnen entgegenzuarbeiten betrachtet er als vergeb-

[1] Der Mann ohne Eigenschaften 582.

lichen Kampf gegen die Natur. Darum die Empfehlung, sich in den Lauf der Dinge zu fügen mit der Konsequenz: „Die Weltentscheidungen müssen aus den Händen der verfeindeten und herrschsüchtigen Bourgeoisien in die Hände der weniger verfeindeten, unverbrauchten, freilich auch weniger sachkundigen Unterschichten gelegt werden. Dieser Weg ist kein außenpolitischer, sondern ein sozialer. Die Welt schreitet ihn ohnehin und soll ihn schreiten, aus Gründen der Gerechtigkeit."[1] Es war dies im Prinzip der aus dem Zusammenbruch der Kriegswirtschaft von 1918 heraus gewonnene Rat zur bedachtsamen Sozialdemokratisierung, um den in Rußland und Ungarn eingeschlagenen Weg der Revolution überflüssig zu machen. Es war dies aber auch die entwickeltste, von einem maßgeblichen Vertreter der deutschen Großbourgeoisie selbst angebotene „Lösung", die aus Rathenau/Arnheim den Protagonisten eines neuen Menschentypus macht, gegen den der „österreichische Plan" Ulrichs sich mit allen Zügen des Barock-Unzweckmäßigen und Rückständigen darstellt. „Gedanken in Machtsphären tragen" bezeichnet den Stil, der unter Anspielung auf die Lebensgewohnheiten Rathenaus zugleich die „Verbindung von Geist, Geschäft, Wohlleben und Belesenheit"[2] charakterisiert. Musil kann den leisen Zweifel an diesem Bund von Intellekt und industriellem Tätertum gegenüber der österreichischen Manier der halben Maßnahmen, des Lavierens, jederzeit aufheben, er verteilt die Gewichte neu, wenn er Arnheim wie einen Kometen am Wiener Himmel aufsteigen läßt. Der Bewußtheit, Kraft zu rationalisierter Planung, intuitives Handeln miteinander verbindende Geschäftsmann aus dem „Reich" soll die ins Stocken geratene „Parallelaktion" wieder vorantreiben. In ihm sind getrennt auftretende Spezialbegabungen vereint. Der Wirtschaftskönig, Philosoph, Matador des Salons, Schöngeist schillert wie ein Regenbogen in seinen Farben, besticht durch die Vielzahl seiner Talente unter der Anleitung der Organisationskraft eine von Morbidität, eleganten Tönen, Hochgeschmack erfüllte Welt. Gegen diesen Mann der „neuen Diplomatie", die unter dem Supremat der maschinisierten Wirtschaft steht, erscheint ein Tuzzi, der Mann der „alten Diplomatie", wie „ein levantinischer Taschendieb neben einem Bremenser Handelsherrn".[3] Das Spiel dialektischer Umkehrungen als einziges, das zureicht, den Vorgang des Zeitwandels mit seinen beständigen Rückschüben in den Gestalten sichtbar zu machen, läßt sich unbegrenzt fortsetzen. So ist Arnheim als Typus des neuen Großindustriellen bereits im-

---

1 Autonome Wirtschaft, Jena 1919, 5.
2 Der Mann ohne Eigenschaften 181.
3 Ebda. 200.

stande, von den Positionen des Adels aus „das verhängnisvolle Jahr Acht-
undvierzig" zu beklagen, „welches das Bürgertum vom Adel zu beider
Schaden getrennt hat".[1] In dieser durch Arnheim und Tuzzi getroffenen
Übereinkunft verschiedener Stile kann der mit großem Industrievermögen
wirtschaftende „Bürger" von der ästhetischen Seite her durch Anspannung
aller Kräfte für Augenblicke schon einen Vorrang gegenüber der mondänen Wiener Altertümlichkeit behaupten und damit den Wandel der
„wirklichen Verhältnisse" in der ökonomischen Symbiose von Adel und
Großbürgertum andeuten. Alle Anläufe zur „Demokratie" können von
diesem mit Ideologie auftretenden Unternehmer wirkungsvoller gestört
werden als von der Feudalität und zwar durch die Berufung auf den Ex-
perten nach der von ihm vertretenen Devise, „daß es nicht auf die Demokratie der Ausschüsse, sondern auf starke und umfassende Persönlichkeiten
ankomme."[2] Aber dieser Vorrang zeigt sich im Gesamtverlauf des Romans als flüchtiges Moment, er kann sich nicht mehr behaupten, sobald
Arnheim sein Raketenfeuerwerk des „Geistes" abgeschossen hat und von
einem immer breiter werdenden Personenkreis zur Seite gerückt wird.

Den eigentlichen Balanceakt des epischen oder halbepischen Vortrags
läßt Musil durch Ulrich ausführen, der als „Spion" des Zeitalters nur die
Einsicht in die Notwendigkeit der Tat hat, an ihr selbst aber durch ein
Übermaß an Reflexion gehindert wird: ein moderner Hamlet, aktiv in
seinen Vorsätzen, gelähmt beim Versuch, sie zu verwirklichen. So besteht
denn auch die „Parallelaktion" in Wahrheit bloß als theoretisches Programm. Jedes mögliche Tun ist bereits vor der Ausführung zersetzt durch
die Einsicht in seine Vergeblichkeit angesichts der alles mit sich reißenden
Bewegung der Zeit. Die überlieferte Wertordnung hat aufgehört, zu funk-
tionieren. Mit den alten Mitteln der Theorie sich Orientierung zu verschaffen ist ebenso unmöglich geworden wie ein „bedeutender Mann" zu
werden. Die Folge ist Preisgabe jeder Art von Beruf und Bekenntnis Ulrichs zur Berufslosigkeit als Zustand, der der „Neigung zu allem, was ihn
innerlich mehrt, und sei es auch moralisch oder intellektuell verboten,"[3]
kein Hindernis mehr entgegenstellt. Wir erfahren, wie Ulrichs Eintritt in
die militärische Karrière erfolglos endet und zwar durch die ihm bei der
Begegnung mit einem Finanzmann vermittelte Erkenntnis, daß in einer
industrialisierten Gesellschaft die Uniform eines Kavallerieoffiziers ihre
Überzeugungskraft eingebüßt hat. Darum wechselt er in eine Welt hin-

---

1 Ebda. 195.
2 Ebda. 202.
3 Der Mann ohne Eigenschaften 257.

über, der die Zukunft gehört, die Technik, die Industrie. Das Lied der Maschinen in den Fabrikhallen klingt gewaltiger als die Kammermusik in einem auf Erlesenheit bedachten Kreise. Aber auch das Ingenieurwesen hält nicht, was er sich von ihm verspricht. Der Techniker ist bloß Werkzeug anderer, deren Direktiven er ausführt, ohne sie recht zu verstehen. Die Technik ist der denkbar größte Gegensatz zur Kunst, zur Wahrheit schlechthin, sie ist das Wort für das Erlernbare, das zwar zur Herrschaft führt, aber auch schrankenlos beherrscht werden kann. Sie kann darum nicht der Weg sein, den er weiterverfolgt. Statt dessen wird die Mathematik seine Führerin. Nicht die an ihr gelobte logische Strenge ist es, die ihn zu dieser Wahl veranlaßt, vielmehr die „Umsturzkraft", die im großen Mathematiker wirkt und selbst die größten Taten der Weltgeschichte noch übersteigt. Der Mathematiker — so wird es hier gesehen — denkt anders als der gewöhnliche Mensch. Mathematik bedeutet Bruch mit dem sogenannten „gesunden Menschenverstand", sie stellt Abstand vom Allgemeinen her, verschließt sich, und gerade das empfiehlt sie als Fach, in dem Ulrich auch nach dem Urteil der Fachleute nichts Unbeträchtliches leistet. Und doch ist er auch nicht ernsthaft Mathematiker. Er hätte hier — die Erkenntnis kommt ihm später — Großes vollbringen, der Begründer einer neuen Schule werden können, wenn er hartnäckig sein Ziel, etwa die wissenschaftliche Laufbahn, angestrebt hätte. Aber der Preis dafür wäre die Verarmung des Lebens. Ulrich geht es darum, die ganze Summe der Gegenwart zu ziehen, zu einer vom Boden Kakaniens aus zu erfassenden Totalität zu gelangen. Die Mathematik ist dabei Hilfsmittel, sie bietet ihm ihre auf Exaktheit bedachten Methoden an, sie wird auch von den Vorgängen des Erzählens aufgenommen, wenn es gilt, eine Wirklichkeit, wo sie berechenbar ist, darzustellen. Hier führen Ulrichs und Musils Laufbahnen zusammen, um nach einer gemeinsamen Wegstrecke wieder auseinanderzustreben. Genauigkeit des epischen Berichts ist ohne Genauigkeit als Grundprinzip der Mathematik schlechterdings nicht denkbar. Was Ulrich für seine Funktion, Zeitmembrane zu sein, Schwingungen aufzunehmen und zu registrieren, so geeignet macht, ist seine Passivität aus der Einsicht in das Nutzlose jeden Handelns unter den von der spätzeitlichen Gegenwart geschaffenen Umständen. Er dringt damit weit über alle anderen „Perspektiven", etwa die Moosbruggers oder Walters, hinaus und

---

[1] Noch in der Negation begegnen wir dem „Möglichkeitsmenschen" Ulrich, für den in der sprachlichen Form „der Konjunktiv freilich nicht allein ein Modus des Verbums, ... sondern „zugleich ein Modus der Existenz" ist, wie es Albrecht Schöne in seiner Untersuchung „Zum Gebrauch des Konjunktivs bei Robert Musil", Euphorion 1961, 55, 202, hervorgehoben wissen möchte.

läßt auch die Macht-Geist-Synthese Rathenaus an Erkenntniskraft hinter sich. Ulrich wird über alle wirkliche Tatenthaltung hinaus zu einer mögliche Tatenthaltungen[1] anzeigenden Gestalt.

Damit ist freilich die Grenze des episch Darstellbaren erreicht. Von einer unbefangenen Freude am Erzählen im Sinne Stendhals, der, wo er von seiner Geschichte mitgerissen wird, sich über theoretische Fragen des Erzählens wenig Gedanken macht, kann bei Musil keine Rede sein. Das Geschäft des Roman-Schreibens, so wie Musil es sieht, ist unter den ihm von den Naturwissenschaften und der Mathematik auferlegten Forderungen nach „Genauigkeit" in der Berichterstattung schwieriger geworden. Über die Schwierigkeiten einer so verstandenen Epik hat er sich selber Rechenschaft abgelegt: „Dieses Buch", so meint er vom „Mann ohne Eigenschaften", „hat eine Leidenschaft, die im Gebiet der schönen Literatur heute einigermaßen deplaziert ist, die nach Richtigkeit, Genauigkeit". Die unerbittliche Beachtung dieser Forderungen an sich selbst kann für einen Epiker zu zweifellos ungünstigen Folgen führen, in denen mit der epischen Tradition von Homer bis Flaubert oder Tolstoi gebrochen ist, und die Musil anschließend als Resumee seiner erzählerischen Praxis so beschreibt: „Die Geschichte dieses Romans kommt darauf hinaus, daß die Geschichte, die in ihm erzählt werden sollte, nicht erzählt wird.[1] Mit diesem Aperçu ist an das Ende des Epischen erinnert, dem Musil sich hier nähert. Wären die großen Epiker der Weltliteratur so verfahren, wie Musil erklärt, als Verfasser des „Mann ohne Eigenschaften" verfahren zu sein, so wüßten wir so wenig über Achill und Hektor, wie wir über Don Quijote, über Emma Bovary oder Anna Karenina wüßten. Denn was tun die Erzähler in diesen Fällen vor allem andern? Sie erzählen ihre Geschichten. Das Nichterzählen einer Geschichte bedeutet eine Pointe, mit der dem Epischen der Abschied gegeben wird.

Über die theoretische Rechtfertigung seines das Epische ausscheidende Schreiben hat sich Musil an der gleichen Stelle ausführlich ausgesprochen. Es liegt seinem Roman sehr wohl der Wille zum Gesamtbild zu Grunde, zur „Totalität", die zu schaffen Hegel dem Epischen zuschreibt. Der Epiker als Demiurg, der mit seinem Werk ein eigenes Weltgebäude anlegt — ein Gedanke, der sich bei Thomas Mann in der spielerisch zur Geltung gebrachten „Allwissenheit" des Erzählers kapriziert! Musil nimmt die Forderung, minutiös Bericht zu erstatten, das „Ding" von „verschiedenen zusammengehörigen Seiten"[1] zu zeigen, so ernst, wie man sie nur nehmen kann. Der Beobachter des Zeitalters, der „Spion", wird im Zustande des

---

[1] Ebda. 1640.

Nicht-Handelns als eine die Gegenstände mit seiner Reflexion umkreisende Gestalt gesehen. Aber eine Gestalt, deren Charakter im Verzicht auf das Handeln besteht, bringt den Autor um Möglichkeiten des narrativen Elements. Damit werden herkömmlich entwickelbare Erzählstränge, auf die die großen realistischen Erzähler des 19. Jahrhunderts nicht verzichtet haben und die immer auch vom additiven Aneinanderreihen der Begebnisse geknüpft werden, preisgegeben. Wir können freilich leicht eine Vorstellung davon gewinnen, wie Musil im Aufreißen eines epischen Handlungsgefüges weit hinter anderen zeitgenössischen Romanciers wie Joyce und Döblin zurückbleibt, wie er als Syntaktiker dem regelgerecht gebauten Satz anhängt und sich irgendwelche Kollage-Techniken nicht gestattet. Musil kommt von einer anderen, das narrative Element im Epischen beschränkenden Schreibweise zu einer Maxime, die sich mutatis mutandis bei Joyce, Döblin, Broch ebenso gut finden läßt und das veränderte Verhältnis des Epikers zu den erzählten Sujets als verändertes Verhältnis zur Zeit und auch der materiellen Produktionsformen aufzeigt: „es kommt auf die Struktur einer Dichtung heute mehr an als auf ihren Gang."[2] Musils Erzählen verläuft — und man kann sagen von Absicht und Programm her — immer dicht an der Grenze des Erzählbaren. Das Geflecht der Beziehungen zwischen den Gestalten untereinander, zwischen ihnen und den Gegenständen, zwischen den Gegenständen, Verhältnissen, historischen, materiellen, technischen Entwicklungsstufen usw. ist so kompliziert geworden, daß das, was ohne Weiteres erzählbar ist, zum Verständnis nicht mehr ausreicht, daß intuitiv zu erfahrene Signale dazu kommen müssen, die aus dem Infinitum der Beziehungen heraus gesendet werden und die Erfahrungen erweitern. Das Handeln der Zeit wird gewissermaßen aus der Negation heraus gewonnen, nämlich aus dem Verzicht auf das Handeln durch Ulrich, „der sich jeglichen Trachtens zu entäußern sucht, sich durchlässig für alles erhält".[3] So ist das Werk von Musil selbst nur mit Einschränkung als eine „Zeitschilderung" angelegt worden. Es will keine bloße „Ortsbestimmung der Gegenwart" sein, will nicht nur die „Haut" besichtigen, sondern auch die „Gelenke".

Damit war die Krise einer europäischen Kulturetappe, die sich im Donaureich ein sichtbares Gehäuse geschaffen hatte, an die formale Problematik des Erzählens weitergegeben. Musil hat mehr als alle Schreibkünstler der Monarchie nicht nur ein Gefühl für den Orientierungsverlust

1 Ebda. 1640.
2 Ebda. 1640.
3 Gerhart Baumann, Robert Musil, Bern und München 1965, 231.

durch den Zerfall des Großreichs nach Saint-Germain und Trianon gehabt, er hat dieses Zerbrechen der altösterreichischen Gewißheiten zum Generalthema gewählt. Im welthistorischen Drehen der Gelenke wird die *éducation sentimentale* der Monarchie veraltertümlicht, wird die historische Notwendigkeit in die Simulation, in die Anziehungskraft eines aus der Weltgeschichte Ausgestoßenen für die Touristik und damit in eine unausbleibliche Banalität verwandelt. Musils Roman war Schilderung aus einem Leerraum der Geschichte, in den die Reste eines Großreichs gefallen waren. Diesen Leerraum nahmen mit den Nachfolgestaaten mehr oder weniger konstruierte Gebilde ein, denen die Zukunft jedenfalls nicht gehören sollte. Der fragmentarische Schluß des „Mann ohne Eigenschaften" weist auf sie als ernstzunehmende Verwalter der Konkursmasse denn auch nicht hin. So fehlt die Antwort auf die Frage nach dem „Wohin?" des Wegs. Musils Stärke liegt im Zusammensehen der Anzeichen, in der Darstellung der abtragenden und gleichzeitig Rückschübe einleitenden, vorwärtstreibenden, Vor- und Nachhut zusammenführenden gesellschaftlichen Maschinerie. Wenn der Roman unbeendet bleiben sollte, so standen persönliche Arbeitsweise und plötzlich eintretender Tod mit der Unmöglichkeit, den polyphonen Klangkörper zu bewältigen, in gutem Einvernehmen. Den geplanten Schluß können wir aus den vorliegenden Entwürfen in seinen Umrissen nur konstruieren. Ulrich zieht in den Krieg. Er entschließt sich dazu, weil er kein Vertrauen mehr in die bestehende Kultur setzen kann, weil sie ihm nicht mehr genügt und er im Krieg die Erweckung der schlummernden Lebenskräfte zu finden glaubt. In dieser Wendung, mit der unterdrückte Affekte in Bewegung gesetzt werden, sollte sich der aus den verschiedensten Herkunftsquellen versorgte Biologismus Musils behaupten. Der Hinweis auf Nietzsche kann nur unvollkommen ein in der Luft liegendes Grundgefühl andeuten, das nach dem Weltkrieg weiter um sich greift und den Verfasser während der ganzen Zeit der Niederschrift nicht verläßt. Musil kommt gar nicht daran vorbei, kanalisierten Zeitströmungen zu folgen. Auch darüber hat er sich sehr bestimmt ausgesprochen. Ein reales, nacheinander ablaufendes Geschehen interessiert ihn nicht: „Mein Gedächtnis ist schlecht. Die Tatsachen sind überdies immer vertauschbar. Mich interessiert das geistig Typische, ich möchte geradezu sagen, das Gespenstische des Geschehens."[1] So kommt es im Roman immer auch wieder zur Verknüpfung verschiedener zeittypischer Lebensläufe. Eine Clarisse, die unglückliche Freundin mit ihrem besonderen In-

---

[1] Tagebücher, Aphorismen, Essays und Reden, hg. von A. Frisé, Hamburg 1955, 785.

teresse für Irrenhäuser endet selbst im Irrenhaus, das für Musil die moderne Wirklichkeit der „Hölle" bedeutet. Mit Diotima wird, wie der durch Hölderlin neu beglaubigte Name sagt, ein klassisches Ebenmaß an weiblicher Schönheit angeboten, zieht das Bild gelebter Harmonie als weibliche Entsprechung zum Idee-Macht-Synthetiker Arnheim ein. Aber ihre idealischen Züge, die für Ulrich etwas Iphigenisch-Heilungspendendes haben sollten, wären unzumutbare, wenn in ihre Erlösungsverheißungen die Krankheit der Zeit nicht selbst schon eingedrungen wäre. Die Anspielungen auf eine ins Wien von 1913 hineinversetzte Frau von Stein, zu deren Geschlecht Diotima gehört und deren leise Camouflage sie besorgt, sind unüberhörbar. Aufsage an Vorstellungen der geltenden Moral kann bis zum Schwelgen im „Pathologischen", im „Verworfenen" und „Verbotenen" führen. Das gehört zum methodischen Verfahren eines Schriftstellers, der im Zusammenbruch des Donaureichs eine moralische Krise Europas sieht und in dieser europäischen Krise das langsame, unaufhörliche Zersetztwerden einer bis dahin unangefochtenen Regulatur. Von der Sprache wird Zweifel und zwar selbst in untadlige Erscheinungen der Wissenschaft und der Moral hineingetragen. Moral bedeutet für Ulrich ein Gebilde von polizeilich kontrollierbaren Verordnungen, das vom Leben und seinen Bedürfnissen aus nicht mehr zugänglich ist. In welch bildhafter oder umschweifig lehrhafter Weise die Auseinandersetzung mit der „Moral" auch immer erfolgt, sie ist hier schon als etwas in Wahrheit nicht mehr Festes, sondern Unbestimmtes und Verwandelbares gesehen. In diesem Zustand des Schwankens stellt Ulrich ihr ein eigenes „Prinzip" entgegen, das aus der „Phantasie" hergeholt ist, aber nicht „Willkür" bedeutet, vielmehr das geordnete Verfahren des „Mathematikers" einschließt. Mit ihm kann zugleich das nach den überlieferten Vorstellungen unerlaubte Gefühl für die eigene Schwester in eine streng geregelte Beziehung — aus „Prinzip" — umgebildet werden.

Zweifellos ist in diesen langwierigen, schwierigen und nicht immer ganz einsichtigen Erörterungen der Zuständigkeitsbereich des Erzählers weit überschritten und mit dem des essayistisch auftretenden Kulturphilosophen geteilt. Diese Form halberzählerisch vorgetragener Kulturphilosophie kommt auch ihrem Inhalt, der Inhalt kommt auch seiner Form nach in Verhältnissen mit einer durch die politische und stilistische Herrschaft des großagrarischen Grundbesitzes verzögerten Bourgeoisiebildung auf dem Boden des Donaureichs zustande, eine Verzögerung, die im „Mann ohne Eigenschaften" über den behandelten Zeitraum (1913/14) hinaus bis zum unfreiwilligen Abbrechen der Arbeit durch den Tod des Verfassers gilt. Die Eigenschaftslosigkeit Ulrichs schließt den Rückzug auf ein aus allen organischen Beziehungen herausgelöstes Leben ein: hier das Eintreten in den Inzest. Agathe fällt aus ihrer Ehe mit der gleichen Schwerkraft heraus wie Ulrich aus dem Signalsystem theoretischer Übereinkünfte durch die bestehende Moral. So bringt die „Geschwisterliebe" die „autistische Komponente seines Wesens" zum Vorschein und schafft ihm „eine der wenigen Möglichkeiten von Einheit", wie Musil in einer erklärenden Notiz[1] bemerkt. „Geschwisterliebe" als frei bleibender, von der Umwertung der Werte noch nicht erfaßter Bezirk, als Asylangebot für Ulrich, als zeitweilige Möglichkeit für eine Rettung, in der das Skandalon unmißverständlich ist.

In der „Geschwisterliebe" als — denken wir an Thomas Manns „Wälsungenblut" von 1921 — literarisch zeittypischer Vereinigungsform ist zugleich das Endstadium der Agonie erreicht. Krankheiten und von der verletzten „Moral" zu Abnormitäten erklärte Verhaltensweisen stehen dieser Agonie zu Gebote, wirken an ihr mit, gelten aber ebenso als hervorbringende Kräfte einer auf ihren Tod gerüsteten spätzeitlichen Kultur. Das Durchsuchen des sexualistischen Schutts legt in der „Vergeistigung", in die die sehr leisen Inzest-Veranstaltungen bei Musil gerückt werden, mit der „Einsamkeit" auf der Grundlage ungestörter Einkünfte den Blick auf Gärten der Romantik frei. Was sich jenseits dieser Gärten abspielt, bleibt nur Episode: selbst Moosbrugger, der ins *bestiarium* einer Gesellschaft gehört, die ihn herunterwirtschaftet und als Fall für die Psychiatrie interessant macht. Dabei entzieht sich Musil mit Umsicht den Gefahren der Gesellschaftskritik, deren Zulässigkeit den Kritiker nur fester an die von ihm kritisierte gesellschaftliche Organisation bindet. In der von Musil beschriebenen Phase bedeutet etwa vom Kabinett des Grafen Leinsdorf aus gesehen der „Sozialismus" bei aller ihm von Ulrich eingeräumten Möglichkeit, die gesellschaftliche Ordnung von morgen zu sein, nur eine Kuriosität. Das umreißt die Lage des „bürgerlichen Intellektuellen", der in seinen Gedanken die Lage der Arbeiter erfaßt, sie theoretisch genau kennt, den Zustand für verwerflich, ja sogar für unzweckmäßig erklären kann, ohne seine Einsichten für die Praxis zu verwenden. Ein solches analytisches Sehen der Dinge entspricht dem Gebot der Genauigkeit mehr als die Behauptung der revolutionären Emphase. Ulrich anerkennt sehr wohl, daß der Sozialist Schmeißer in ihm einen „Müßiggänger" sehen muß und billigt ihm deswegen das Recht zu, ihn zu verachten. Seine Eigenschaftslosigkeit, sein Philosophieren, seine Mathematik sind nur möglich bei vorausgesetzter Regelmäßigkeit einfließender Renten. Damit gerät er von

---

[1] Der Mann ohne Eigenschaften 1635.

seinen vitalen Bedürfnissen her in die Interessenlage der Feudalität, die, bei allem, was ihn von ihr trennt, mit ihren Formen der Alimentation seine eigenen Lebensgrundlagen schafft, auf denen er dem Hang zum endlosen Reflektieren nachgehen kann. Dem Fortschreiten der Zeit läßt sich für dieses von Musil der Untersuchung gewidmete Jahr in der Zwischenlage, die Ulrich einnimmt, der Lage zwischen Feudalität und bürgerlicher Intelligenz, mit Aussicht auf größte Sicherheit beiwohnen. Hier kann er als „Spion" des Zeitalters den günstigsten Beobachtungsposten mit dem Blick auf die hierarchische Rangordnung der Klassen vom Hochadel bis zum Proletariat beziehen. Auf die Abhängigkeit Musils von Prinz Alois Liechtensteins Buch „Über Interessenvertretung im Staat" (Wien, 2. Aufl. 1877), worin der neben Lueger zeitweilig einflußreichste Führer der-Christlich-Sozialen Partei sein ständestaatliches Programm vorträgt, ist unter Hinweis auf Musils Eintragungen in sein Tagebuch verdienstvoll hingewiesen worden.[1] Die „Parallelaktion", von Ulrich betrieben und ihres illusorischen Charakters wegen von den Umständen zum Scheitern gebracht, gilt als „wahre Erfindung" des Grafen Leinsdorf, in dessen Porträt Züge von Alois Liechtenstein aufgenommen worden sind. Programmatiker, Mitglied des Herrenhauses und Magnat finden sich in dieser Gestalt zusammen. So enthält die „Parallelaktion" eine ultramontankonservative, die aufgezwungene Respektierung Preußens einschließende Apologie des katholischen Österreich und ist immer auch zusammenfassender Gegenentwurf zu liberalen und sozialistischen Theorien von Staat und Gesellschaft. Die katholische Religion hat hier vor allem andern den Zweck, die Grundherrschaften zu sichern, die von sich aus mit dem „Volk" und dem wahren „Sozialismus" in einträchtigem Verhältnis stehen und die von der „materialistischen Demokratie" ausgehenden Angebote auf „hetzerische Elemente" zurückführen. Über die Beschaffenheit des eigentlichen Urhebers der „Parallelaktion" läßt sich Musil sehr genau aus: „Religiös und feudal erzogen, niemals im Verkehr mit bürgerlichen Menschen dem Widerspruch ausgesetzt, nicht unbelesen, aber durch die Nachwirkung der geistlichen Pädagogik, die seine Jugend behütet hatte, zeitlebens gehindert, in einem Buch etwas anderes zu erkennen als Übereinstimmung oder irrende Abweichung von seinen eigenen Grundsätzen, kannte er das Weltbild zeitgemäßer Menschen nur aus den Parlaments- und Zeitungskämpfen" mit der aus diesem Abstand bezogenen Einsicht, „daß für den wahren Hochadel eigentlich kein so großer Unterschied zwi-

---

1 Götz Müller, Ideologiekritik und Metasprache in Robert Musils Roman „Der Mann ohne Eigenschaften", Musil-Studien 2, München-Salzburg 1972, 16.

schen einem bürgerlichen Fabrikanten und seinem Arbeiter bestehen kann."[1] In diesen Anschauungen begegnen wir dem Feudalismus während einer fortgeschrittenen Phase seines Absteigens noch einmal an seiner reinsten Quelle. Der Gegensatz zwischen dem habsburgischen Tory und dem bürgerlichen Demokraten aus dem Reich gibt Musil die umständlich genutzte Gelegenheit, mit Diskretion seine Gunst dem Österreicher zu bezeugen. Man hat in dem zur „Parallelaktion" gehörenden Entwurf des Ständestaats den Entwurf einer „religiösen Soziologie" (Claudio Magris) und in Musil einen zutiefst konservativen Doktrinär (Lukács) gesehen. Die Zugehörigkeit des einen zum andern zeigt etwas Zwingendes. Musils Symphatie für das habsburgische Magnatentum, seine Spielregeln und Nuancen, ist unverkennbar, sie bewegt sich auf der Linie eines reaktionären Antikapitalismus, der sich von seinen extremsten Positionen über den in Arnheim/Rathenau erreichten höchsten Grad der bürgerlichen Industriekultur verhältnismäßig mühelos hinwegsetzen kann. Aber er ist methodisch ebenso unausgebildet wie die religiöse Vorstellungswelt. Die Ekstasen in Musils mystischem Vereinigungsdenken, wo Religion und Eros zusammenfließen, die Vereinigungen selbst wieder verbotene Vereinigungen sind, indem sie inzesthaft oder durch das Medium eines Dritten zustandekommen, weisen über jede organisierte Katholizität hinaus. Sie stellen keine Endzustände dar, so wenig wie die Grundrenten des Grafen Leinsdorf. In der „Parallelaktion" als monumentaler Staatsgroteske, mit der sich die Monarchie noch einmal ihrer Größe entsprechend feiern soll und mit der sie sich stattdessen für immer verabschiedet, sind auch die von der Feudalität angebotenen „Lösungen", bei aller offenen und geheimen Parteigängerschaft Musils, mitgemeint. Musils wertendes Sprechen, wo er die Grundsätze Leinsdorfs darlegt, ihn von Typus, Milieu und Verkehrsformen aus gesehen als den Erfinder der „Parallelaktion" beschreibt, stellt zugleich epischen Abstand zu ihm her. Die Grundsätze Leinsdorfs bezeichnen ebenso wie Ulrichs Liebe zu Agathe in der Anlage des Romans Stationen, die auf den „Krieg" als die nicht mehr zur Ausführung gelangte Schlußpartie hinweisen. „Krieg" als höchste Bejahung des Lebens, aber auch als gewaltsamer Schlag, mit dem allein der Knoten der Verirrungen und Verwirrungen durchgeschlagen werden kann! Musil hat hier sehr genau die Gefühle der Kriegsbegeisterung bei der ins Feld einrückenden Jugend wiedergegeben, sie sind zwar bei Ulrich philosophisch-reflektiv eingefroren, aber eben darum in einer besonders bewußten Weise gegenwärtig. Andere Zeugnisse aus dieser Zeit sprechen eine ähnliche Sprache. Kriegs-

---

1 Der Mann ohne Eigenschaften 92.

taumel zog damals ein in Thomas Manns „Gedanken im Kriege", erfaßte Gerhart Hauptmann wie Rilke, schlug vom Schul- und akademischen Katheder herab und tief hinein in die Arbeiterdichtung von Heinrich Lersch und Karl Bröger. Was später mit dem Schlagwort „Expressionismus" bei Ernst Stadler und August Stramm abgefertigt wurde, war ebenso durchdrungen vom Kriegsrausch einer jungen Generation, die in Flandern oder Rußland ihren Blutzoll entrichten sollte. Musil hat, wie wir von ihm selber wissen, die Zeitkrise der frühen 30er Jahre als eine Fortsetzung jener des Jahres 1913/14 gesehen: ein Gefühl, das damals seine Übersiedlung nach Berlin veranlaßte, wo er sich den eigentlichen Ereignissen einer Gegenwart näher glaubte, die für ihn über Krieg und Nachkriegszeit hinweg weiterbestand. Ein anderer Abschluß des Romans als der durch den Krieg, der Krieg als Eintauchen in einen mystischen Feuerschlund, als „das schicksalbestimmende Ereignis des Jahrhunderts", [1] ließ sich von Musil nicht denken. Wenn statt seiner Ausführung eine Fülle von Entwürfen, Kapitelfragmenten, Skizzen, Notizen, Aphorismen, Stichworten zurückblieb, so war damit neben der Hand des Todes eine in Wahrheit nicht zu bewältigende Aufgabe demonstriert.

In einer Notiz über den „Spion" hatte Musil vom „Haß gegen den ganzen Lebensbetrieb" gesprochen und „das Problem des Spions" als „das der Generation seit 1880" bezeichnet.[2] Die Richtungslosigkeit aus Enttäuschung über das Ausbleiben des „neuen Menschen", an den unter der Jugend während der Jahrhundertwende so starke Erwartungen geknüpft worden waren, ist auch nach dem ersten Weltkrieg noch bestimmendes Moment. Es liegt dem Protest gegen die Wirklichkeit zu Grunde und bereitet die langsame Gewichtsverschiebung von der „Parallelaktion" zur Geschwisterliebe, von der Staatsgroteske zum Inzest, vor. Aktivität schlägt um in ihre Simulation, die den Verbrecher kennzeichnet, der, wie Moosbrugger im Mord, oder wie Achilles, den Musil nach Rußland schickt, um dort an einem Program teilzunehmen, einer zeitweilig ausschöpfenden Tätigkeit nachgeht. Simulierte Aktivität als ein Durchbrechen der moralischen Staumauern, ein im „Verbrechen" erfolgendes Regulieren gestörter Triebkräfte, die hier zu einer Gesundheit besonderer Art führen! Das war eine „Psychologie", die sich zwischen Dostojewski und Nietzsche bewegte, an ihnen zweifellos ihre Ausbildung erfahren hatte, jetzt aber in einem scheinbaren Ruhezustand kurz vor dem Ausbruch der Katastrophe neu zu ihrem Recht kam und sich nach ihrem Ende schon auf die folgende

---

[1] Rasch a. a. O. 30.
[2] Tagebücher 250, 253.

vorbereitete. An Moosbruggers Mord, an Ulrichs und Agathes verbotener Liebe, an Clarisses Irrsinn — so unvergleichbar das eine im Verhältnis zum andern steht — schafft die in sich selbst gestörte Wirklichkeit mit. Das war kein Sympathischmachen der im großstädtischen Moloch Gestrauchelten durch verständnisvolles Eingehen aufs Milieu mit seinen Dieben, Schiebern, Prostituierten, Mördern, kurz dem Strandgut der Wirtschaftsmisere auf der Schattenseite der sogenannten *golden twenties*, wie wir es in Döblins Berlinroman antreffen, bei Musil legt sich die Zeit als lähmende Masse auf die Empfänglichen und macht sie zu schwer an ihr tragenden Medien. Das Minus der Verstörung als Gewalt, Anarchie, Wahn in den menschlichen Beziehungen wird durch die ihr einwohnende Protestform zur „Plusvariante". Die Liquidation der bestehenden Moral, so unterirdisch, als Kette bloßer Gedankenakte, sie auch erfolgt, gehört schon einer veränderten Wirklichkeit an. Dabei — und das erschwert das Verständnis des Großromans so außerordentlich — bewegt sich der Autor selbst auf der von ihm in Drehung versetzten Kugel seiner epischen Welt. Er steht nicht außerhalb von ihr. Er schreibt nicht wie Balzac mit seinen von Grausamkeit, teuflischen Leidenschaften, Lastern erfüllten Monstern im Licht zweier „ewiger Wahrheiten", der „Kirche" und der „Monarchie", wie es der Verfasser der „Comédie Humaine" in der Vorrede erklärt. In Musils halbreflektierendem Erzählen und dem halberzählerischen Reflektieren findet die dargestellte Moralunterwanderung Ulrichs selber statt. Daß Musil den Zeitwandel, den er beschreibt, gleichermaßen mitmacht, stellt eine Genauigkeit auf Kosten der Objektivität her. Hier liegt der Knick, der dem um die Totalität des Epischen besorgten Musil gewissermaßen den Blick verstellt. Man vergleiche einmal, wenn man Musil beim Wort nimmt, das Großvolumige seines Romans mit einem schlanken Buch wie Stendhals „Kartause von Parma", in dem ebenso ein ganzes Zeitalter in seinem Wandel eingefangen ist, um den in der formalen Anlage zutage tretenden Gleichgewichtsverlust zu ermessen. Für die Isolation Musils in seiner Zeit, über die er sich illusionslos Rechenschaft ablegt, bedeutet dieser Gleichgewichtsverlust sicher nur einen der weniger gewichtigen Gründe. Dafür waren neben den immer ungünstiger für ihn werdenden politischen und ökonomischen Umständen seine auf Absonderung, auch auf Absonderung des eigenen Lesepublikums, bedachte schriftstellerische Existenz sowie eine Entwicklung verantwortlich, gegen die Musil je länger desto mehr anschrieb, d. h. ohne Aussicht auf Verständnis breiter Kreise bleiben mußte. Wenn er gegen den „Großschriftsteller" seine eigene Eingezogenheit stellt, dann kommt dieser Spott gegen den als „Feuermaul" apostrophierten Werfel besser als gegen Thomas Mann weg, die er beide dieser „Gattung" zurechnet. Tatsache bleibt, daß Musil bei der Art und Weise seiner Arbeitsvorgänge von den Vorzügen großverlegerischer Unternehmungen, die den Verfassern des „Zauberberg" und von „Barabara oder die Frömmigkeit" hohe Tantiemen bescherten, ausgeschlossen blieb, daß er nach dem Zusammenschmelzen des Privatvermögens von den frühen 30er Jahren an die schon in der Veraltertümelung abgedrängte Organisation seines Schreibens nur durch die „Vorschüsse" seines Verlegers aufrecht erhalten kann, daß die in die Weltwirtschaftskrise geratene bürgerliche Ökonomie einen auf die Einkünfte durch die Feder angewiesenen Berufsschriftsteller solchen Typs eigentlich nicht mehr trägt und zusammen mit dem Exil an seinem Untergang mitwirken wird. Musil hat gegenüber diesem Verhalt einen klaren Blick bewahrt, wenn er im Juni 1941 schreibt: „Meine geistige Ausrüstung für den Roman war dichterisch, psychologisch, und z. T. philosophisch. In meiner jetzigen Lage bedarf es aber des Soziologischen und wessen dazu gehört. Darum verlaufe ich mich immer hilflos in Nebenprobleme, die auseinander-, statt zusammengehn. Oft habe ich den Eindruck, daß meine geistige Kraft nachläßt; aber eher ist es wahr, daß die Problemstellung über sie hinausgeht."[1] In dieser Einsicht schimmert eine eigentümliche Lucidität. Der Vorrat an alten Erfahrungen, Methoden, Talenten reicht nicht mehr aus, und zwar allein wegen des vorrückenden Wandels der Verhältnisse durch das Fortarbeiten der Zeit. Das von Musil an sich selbst beobachtete künstlerische Schwächerwerden während des Exils, wie es sich in großen Partien der in der Schweiz geschriebenen Manuskriptteile ablesen läßt, wird hier — und sicherlich nicht zu Unrecht — dem „Soziologischen" zugeschrieben, wo er nach eigenem Urteil nicht die volle Kompetenz besitzt. Darum das Sichverfangen und die immer zahlreicher werdenden Aufenthalte im Nebensächlichen! Darum der fortschreitende Verfall der letzten Reste eines festen Handlungsgefüges! Es sind die Einzelbeobachtungen, die ihn über den wachsenden Orientierungsverlust aufklären. Die im Psychologischen und Philosophischen angelegte „Problemstellung" reicht durch den gesellschaftlichen Wandel nicht mehr an den neuen Horizont.

Eine solche Einsicht ist für einen Epiker wenig verheißungsvoll. In Musils Eingeständnis, daß er sich auf den Nebenschauplätzen verlaufe, steigt bei einem Schriftsteller, der in der T e c h n i k ein neues konstituierendes Moment aller Lebenszusammenhänge sieht, die Erkenntnis vom Ende aller herkömmlichen Übereinkünfte auf. Die Bestätigung dafür kann man sich von anderer Seite holen. So hat Albert Speer, der Organisator der deut-

---

[1] Tagebücher 491.

schen Kriegswirtschaft während des 2. Weltkriegs und selbst Techniker, Architekt, Ingenieur, durch seine Kenntnis des technisierten Staatsapparates unter den damaligen Verhältnissen und seine Intelligenz wie kein anderer zuständig, die Voraussetzungen für den Aufstieg Hitlers in dem mit ihm zusammenfallenden Einbruch der Technik gesehen: „Die Diktatur Hitlers war die erste Diktatur eines Industriestaates dieser Zeit moderner Technik, eine Diktatur, die sich zur Beherrschung des eigenen Volkes der technischen Mittel in vollkommener Weise bediente . . ."[1] Speer sieht darin nur den Abschluß einer vorläufigen Entwicklung, die zu gegebener Zeit über ihn hinausgeführt werden kann nach dem Satz: „Je technischer die Welt wird, um so größer ist die Gefahr . . ." Im „Mann ohne Eigenschaften" hat Musil mit den verhaltenen Mitteln des halbepisch auftretenden Essayisten den Anfängen der hereinbrechenden Technik nachgespürt. Er verfolgt die Denkbewegungen, die sich aus diesem Wandel ergeben, bis in die Sprache hinein, zeichnet die veränderten Klischees nach, muß aber schließlich angesichts der Vervielfältigung immer neuer Klischees resignieren. Das Fortschreiten der Zeit läßt ihn ohne Hoffnung zurück, ihm folgen zu können.

Der Staatsverfall der Donaumonarchie in seinem Endstadium am Schicksal Ulrichs dargestellt, das Schicksal Ulrichs in das Endstadium des Staatsverfalls hineingestellt, das jeweils eine unter den Voraussetzungen des jeweils andern gesehen: darin liegt eine durchgebildete Methode der Anschauung, die als eine positivistische zu bezeichnen Musil sich gefallen ließ.[2] Was sie registriert, ist von jenem „Wertvakuum" hervorgebracht, für das nach Hermann Brochs Meinung „Hofmannsthal und seine Zeit" stand, wie er seine in Amerika entstandene „Studie" nannte. Musils Großroman besorgt vielleicht die intensivste Ausschöpfung dieses „Wertvakuums", zeigt sein Entstehen durch einen lang anhaltenden Zusammenbruch bestehender Denkfiguren, das Aufkommen technisierter Arbeitsvorgänge, die Lähmungen der staatlichen Institutionen, weiter das Übergreifen der abtragenden Kräfte auf das Private als Erkrankungen des seelischen Interieurs, als Abnormitäten, Verbrechen, Deformationen. Dahinter standen als Krisenursachen die langsame ökonomische Unterwanderung der agrarischen Grundherrschaften durch aufsteigende maschinelle Erzeugung, die auch da, wo sie nur schwach ausgebildet ist, unter dem Panier der „Freien Presse" als Vorhut der Bourgeoisie Zweifel ausstreut. Dahinter stand die bei Musil ins Zentrum gerückte Frage Nietz-

---

1 Erinnerungen, Berlin 1974[11], 522.
2 Vgl. Rasch a.a.O. 17.

sches: „Was ist Moral?" für die er als Antwort ein Spiel der Relativitäten mit austauschbaren Wertformen anbietet.

Für Musil bedeutet das Ausscheiden der Donaumonarchie aus der Weltgeschichte eine feste Caesur, die sich die Weltgeschichte selber setzt. Dieses Ausscheiden ist aber nur die äußere Folge eines Krieges, an dessen Anbruch unabhängig von der Zwangslage der Kabinette in Wien, Petersburg, Berlin, Paris und London durch die Ereignisse von Sarajewo eine Maschinerie auf der Innenseite mitgewirkt hatte, der selbst Resultat einer langen Vorarbeit in den Eingeweiden des Staats war. In einem Kapitelfragment über den „Ursprungsherd des Weltkriegs" forscht Musil nach den Gründen, die zu ihm führten, und macht er sich anheischig, sie zu nennen. Kakanien mit seiner Durchlässigkeit für europäische Spannungen gab einen günstigen Boden dafür ab, sie „vor der Zeit" sichtbar werden zu lassen. Die Gründe „bestanden darin, daß sich in B. . . . die Menschen ganz und gar nicht vertrugen"[1]. Warum? Die Antwort hat Musil in dem Entwurf zur Beschreibung einer kakanischen Stadt in Mähren gegeben: weil die tschechischen Arbeiter, die aus dem von großagrarischen Zuckerrübenplantagen eingeengten Bauernland stammen und jeden Morgen von den Fabriksirenen aus ihren Dörfern gerufen werden, dazu übergehen, für immer in der Stadt zu bleiben. Hier treffen sie auf die Deutschen, die die Stadt als ihren angestammten Boden betrachten und die Neuankömmlinge mit den Mitteln der Ökonomie, der Administration, der Sprache in ihrem Zusammenwirken über die Barrieren der Verkleinbürgerlichung in der Regel nicht herausgelangen lassen. B. (Brünn) ist hier als Parabel für die Völkerschafts- und Sprachenkämpfe genommen, die am Zusammenbruch der Donaumonarchie mitgewirkt haben, ihr den letzten, zur völligen Vernichtung führenden Stoß gaben: eine Einsicht, die Kafka teilt, wenn er 1922 meint: „Die Sprache ist ein Sprengstoff. Wie lange ist es her, da haben wir seine gewaltige Zerstörungskraft erlebt. Österreich-Ungarn wurde von der Sprachverschiedenheit in die Luft gesprengt."[2] Musils eher auf weite Sicht eingestelltes, mit langen Paraphrasen arbeitendes Schreiben gibt dabei dem Lautlosen gegenüber dem Heftigen den Vorzug. Das umwandelnde Verfahren des Romanciers bleibt stets ein Verfahren der Grammatik. Wenn in Musils Großroman der „Krieg" selbst nicht dargestellt wird, wenn er ihn überspringt, so steht er doch als stillschweigend gegenwärtige conditio sine qua non für die letzten Konsequenzen des Wertzerfalls. Disponieren mit einer bis dahin gültigen Moral wird nicht

---

[1] Der Mann ohne Eigenschaften 1610.
[2] Gustav Janouch, Franz Kafka und seine Welt 69 f.

mehr möglich sein. Es gehört aber auch zum Bild des Skeptikers, kein Vertrauen in die aus dem Untergang der beiden Kaiserreiche hervorgehenden Republiken zu setzen, die er in der Wiener wie der Weimarer Form als der Zeit entsprechende Verzerrungen sieht. Musil hat zu irgendeinem links-republikanischen Liberalismus, von dem sich nicht nur Schriftsteller wie Heinrich Mann viel erhofften, zu dem selbst Thomas Mann mit seinem distanzierten Respekt vor der aufsteigenden Sozialdemokratie in Beziehung kam, kein Verhältnis gefunden. Musils Zweifel in dessen tragfähigen Grund sollte sich bestätigen. Der Nationalsozialismus, dessen Aufstieg er miterlebt, dessen Opfer er auf eine sehr persönliche Weise wird, regt ihn zur Befragung der in seiner Gegenwart nach dem Zusammenbruch der beiden großen europäischen Mittelreiche angelegten Möglichkeiten an. Für Musil ist der Nationalsozialismus Hitlers nur e i n e Bewegung unter anderen weniger um sich greifenden, die ebenso das Bedürfnis nach „Diktatorenverehrung" im Zeitalter des Wertzerfalls und seiner Vorankündigung auf ihre Weise befriedigten. Den Anspruch auf die Autorität der „Führerschaft" findet er schon bei George erhoben. Kraus, Freud, Adler, Jung, Heidegger sind für ihn bei allem, was sie voneinander trennen mag, von sehr verwandtem Naturell. Das Phänomen der Diktatur erscheint hier durch den Charakter des Bürgertums ausgelöst, sich in seiner Mehrheit dem stärksten Druck zu fügen und die ihm abverlangten Bewegungen im Einklang mit den eigenen Wünschen auszuführen.

Es ist kein Zufall, wenn Musil seinen Roman im Stande des Unfertigen zurückgelassen hat. Schließlich hätte sich ein Schluß aus zerstreuten Bausteinen doch nicht zusammenfügen lassen — so wenig wie die aus den Fugen geratene Zeit. So wird die Darstellung des Wertzerfalls im Bau einer grandiosen Ruine noch als Form sichtbar.

NAMENREGISTER

187